Desnudando a Google

Divulgación
Actualidad

Alejandro Suárez Sánchez-Ocaña

Desnudando a Google

La inquietante realidad que no quieren que conozcas

DEUSTO

El papel utilizado para la impresión de este libro es cien por cien libre de cloro y está calificado como **papel ecológico**.

Deusto es un sello editorial de Centro Libros PAPF, S. L. U.
Avinguda Diagonal, 662-664. 08034 Barcelona (España)
www.edicionesdeusto.com
www.planetadelibros.com

Fotografía del autor: © Noe de Mora
Primera edición en Colección Booket: julio de 2013

Depósito legal: B. 13.487-2013
ISBN: 978-84-234-1697-4
Impresión y encuadernación: Liberdúplex, S. L.
Printed in Spain - Impreso en España

Biografía

Alejandro Suárez Sánchez-Ocaña (Madrid, 1973) es consejero delegado de Ocio Networks, el Grupo Publispain y Lazer Rede de blogs en Brasil, presidente de la Fundación Marqués de Oliva, vicepresidente de la Asociación de Inversores y Emprendedores de Internet, socio y consejero de diversas compañías como Gestiona Radio, Smarty Content y 2B BlackBio, entre otras. Ha participado como *business angel* y asesor de fondos de capital riesgo en los principales sectores de actividad industrial, creando nuevas empresas en el mundo de Internet, la biotecnología, la hostelería y los medios de comunicación. Su actividad emprendedora ha sido incesante tanto en número de proyectos como en áreas de negocio, participando de manera activa como miembro de la red de *business angels* de Madrid+D. Es autor de *Ha llegado la hora de montar tu empresa* (Deusto, 2010), un manual de referencia sobre emprendimiento del que se han editado seis ediciones y que se ha convertido en referencia obligada para aquellas personas que quieran crear su propia empresa. *Desnudando a Google* (Deusto, 2012), un libro que desvela cada uno de los secretos de la empresa tecnológica más importante del mundo y que ha sido traducido a diferentes lenguas, fue uno de los éxitos editoriales del año 2012.

Más información en: www.alejandrosuarez.es y @alejandrosuarez

Índice

Bienvenido.

Ahora te sentirás un poco como Alicia cayendo por la madriguera del conejo. Puedo verlo en tus ojos.

[...]

Ésta es tu elección.

Si tomas la pastilla azul, fin de la historia. Despertarás en tu cama feliz y creerás lo que quieras creerte.

Si tomas la pastilla roja, te quedarás en el país de las maravillas, y yo te enseñaré hasta dónde llega la madriguera del conejo.

The Matrix, Warner Bross, 1999

Dedicado a todos los que renuncian
a la plácida felicidad que otorga
la pastilla azul

Introducción

Google es una empresa peculiar. El libro que tienes en tus manos probablemente también lo sea.

A pesar de que hace mucho tiempo que tengo en mente escribir sobre Google, nunca he sabido, ni aún lo sé ahora, si resulta acertado hacerlo ni qué consecuencias podría traer consigo. No me considero en posesión de la verdad absoluta. Todas las interpretaciones de los datos, las opiniones e ideas que te dispones a leer no dejan de ser más que MI opinión y MI verdad. Sin embargo, es muy posible que cuando acabes de leer descubras cosas nuevas. Te adelanto que algunas de ellas te resultarán sorprendentes.

La historia de Google tiene claroscuros. Sí, ya sé ¡como todas! Esto, que en sí mismo no es malo y sucede con cualquier empresa que alcanza un cierto tamaño, ocurre con más motivo cuando las empresas son, literalmente, monstruosas (en este caso, un auténtico imperio, como yo lo califico). Nadie se hace multimillonario sin dejar un reguero de cadáveres ocultos en los armarios. Eso llega a ser casi comprensible en el mundo empresarial, pero hay otras cosas, desconocidas para el gran público, que pueden no ser tan habituales y que resultarán insólitas.

Las iremos descubriendo juntos. Tan solo permíteme que, para empezar, deje una idea en el aire: si piensas que Google es un «buscador de internet» estás equivocado. Incluso si piensas que Google es «El buscador» por antonomasia, debo decirte que sigues estando equivocado. Google es en realidad una de las empresas más grandes, más ambiciosas y más poderosas del mundo. Es un gigante ocasionalmente descontrolado que no sólo domina a sus anchas la red de redes, sino que además tiene intereses en muchas otras industrias. Eso podría no ser malo en sí mismo, o tal vez sí. Pero no adelantemos acontecimientos.

La persona que mejor definió a este gigante fue Andy Groove, consejero delegado de Intel, cuando manifestó que se trata de «una empresa dopada con esteroides, con un dedo puesto en cada industria».

Quiero establecer desde el comienzo un compromiso inicial con el lector: puedo prometer que éste no será el típico libro amable promovido por un departamento de comunicación para exaltar, más aún si cabe, la imagen que proyecta la compañía, según la cual dos jóvenes brillantes y apasionados triunfan y cumplen sus sueños, para después explicar cómo una empresa dinámica, innovadora y moderna hizo el bien y, a modo de ONG, organizó la información del mundo para hacernos a todos felices. Si eso es lo que esperas de los próximos capítulos, cierra este libro, devuélvelo a la librería y cámbialo por algo de Walt Disney. Así no te inquietaré lo más mínimo y serás feliz. Igualmente, si esperas con esta lectura abonarte a la teoría de la conspiración, y convencerte de que Google es en realidad Matrix, debo decirte que tampoco es ésa mi intención. Por el contrario, si estás dispuesto a pensar, a replantearte algunas ideas, a analizar y a valorar algunos elementos que podrían no ser como parecen, serás bienvenido. Intentaré no defraudarte y mostrarte mi visión de las cosas.

Mi historia con Google comenzó hace mucho tiempo. Recuerdo que en 1999 topé por primera vez con un extraño dominio en internet que me sorprendió por su sencillez y utilidad. Se trataba de Google.com. Desde entonces hasta ahora no he dejado de utilizarlo todos y cada uno de los días de mi vida.

Algo más tarde, en 2001, se pusieron en contacto conmigo. Entonces era una empresa joven con menos de doscientos empleados, muy diferente de lo que se ha convertido en la actualidad. He seguido (y sufrido) su evolución. De hecho, un día (¡estúpido de mí!) llegué a considerar esta empresa como si fuera el principal *partner* o aliado de mis compañías. Más tarde desperté y descubrí algo muy distinto. Si hoy me dieran a elegir, creo me quedaría con aquellos tiempos lejanos en los que yo era un fan incondicional de aquellos jóvenes *cool* que iban al trabajo en monopatín y organizaban fiestas los viernes por la tarde.

Recuerdo que en aquella época recibí con cierta perplejidad un *email* desde Google.com. Lo escribió una chica llamada Kristen Jessopp desde Mountain View, cuando Google apenas era conocido en España. En su mensaje me invitaba a contactar con ella para hacerme una propuesta comercial. El hecho de que fuera una invitación desde el buscador que me tenía enganchado, y que utilizaba tan a menudo, me hizo mostrar un interés especial. En aquel momento una de mis empresas de internet tenía varios portales web con tres millones de usuarios mensuales en España y en Latinoamérica. Google se interesaba por ella ofreciendo algo que, en aquel entonces, parecía increíble, y que representaba para mí un escenario de ensueño. Querían proponerme un acuerdo anual mediante el cual comprarían, a precio fijo garantizado, toda la publicidad que pudiera ofrecerles. Esto implicaba no tener que preocuparme de comercializar a largo plazo, así como tener mis ingresos garantizados durante la duración del contrato. Recordemos que era el año 2001 y la «burbuja puntocom» (¡qué tiempos aquéllos!) ya había estallado. Eran momentos en los que vender publicidad en internet en España y en Latinoamérica era ciertamente complicado. Apenas había anunciantes. Firmar un contrato de compra total garantizaba que no fuera a comisión de resultados. En definitiva, era el mejor de mis sueños. Todo sonaba tan atractivo que debo reconocer que desconfié. Pasé gran parte del verano hablando con Kristen y buscando «el truco» sin hallarlo. Mientras tanto, mis abogados revisaban aquel enorme contrato, de más de veinte folios y en inglés, repleto de cláusulas, que garantizaba mis ingresos durante un año, quizá más aún. Resulta curioso pensar que lo que hoy en día Google soluciona con dos clics de ratón, en aquel entonces era un enorme y complejo contrato que había que firmar y enviar por fax a Estados Unidos. En definitiva, lo que ocurría era que Google estaba lanzando y expandiendo lo que en un futuro sería el embrión del programa Adsense, y a algunos potenciales socios comerciales les estaban ofreciendo que ese acuerdo no se basara en un modelo comisionista (conocido como *Revenue Share*),[1] sino una modalidad «Premium» garantizada.

Han pasado algunos años desde entonces y no creo que muchas personas en el mundo hayan llegado a admirar, defender y apostar tanto por ellos como yo. Sí, amigo. Yo era un *googlefan* con todas y cada una de las letras. Tal vez por eso mismo llegó la resaca, y reconozco que desde hace algunos años mi relación con ellos es distinta, como una mezcla de amor-odio respecto a todo lo que hacen, y que mantengo cada vez mayor distancia con lo que se han convertido. Se han hecho mayores y se han transformado en algo diferente. Están sujetos a un montón de intereses creados, unos más oscuros que otros, que deben atender de forma irremediable. Y eso, en ocasiones, me defrauda, ya que en esos momentos abandonan el espíritu y la esencia de la compañía.

Como irás viendo a lo largo de estas páginas, la historia de Google es la del auténtico Rey de la Selva, que era tan fuerte y poderoso, y tan querido por el resto de los animales, que acabó por creerse que «él» era la selva.

Volviendo al objeto de este libro, durante los próximos capítulos intentaré ser objetivo. Espero expresar mi punto de vista de manera ecuánime y no alimentar ninguna teoría de la conspiración. Sin embargo, también deseo distanciarme de los palmeros que ensalzan a Larry Page y Sergey Brin sin hacer preguntas. Google no es el causante de todos nuestros males, y tampoco es una fundación benéfica cuya máxima fundamental sea nuestra felicidad. Este último escenario, que en ocasiones nos quieren hacer creer, me molesta especialmente. Entiendo que no todo el mundo compartirá mis opiniones, algunas de las cuales tal vez

1. Modelo de negocio compartiendo beneficios.

parezcan exageradas o demasiado desconfiadas. Asumo el reto.

Antes de empezar, quisiera dar las gracias a mis colaboradores, María Peña y Dann Anthony Maurno, que desde España y Estados Unidos me han ayudado en el intenso trabajo de documentación de esta obra. Entre los tres hemos entrevistado a muchas personas, a ambos lados del océano, tanto presencialmente como por teléfono y videoconferencias, para obtener una mejor visión del fenómeno y contar con todos los puntos de vista para escribir la historia que aquí da comienzo.

1

Nace un imperio

Para comprender a la bestia hay que conocer sus orígenes

Era el año 1998 cuando, casi sin esperarlo, se gestó el germen de lo que sería posteriormente el buscador más importante de internet y, más adelante, una de las empresas más poderosas e innovadoras del mundo. Sus creadores fueron dos veinteañeros, Sergey Brin y Larry Page, que tenían en aquel entonces veintitrés y veinticuatro años, respectivamente. Se conocieron en la Universidad de Stanford mientras realizaban el doctorado. Al principio, nada más conocerse, no congeniaron, y de hecho no se llevaban demasiado bien. No paraban de discutir, posiblemente porque tenían demasiadas cosas en común: eran hijos de profesores, la pasión de ambos eran la informática y las matemáticas, e incluso, curiosamente, ambos eran de origen judío. Sin embargo, lo que más les unió con el paso del tiempo fue que tenían las mismas inquietudes acerca de la información y la tecnología.

Larry Page se formó en Ingeniería Informática. Por su parte, Sergey Brin se licenció con honores en Ciencias Matemáticas y en Ingeniería Informática. Eran dos *frikis*, sí, dos brillantes *fri-*

kis de la tecnología, y digo esto sin ánimo despectivo. Es más, ellos se sentirían hoy en día plenamente identificados con ese apelativo. Lo que ocurre es que ahora mucha gente no los ve así. Han tenido un éxito tan mayúsculo, y han logrado dar trabajo a tanta gente y ganar tanto dinero, que se ha perdido la esencia de lo que son en verdad, de lo que realmente les llevó al éxito. Sus perfiles son tan peculiares que, de no haber alcanzado el éxito, hoy posiblemente se los retrataría de otra manera. Un tipo bastante sensato llamado Bill Gates, fundador de la omnipotente Microsoft, dijo en cierta ocasión que uno de los consejos fundamentales que les daría a sus hijos es que no se rieran, ni fueran crueles, ni humillaran a los *frikis* en el colegio o la universidad, porque muy posiblemente acabarían trabajando para uno de ellos. Bill Gates también fue otro gran *friki* de la tecnología. Aunque a primera vista no nos lo parezca, los fundadores de Google y Microsoft tienen muchas cosas en común.

En aquella época internet era un mundo nuevo que había que descubrir. No estaba presente en nuestras vidas como lo está en la actualidad, aunque en las universidades, especialmente en Estados Unidos, su uso ya era habitual. Como parte de su programa de doctorado, Larry Page empezó a estudiar la estructura de la World Wide Web formada por nodos (servidores y páginas web) y por los enlaces entre ellos. Su obsesión (muy ambiciosa, por cierto) era la de ordenar toda la información del mundo. Es más que probable que si en aquellos años Page hubiera expresado abiertamente sus aspiraciones, le hubieran tomado por un demente o, cuanto menos, por un chico pretencioso. Sin ningún género de duda, hoy podemos decir que su sueño era viable y que están a punto de lograrlo, aunque, como veremos, para ello se han llevado a muchas personas y empresas por delante.

Avanzando un poco en la historia, y para que te puedas hacer una idea de la magnitud de ese sueño y del camino recorrido, basta destacar que el primer índice de Google de 1998 tenía la enorme cantidad de veintiséis millones de páginas web indexadas (esto es, grabadas y catalogadas en su base de datos). Diez años más tarde los ingenieros de Google afirmaban con orgullo que el buscador había alcanzado la increíble cifra de mil millones de páginas web registradas. ¿Que cuántos ceros son eso? Muchos: 1.000.000.000.

En 1998, el directorio Yahoo! y el buscador AltaVista eran quienes suministraban los resultados de manera más eficaz. Estamos hablando de la prehistoria de los buscadores, momento en el que se acumulaba información y se ordenaba de forma muy básica. En aquel momento no sólo los buscadores eran poco inteligentes. La inteligencia colectiva de los usuarios estaba también muy limitada por la falta de conocimiento del nuevo medio. Generalmente se realizaban búsquedas por conceptos muy simples, al contrario de lo que sucede en la actualidad. El usuario ha aprendido del medio y afina más sus preguntas. Esto se lo debemos en gran medida a Google, que logra ofrecernos datos más específicos que los buscadores de antaño. Así da respuesta no sólo a preguntas con conceptos básicos, sino también a cuestiones más detalladas, hasta casi el mínimo detalle, lo que representa una enorme diferencia en la búsqueda de información.

Antes de la irrupción de Google los buscadores no eran un gran negocio y no se invertía demasiado en su desarrollo. Se concebían como herramientas secundarias, no como un elemento clave del desarrollo de la web. No representaban más que un servicio subalterno de los grandes portales de la época, como Yahoo! o Lycos (o como Terra en España), quienes pretendían ofrecer un servicio global en el que pasáramos buena parte de nuestro tiempo consumiendo publicidad. Aquellos portales eran un enorme cajón de sastre que incluía millones de páginas web mal interpretadas por los primarios robots de búsquedas que las almacenaban. Por eso no podían ofrecer al usuario respuestas correctas y concretas a sus cada vez más evolucionadas necesidades.

Sergey y Larry no estuvieron solos al principio de su andadura. Craig Silverstein, otro joven estudiante de Stanford, que a la postre sería el primer empleado de Google, los acompañó y trabajó codo con codo con los fundadores desde el inicio. A día de hoy, Craig sigue siendo una persona accesible. Tras explicarle mi idea de escribir este libro tuve la oportunidad de conversar con él sobre su papel en la compañía en esos primeros años y acerca de cómo se desarrolló todo. «Básicamente, en esos momentos iniciales todos hacíamos de todo. Yo escribí el código del servidor web inicial, que denominamos Google Web Server» (GWS, que más adelante fue reemplazado, pero que mantiene su nombre inicial). «En primer lugar, Larry y Sergey escribieron el código fuente del buscador mientras aún estaban en Stanford. Yo colaboré con ellos y soy, en cierta manera, coautor del código del buscador. Tras abandonar nuestro proyecto inicial —la dirección web http://google.stanford.edu— tuvimos que hacerlo más escalable y, en definitiva, rehacerlo por completo. Recuerdo esos tiempos como un enorme trabajo de diseño e implementación.»

«En aquel momento —prosigue Craig— AltaVista era el buscador más destacado, pero había muchos más. La duda en aquel momento era: ¿vale la pena ir a por ello si existen diez u once buscadores en la actualidad? Pero nosotros estábamos haciendo algo distinto. Larry estaba haciendo unas pruebas al mismo tiempo. Intuía que podría ser un prototipo mucho mejor que AltaVista, y decidió comercializarlo.»

No sólo existía AltaVista. En aquel momento destacaba también Yahoo!, que gestionaba sus búsquedas de forma muy distinta. Tenía empleado a un grupo de editores que seleccionaban los sitios web uno a uno, de forma manual, con lo que formaron un directorio por orden alfabético. Esto hacía que, para los creadores de contenido, estar listados en Yahoo! fuera más complicado. El editor aceptaba o rechazaba las páginas según su calidad, y también siguiendo sus propios criterios personales. Además, y esto es muy importante, este modelo resultaba tremendamente costoso. No era escalable y no permitía listar los miles, o cientos de miles, de páginas que puede tener un dominio web, ya que sólo se añadía al índice la página principal. En esas búsquedas se obtenían resultados más ordenados que no recogían todos los datos que ofrece la red. Quedaban muchas lagunas por llenar y se empleaba demasiado tiempo en obtener el resultado deseado.

Desarrollar un método para clasificar la importancia de cada una de las páginas representaba un verdadero desafío. Fue así como Page y Brin comenzaron a desarrollar un algoritmo basado en fórmulas matemáticas para la búsqueda de datos. A este algoritmo lo llamarían posteriormente PageRank en honor a Larry

Page. Con él se pretendía ordenar las páginas que existían en la red por medio de la valoración objetiva de la importancia de sus enlaces entre sí. Todo ello supuso un método que, años después, ha terminado convirtiéndose en estándar, revolucionando así el concepto de la información en internet.

Aún no existía Google Inc. Como parte de su proyecto de investigación, Larry diseñó el *software* que rastreaba la red. Obtenía información de los enlaces entrantes de una determinada página y guardaba esa información en una base de datos. Según afirmó años más tarde, ese algoritmo funcionó porque siempre procuró «pensar como un internauta, resolviendo sus necesidades y adaptando la respuesta de la tecnología a lo que de verdad necesitaban las personas».

Ambos consideraron que habían encontrado la vía perfecta para comenzar su tesis doctoral, de modo que se pusieron en marcha. Comenzaron con su primer proyecto denominado BackRub, un buscador para la Universidad de Stanford, que acabó siendo un prototipo de motor de búsqueda. El buscador estaba basado en la tecnología convencional de los motores de búsqueda existentes, pero a su vez aplicaba a la base de datos el hoy célebre algoritmo PageRank para ordenar y segmentar los resultados ordinalmente atendiendo a su relevancia. Finalmente hallaron lo que buscaban: clasificar los resultados por orden de importancia, lo que mejoraba enormemente la experiencia de los usuarios.

En el otoño de 1997 decidieron que el motor de búsqueda que habían diseñado necesitaba otro nombre. Entre las posibilidades que barajaron se decidieron por Google. Estaba inspirado en el término *googol*, que describe, en matemáticas, un número compuesto por un 1 seguido de 100 ceros, es decir, diez elevado a cien. Se trataba, en efecto, de un nombre realmente *friki* para algo que hoy todos consideramos un estándar, y que no nos extraña utilizarlo ni nombrarlo con soltura cada día. La búsqueda del nombre define, en sí misma, la peculiar personalidad de sus creadores.

Poco después apareció la primera versión de Google bajo el dominio google.stanford.edu. Inicialmente fue de uso exclusivo de alumnos y profesores de la Universidad de Stanford, quienes, poco tiempo después, dejaron de usar los demás buscadores del mercado y se inclinaron por este motor de búsqueda debido a su eficacia y rapidez.

Como diseño básico de la web, el logo se situó visiblemente en el centro de la página, y rellenaron sus letras con colores primarios sobre un fondo blanco. Esto contrastaba enormemente con las páginas web del momento, que estaban repletas de rótulos llamativos y de publicidad, demasiado cargadas de contenidos que resultaban agresivos para el usuario debido a su multitud de gráficos y de letras.

Página de inicio de Google, 1997.

A medida que la base de datos y el número de usuarios aumentaban, se fueron necesitando, de forma exponencial, más servidores web para dar servicio y atender a la creciente demanda. Procuraban ahorrar todo lo posible. Incluso eran ellos mismos los que montaban los ordenadores, generalmente comprados por piezas para ahorrar costes. Aun así, necesitaban más equipos para continuar con su proyecto. De modo que, dada su utilidad para la Universidad, sus tutores les concedieron diez mil dólares del Proyecto de Bibliotecas Digitales de Stanford.

Una curiosa anécdota. Brin y Page eran célebres entre los profesores, ya que su necesidad de equipos informáticos hacía que con frecuencia «cogieran prestados» dispositivos que no les correspondían —como discos duros, procesadores, memorias— de los laboratorios de la universidad. Consideraban que podrían tomarlos prestados si los veían almacenados sin utilizarse, hasta que alguien se los reclamara. Esa manía de tomar prestado lo que no es suyo todavía forma parte del ADN de Google Inc., como irás descubriendo a lo largo de este libro.

En 1998 se plantearon vender su tecnología de negocio a otras empresas. Para ello establecieron un alto precio: un millón de dólares. ¿Tenía sentido ese precio? Bueno, resulta difícil saberlo. Si tenemos en cuenta que esa tecnología ha sido el germen de una de las principales compañías tecnológicas del mundo, hoy en día parecería un chollo. En aquel momento el precio podría haber sido considerado temerario por unos, y un estándar de mercado por otros. Si nos circunscribirnos a aquella época, no sólo en Estados Unidos, sino en todo el mundo, se vivía una moderna fiebre del oro que hoy todos recordamos como la ya mencionada burbuja puntocom. Digamos que en 1998 un millón de dólares por la licencia de un producto nacido de un proyecto universitario, en el que tan sólo se habían invertido unas decenas de miles de dólares, no resultaba demasiado escandaloso, dadas las cifras que se barajaban en un mercado en plena ebullición. El caso es que el proyecto fue presentado inicialmente a Paul Flaherty, un cualificado ingeniero de AltaVista. Este buscador poseía en aquel momento el 54 % de la cuota de mercado. Si conseguían venderle su sistema, además de hacer caja podrían tener acceso a la base de datos de direcciones web más amplia del mercado y crecer rápidamente de la mano de los mejores. Pero en aquel momento AltaVista no mostró demasiado interés, y alegaron que no querían incorporar ideas de terceros en su compañía. Inteligente criterio el de Paul Flaherty, que desde entonces es mencionado con frecuencia, a modo de ejemplo, en las escuelas de negocios de todo el mundo como el hombre que no vio más allá del nudo de su corbata. Comparte su dudoso privilegio con los míticos gestores de Decca Records, que en 1962 tuvieron el acierto de rechazar a unos jóvenes llamados The Beatles porque, según ellos, su sonido «estaba desfasado», o con el entrenador de baloncesto de Laney High School, cuando echó de su equipo a un tal Michael Jordan afirmando que le parecía «demasiado bajito».

Tras aquella primera tentativa, los chicos de Google llamaron a la puerta de su segunda opción: Yahoo! Después de examinarla, rechazaron la oferta al considerar que su modelo de negocio estaba basado en un hecho que puede parecernos trivial: el tiempo que los usuarios invierten en su página usando el correo electrónico, realizando compras, usando sus juegos, al tiempo que consumen publicidad. En definitiva, pensaron que mejorar las búsquedas sería una distracción y que, además, un algoritmo matemático no sería una buena aportación al trabajo de sus editores profesionales.

Aún sin saberlo, Page y Brin tenían ya en aquel momento inicial dos cosas que les hacían especiales. La primera, una idea basada en el análisis, el estudio de las necesidades y el comportamiento de los usuarios. Todo ello los diferenciaba enormemente de lo que hacía la incipiente industria tecnológica, que no se preocupaba por resolver necesidades reales del usuario, sino por cómo engancharle para que permaneciera más tiempo en los sitios web y consumiera la mayor cantidad de publicidad posible. La segunda, el desarrollo de un producto, el PageRank, que incluso en un estado muy básico e inicial era ya mucho más potente y adaptado a los tiempos que el de su competencia. Lo que en ese momento no sabían era que acababan de recibir su principal golpe de suerte, el que les convertiría en millonarios en el futuro y les haría pasar a la historia de la tecnología. Afortunadamente para ellos, su idea de negocio fue rechazada una y otra vez, y no encontraban clientes. Lo que en aquel momento les pareció una desalentadora desgracia sería, a la postre, el mayor golpe de fortuna de sus vidas.

De esta forma, Brin y Page, algo desanimados por el batacazo en el intento de la venta, se plantearon pedir una excedencia en la universidad y dejar a un lado la elaboración de su tesis para tratar de reconducir el proyecto y constituir su propia empresa. Como los potenciales clientes les rechazaban, ellos mismos serían el cliente y desarrollarían su producto, que en este caso sería su propio buscador basado en el algoritmo PageRank. Tal y como ocurre en nuestros días, para poder hacerlo necesitaban financiación. Así que se lanzaron a la búsqueda de inversores.

En el verano de 1998, Sergey y Larry conocieron a Andy Bechtolsheim, cofundador de Sun Microsystems y vicepresidente de Cisco Systems. Tras una conversación en torno a su proyecto, Bechtolsheim firmó ese mismo día un cheque por cien mil dólares a nombre de Google Inc. Debemos tener en cuenta que en aquella época nacía una compañía puntocom en cada esquina de Silicon Valley, y que se gastaban vergonzantes cantidades de dinero en publicidad que sólo escondían la carencia de buenos productos y servicios de las empresas tecnológicas de antaño. Pero Andy vio en aquellos chicos un patrón de comportamiento diferente al habitual.

No podría haberlo imaginado. Acababa de entregar uno de los cheques más fructíferos de la historia. En octubre de 2011 aquellos cien mil dólares se habían convertido en mil setecientos millones de dólares.

Como no podría ser de otra manera, en la historia oficial de Google Inc., genialmente dirigida y manejada por los responsables de marketing y comunicación de la compañía, se habla mucho de sus fundadores para su mayor gloria. Es precisamente aquí donde me gustaría poner mi primer «pero» a la historia oficial. De que Page y Brin tienen un mérito extraordinario no cabe la menor duda. Sin embargo, y sin que esto los desmerezca, sus cualidades son similares a las de cientos de jóvenes con talento, ideas y conocimiento, con hambre y ganas de comerse el mundo, que cada año se lanzan en Estados Unidos a emprender en el mundo de la tecnología. Muchos de ellos no consiguen financiación o, pese a conseguirla, fracasan. El mérito de los éxitos empresariales lo acaban capitalizando los emprendedores. Aun así, siempre hay un punto de inflexión. En la historia de Google ese punto lo representa la aparición de Andy Bechtolsheim, que es lo que hoy en día denominamos «inversor privado» o *business angel*. En otras palabras, un loco que se creyó la película y que apostó su dinero a una idea descabellada con remotas posibilidades de éxito. Objetivamente, conceder a esos chicos que estaban en plena excedencia universitaria un cheque de cien mil dólares por un producto como tantos otros, y que además había sido rechazado por sus posibles compradores, se podría calificar, de forma sutil, como un tanto atrevido. De algunos de esos movimientos absurdos nacen compañías que conquistan el mundo, y éste fue uno de esos raros casos. El primer «loco» que confió en ellos, y que desconociendo el futuro real del proyecto les extendió un cheque, es el hombre que realmente merece ser valorado y recordado, junto a los propios fundadores, como piedra angular del proyecto. Pero no suele ser así, ya que resulta más comercial y más vistosa la idea de los jóvenes románticos a la conquista del universo que la del voraz tiburón ejecutivo de Wall Street intentando ganar dinero en una futura compañía tecnológica.

En lugar de buscar dinero para gastarlo en inútil publicidad (como hacían todos en aquellos años), Larry y Sergey lo querían para comprar el equipamiento de su empresa. La única publicidad que necesitaron fue el «boca a boca», la recomendación y el entusiasmo de los usuarios que habían probado su buscador y que, al considerarlo de gran utilidad y superior a los existentes, lo recomendaban a sus colegas en el entorno de Stanford. Evidentemente, la voz se propagó como la pólvora. ¡Entonces era sencillo! Tan sólo tenían que salir de su ecosistema y lograr ese efecto a escala mundial. «Básicamente, los chicos necesitaban máquinas y servidores para probar su nuevo concepto y para pagar a los abogados que les ayudasen en los temas legales», aseguró más tarde Bechtolsheim. «Y yo quería asegurarme de ser parte de la compañía.» ¡Y acertó! *Chapeau* por él. El momento de la empresa era tan germinal que cabe destacar la anécdota. Aquel cheque estuvo sobre la mesa durante más de una semana hasta que, por fin, pudieron formalizar legalmente la constitución de Google Inc. para poder cobrarlo.

Gracias al apoyo financiero, Brin y Page consiguieron la confianza y credibilidad necesarias para que sus familiares aportaran algo de dinero. No entendían nada de lo que estaban haciendo, pero ¡cómo no apoyarles! El sector estaba de moda y el fundador de Sun Microsystem... ¡les había dado un cheque! Finalmente consiguieron un millón de dólares, que no era una cantidad nada despreciable, pero tampoco desorbitada en plena burbuja tecnológica. De hecho, era difícil competir contra compañías que estaban mucho mejor capitalizadas que la suya. Utilizarían mayoritariamente ese dinero para comprar equipos informáticos y así continuar avanzando en su proyecto.

En 1998, Brin y Page abandonaron definitivamente la Universidad de Stanford para volcarse en el desarrollo del buscador. En otoño de ese mismo año se trasladaron a sus oficinas en Menlo Park (California). Aquello representaba todo un lujo comparado con la situación en la que habían estado hasta entonces: un garaje alquilado a una mujer, Susan Wojcicky, por unos mil setecientos dólares mensuales. Tan sólo estuvieron allí cinco meses por falta de espacio. Finalmente se trasladaron a las oficinas de University Avenue, en el centro de Palo Alto.

Por cierto, quiero mencionaros un detalle para los más románticos. Años más tarde, en 2006, nuestros chicos se permitieron el lujo de comprar el garaje (casa incluida) donde nació su proyecto con la intención de convertirlo en un museo. A día de hoy, su antigua casera, la señora Wojcicky, trabaja en Google como vicepresidenta de Gestión de Productos, cargo que le ha permitido hacerse millonaria.

La historia es caprichosa y nos depara una analogía entre estos comienzos y los del gigante Yahoo!, que estaba en plena época de esplendor compitiendo con Microsoft por la hegemonía de los portales de internet. Al igual que Google, Yahoo! se gestó en la Universidad de Stanford, y también fue fundado por dos brillantes estudiantes, David Filo y Jerry Yang, en 1994.

En 1998, el incipiente proyecto Google recibía diez mil visitas diarias únicamente desde la Universidad de Stanford. Los usuarios más habituales pertenecían a su círculo más cercano de la universidad, ya que era sumamente útil para los alumnos y los profesores. Poco a poco, Google fue ganando popularidad. Consiguió una mención en la revista *PC Magazine*, que lo situaba entre los cien mejores sitios web. Como el número de usuarios aumentaba, Google amplió su plantilla con ocho trabajadores más.

Una de las características que acompañará a los fundadores desde sus inicios será un velado secretismo en torno a los avances y la tecnología que desarrollan. Se trata, por cierto, de una doble moral, ya que la compañía que pretende «ordenar la información mundial para que pueda ser accesible para toda la humanidad» no tiene mucho interés en que esa misma humanidad pueda acceder a los datos de su propia empresa. ¿Crees que exagero? Permíteme mostrarte un ejemplo.

Lo que la empresa no suele mencionar es que para ellos hay información de primera y de segunda división. Básicamente podríamos decir que la de la propia empresa tiene un estatus especial, y que debe permanecer oculta, mientras que la de los demás es una *commodity.*[2]

Analicemos uno de los servicios de la empresa. Se trata de Google Trends for Websites. Partiendo de toda la información que recoge la empresa (de la barra de herramientas, de las búsquedas, de Analytics, de su navegador Chrome, etc.) puede tener una estimación muy exacta del tráfico y de la evolución de cada sitio web. De esta manera, cualquier persona puede acceder a una dirección de internet[3] y ver la estimación de visitantes de cualquier página del mundo. ¿De todas? ¡No, claro! La información de Microsoft, Facebook o cualquier otro rival está disponible, como podemos ver a continuación:

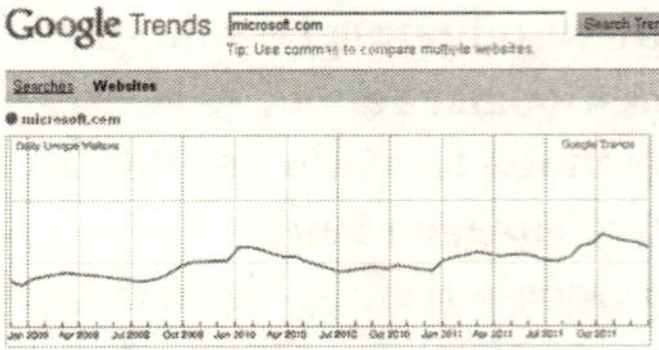

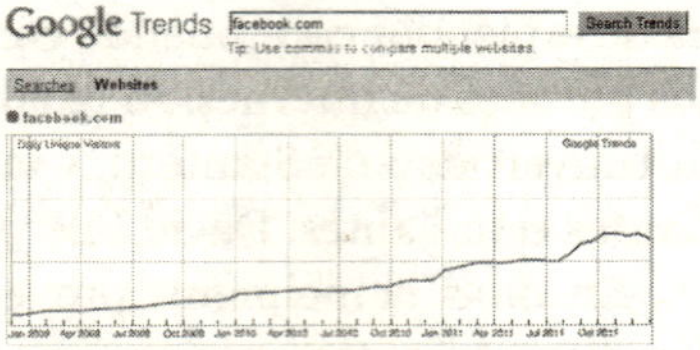

2. Término utilizado en economía que designa a cualquier producto destinado a uso comercial.

3. http://trends.google.com.

Pero ¿qué ocurre si buscamos la del propio Google.com? ¡La ocultan celosamente y evitan dar ningún tipo de información!

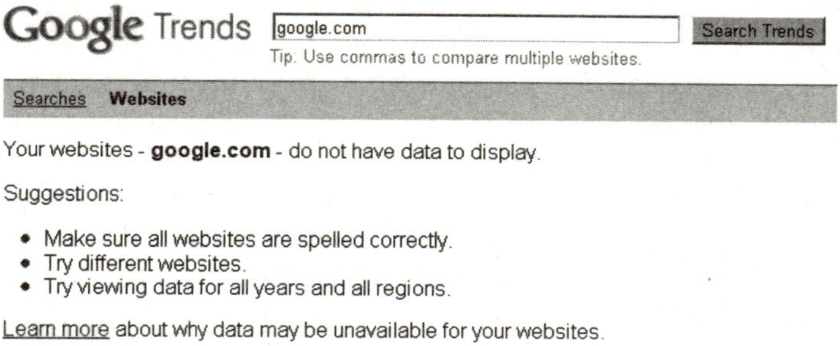

¿No es un curioso ejemplo de doble moral? Están muy cómodos desnudando a los demás, pero jamás se desnudan ellos mismos.

Este secretismo siempre ha acompañado a Google, y les ha proporcionado en numerosas ocasiones una enorme ventaja a la hora de situarse a la cabeza del mercado en cuanto a innovación tecnológica se refiere, siempre muy por delante de sus competidores más próximos.

La maquinaria estaba en marcha. Llegó el momento de seguir creciendo más rápidamente. Para ello necesitaban imperativamente más capital para reinvertirlo en mejorar su tecnología, así como para acometer nuevas contrataciones. Durante la primavera de 1999 optaron por buscar financiación en las principales sociedades de capital de riesgo norteamericanas, en aquellos momentos ávidas de nuevos proyectos de internet.

Larry y Sergey presentaron su proyecto a dos de los grandes inversores del momento: John Doerr, de Kleiner Perkins, y Michael Moritz, de Sequoia Capital. Esta última era la empresa de capital de riesgo que más invertía en proyectos de internet en Estados Unidos. El resultado fue magnífico y consiguieron sorprender a ambos inversores. Estaban acostumbrados a recibir miles de propuestas de financiación. Pero Google era distinto. En aquel momento suponía una apuesta mucho más concreta y organizada en comparación con lo que encontró el primer inversor privado. Suponía una tecnología de motor de búsqueda superior a todas las que habían visto hasta entonces.

El 7 de junio de 1999 supuso un punto de inflexión para el proyecto. Aquel día recibió veinticinco millones de dólares procedentes de Sequoia Capital y de Kleiner Perkins Caufield & Buyers. La única condición que pusieron ambos inversores era que Google Inc. debía contratar a un consejero delegado, un profesional con experiencia en el sector que les ayudara a transformar su motor de búsqueda en un negocio rentable. Su condición era bastante sensata. Poner veinticinco millones de dólares en manos de dos jóvenes ingenieros (¡y muy *frikis*!) sin ningún tipo de experiencia ni formación empresarial era temerario. Necesitaban a alguien que pudiera transformar aquella idea en un producto rentable. De ese modo controlaban los fondos y se aseguraban de que se desarrollaría un modelo rentable de negocio. Parecía una petición razonable, así que Brin y Page accedieron sin ninguna objeción. Sin embargo, para desesperación de los inversores, la decisión se postergaría durante años.

Salvados los primeros obstáculos, Google Inc. empezaba a competir en las grandes ligas con una capitalización importante. Consiguieron trasladarse a la actual sede central de la compañía en Mountain View (California), conocida popularmente en la actualidad como Google Campus o Googleplex. Su crecimiento se había basado en el «boca a boca» de sus contactos a través del correo electrónico. En febrero de 1999, con una capitalización de veinticinco millones de dólares y unas nuevas y flamantes oficinas, enviaron un *email* a todos sus contactos en el que indicaban que el proyecto de investigación se había convertido en la empresa Google Inc., y explicaban en qué consistía su sistema de búsqueda.

Había terminado el verano de 1999 y se organizaba el festival anual *Burning Man*, convocado en el desierto de Black Rock (Nevada). Al festival acudía gente de todo tipo: expertos en tecnología, artistas y poetas que convertían por unos días una parte del desierto en una ciudad temporal en la que no se vendía ni se compraba nada. Sólo se acudía para disfrutar de unos días fuera de la ley en completa libertad. Al final de la fiesta se quemaba una figura de madera, el denominado *Burning Man*. Tanto Larry como Sergey eran habituales seguidores del festival, así que acudieron, como todos los años, a disfrutar del desierto en libertad. En septiembre de 1999 colocaron en el diseño del logo de Google una seña identificativa del festival con la que pretendían comunicar a los usuarios: «Estamos en *Burning Man*». El diseño tuvo tal éxito que, a partir de entonces, en cada fecha significativa cambian el logo habitual de Google por un logo alegórico. Son los denominados *Doodles*.

Los logos alegóricos aparecen por sorpresa en sustitución del habitual logotipo del buscador. Son muy celebrados por la comunidad, que los comenta y colecciona. A menudo constituyen una manera de posicionar a la compañía, así como de opinar u homenajear a personajes y momentos históricos.[4]

Empezaron a llegar nuevos e importantes clientes. AOL y Netscape escogieron a Google como su servicio de buscador, haciendo que superara la barrera de los tres millones de búsquedas al día. Lo que empezó siendo un proyecto universitario ya era una gran empresa con un crecimiento vertiginoso. En septiembre de 1999 desapareció definitivamente de Google.com la etiqueta que lo identificaba como una versión beta.

Larry y Sergey tenían ya muy presente uno de los principios que los caracterizarían. Se trataba de un lema que regiría los principios de la compañía, aunque es posible que haya ido quedando como una desgastada idea alegórica, y no siempre respetada, a través de los años: *Don't be evil* («No seas malvado»). Esta frase ha sido acuñada como una declaración de principios por parte de uno de los primeros empleados, Paul Buchheit, que antes de una reunión de trabajo del equipo comercial, en la que había que decidir cómo explotar publicitariamente las búsquedas, decidió dejarles escrito en una pizarra de la sala donde se iban a reunir el famoso *Don't be evil*. Para Karen Wickre, sénior manager de Comunicaciones Corporativas, esta frase no se refiere a algo que haya que grabar en la entrada del edificio principal de Googleplex como un compromiso moral y empresarial. Signi-

4. Pueden verse todos los *Doodles* en http://google.com/logos/.

fica un recordatorio interno, algo que llama la atención a los empleados sobre la línea maestra de la empresa.

Recuerdo cuando le comenté a Craig Silverstein mi opinión sobre el famoso *Don't be evil.* A Craig le sorprendía y a la vez le divertía ver cómo una frase espontánea ha tomado, más de doce años después, vida propia. Craig me confesó que no se había parado a reflexionar mucho en ello, pero que «el hecho de que tengas un lema como ése hace que, cuando la gente escucha sobre Google algo que no le gusta, te lo recuerdan y te acusan de hacer el mal». La interpretación correcta por parte de Craig del archiconocido lema es simplemente pensar y reflexionar en cada momento si estamos haciendo lo correcto. Te sorprenderá ver en los próximos capítulos la cantidad de veces que un gigante como Google es capaz de saltarse su lema a la torera.

A finales de 1999, Google recibía un promedio de siete millones de visitas diarias. Aun así, no todo eran alegrías. Los ingresos que recibía por sus patentes eran muy escasos. El resultado de las búsquedas era gratuito y planeaban ingresar dinero ofreciendo a las empresas publicidad en formato de texto, de manera discreta y siempre relacionada con el resultado de las búsquedas. Por un lado, no querían abandonar el diseño limpio de publicidad que caracterizaba a la página, pero necesitaban ingresos y tenían miedo a quedarse estancados (o, lo que es peor, sin fondos). Así que idearon la forma de obtener beneficios por la venta de publicidad. Crearon un sistema de resultados patrocinados que es lo que hoy en día conocemos como Adwords. Representaba una medida nada agresiva y estéticamente parecida a la de los tradicionales anuncios clasificados de la prensa escrita. Además, estaba lejos de los coloridos *banners* publicitarios y de los molestos anuncios emergentes, conocidos como *pop ups*, que empezaban a invadir la red abriendo ventanas en los navegadores de los usuarios.

La plantilla iba tomando forma con ingenieros que, en su mayor parte, cobraban un sueldo mediocre. Como compensación, tenían participaciones de miles de acciones con la esperanza de que, en algún momento, alcanzarían un valor considerable cuando la empresa despegara definitivamente. Este sistema, englobado en el *American Way of Life* del mundo de la empresa, no suele funcionar. La participación accionarial de los empleados de una *startup*[5] generalmente se convierte en papel mojado. Pero éste no fue el caso. Todos los empleados de Google que por aquel entonces tenían participación accionarial son, hoy en día, multimillonarios.

Desde sus inicios la empresa ya era peculiar. Disponía de instalaciones atípicas, e incluso para la elección de personal la entrevista se realizaba directamente por ambos fundadores. Los viernes organizaban fiestas bajo el lema TGIF (*Thank God its Friday*). Resulta particularmente divertido ver alguno de los vídeos que sobre ellas circulan por internet. En ellos se pueden ver las incipientes oficinas de una empresa emergente de Silicon Valley, con menos de sesenta empleados en 1999, en las que se celebran cumpleaños, apartando para ello las mesas y las sillas de trabajo con la participación directa de Page y Brin, con los pasteles, las Heineken y las Coronitas circulando sin cesar, guerras de serpentinas y diversión sana. Viendo las imágenes parece comprensible la preocupación que sentían los proveedores de los fondos de capital de riesgo, que habían invertido la nada desdeñable cantidad de veinticinco millones de dólares por añadir al equipo de trabajo una «supervisión adulta» en la forma de un consejero delegado profesional que guiara la nave.

El año 2000 significó el gran despegue de Google Inc., ya que ese año estuvo marcado por grandes innovaciones tecnológicas. El ritmo de visitas crecía sin cesar. Recibían, como media, quince millones de búsquedas diarias, y disponían de una plantilla de ochenta y cinco trabajadores. Además, Google no necesitaba financiación adicional. Gracias al lanzamiento del programa de publicidad Adwords se incrementaron sus ingresos.

Durante ese año Google y Yahoo! firmaron un pacto clave mediante el cual Google se convertía en el nuevo proveedor de búsquedas de Yahoo!, lo que aumentó todavía más el prestigio del buscador en la red. Este movimiento, todavía analizado hoy

5. Negocio recién creado, pero con grandes posibilidades de crecimiento.

en día, se considera un grave error por parte de Yahoo! En ese momento, casi sin darse cuenta, capituló ante la pujanza de la tecnología de la nueva compañía. Más adelante explicaré mejor las consecuencias de esta alianza. Por poner un símil, sería algo parecido a que Pepsi-Cola decidiera abandonar su propio producto, no desarrollarlo más ni mejorarlo, no defenderlo en el mercado, y comenzara a vender Coca-Cola porque sabe mejor y la compran barata. Más tarde quisieron arreglarlo, pero el daño estaba hecho. Yahoo! como motor de búsqueda estaba herido de muerte. Reanimar al enfermo era ya casi imposible.

Además de estos extraordinarios acuerdos, eran momentos comercialmente muy intensos. Se firmaron otras alianzas en diferentes frentes con el portal chino NetEase y BIGLOBE, en Japón, que incorporaron la búsqueda de Google en sus sitios. Casi sin darse cuenta, desde Mountain View se estaba empezando a conquistar el mundo.

Ya en 2001, ante las presiones cada vez más intensas de las sociedades de capital de riesgo, que se mostraban nerviosas y preocupadas por la demora en la incorporación de un sénior para la gestión de la compañía, incorporaron al ex presidente de Novell, Eric Schmidt, como consejero delegado y presidente. Eric Schmidt invirtió un millón de dólares de su bolsillo en la compra de acciones de la compañía. Desde entonces, hasta mediados de 2011, ha estado al frente en un funcional triunvirato junto a sus fundadores.

Reconozco que soy un gran fan de Schmidt. En mi opinión no se puede entender el desarrollo de Google, su salida a Bolsa y lo que es hoy en día sin la presencia de Schmidt. Él es el auténtico cerebro a la sombra que ha logrado que, en poco más de diez años, una prometedora compañía de internet (como existen cientos en Silicon Valley) se convierta en una de las principales empresas del mundo con unos ingresos acumulados durante 2010 de más de 29.000 millones de dólares. Por poner un ejemplo, esa cantidad es similar al producto interior bruto nominal (PIB) de países como Yemen o Jordania.

En el siguiente gráfico, basado en los datos públicos de la compañía, podemos ver sus ingresos en los últimos años.

Ventas trimestrales

Q3'10 Y/Y crecimiento = 23 %
Q3'10 Q/Q crecimiento = 7 %

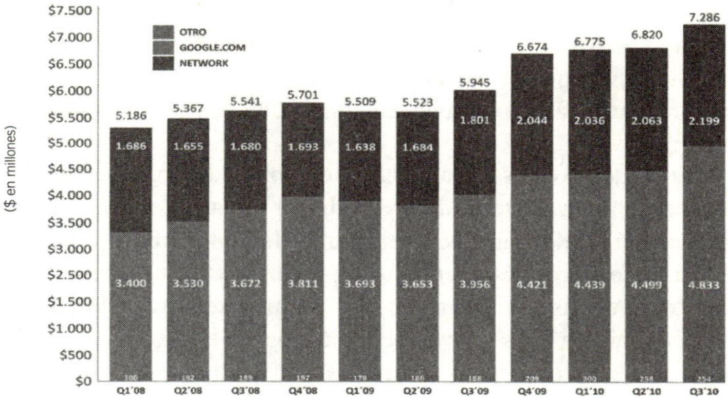

Volviendo a los acuerdos con terceros, adquirieron tal volumen que lograron disparar los ingresos por publicidad... ¡sin necesidad de malgastar ingentes cantidades de dinero en promoción como hacían sus rivales! De esta forma, Google registraba ya la impresionante cifra de cien millones de búsquedas diarias.

Además, establecieron lazos con numerosas empresas, entre las cuales estaban Lycos, en Corea, y UOL (Universo On line), lo que hizo que Google fuera el primer buscador en Latinoamérica. Dado el creciente interés mundial en los programas de publicidad, se abrieron oficinas en Hamburgo y en Tokio. A su vez, se incorporaron opciones de nuevas codificaciones de lenguas, como el árabe, el turco y otros veintiséis idiomas diferentes. También incorporaron a su web el servicio Image Search, así como Google News. Este último fue diseñado por uno de los ingenieros de la compañía, Krishna Bharat, y su funcionamiento es parecido al sistema PageRank. Mediante un algoritmo denominado StoryRank se jerarquizaban los resultados de búsquedas de noticias en Google y se publicaban por orden de relevancia.

Durante 2002, el emergente programa Google Adwords, que permitió a Google dar el salto de ingresos que necesitaba, sufrió cambios importantes. Por citar un ejemplo, se introdujo el modelo de precio «costo por clic» (CPC) con el objetivo de dar al anunciante mayor control sobre el gasto en publicidad. Era un producto vivo, en continuo desarrollo desde entonces hasta nuestros días, que incorporaba constantes y significativas mejoras. En aquella época era, sin duda, la mejor manera de que los anunciantes obtuvieran resultados de sus campañas en internet.

En aquellos años, las agencias de publicidad organizaban las ventas de anuncios en páginas web por canales (sitios web de motor, mujer, negocios) sin segmentar detalladamente la publicidad. Esto era precisamente lo que mejor hacía Google por medio de Adwords. Recuerdo que los anunciantes trasladaban su preocupación a los soportes publicitarios y a las agencias por la falta de efectividad de las campañas convencionales en internet. Lejos de ser actual, el debate sobre si los *banners* publicitarios, tal y como se conocían, eran un formato que nacía muerto, se remonta casi al año 2000. Google logró demostrar que solamente se trataba de un problema tecnológico y que, bien segmentada, la publicidad web es algo único, de bajo costo, medible y efectivo. Hasta entonces se mataban moscas a cañonazos con la publicidad gráfica, y se lanzaban campañas de publicidad a *targets* inadecuados. Como muestra, recuerdo decenas de promociones de productos femeninos, como perfumes y maquillaje, que salían a mi paso al entrar en algunas páginas web. Evidentemente, lanzarme a mí esos impactos publicitarios, que no era potencial consumidor, era tirar el dinero por la ventana, y aquello nunca funcionaría. Por el contrario, Google aprendía a segmentar al máximo. Tenía una enorme base de clientes y ofrecía justo lo que sabía que estábamos buscando. Ésa es, aún hoy en día, la clave de su éxito económico. Por ejemplo, si buscas viajes a Moscú, podrá ofrecerte publicidad de las agencias de tu ciudad que venden ese tipo de viajes, con lo que se hace un uso efectivo de la publicidad y se evitan anuncios irrelevantes para tus intereses.

La continua innovación tecnológica les hizo ganar un voto de confianza por parte del gigante America Online (AOL), que escogió a Google como su proveedor de búsqueda y publicidad para sus (en aquel entonces) treinta y cuatro millones de miembros y decenas de millones de visitantes de los sitios de su red de portales. Esta alianza supuso el primer gran enfrentamiento con Microsoft, que llevaba años intentando borrar del mapa a AOL mediante una fuerte inversión en su portal MSN, y que ofrecía correo gratuito en su filial Hotmail para competir con ellos. Sin embargo, la batalla con Microsoft sólo estaba empezando. Será una constante a lo largo de la historia de Google Inc. De hecho, más adelante dedicaré un capítulo entero a describirla y analizarla.

Durante 2003 nació el programa Google Adsense, que ofrecía a sitios web de terceros de todos los tamaños ingresos adicionales por incluir publicidad en sus propios portales, y que era servida por Google. Este programa, que representa la segunda línea de ingresos de la empresa en volumen de facturación, fue un enorme avance en el internet global. Como si de un enorme comercializador se tratara, Google servía los anuncios relevantes en webs de pequeñas empresas o particulares, permitiendo así que todos ellos rentabilizaran su tráfico web. Esto era, hasta entonces, algo reservado a las grandes compañías y cabeceras de renombre que firmaban acuerdos con agencias de representación comercial.

Sin duda alguna, cabe situar en 2004 uno de los puntos de inflexión del futuro imperio, año en que Google Inc. salió a la Bolsa de valores tecnológicos NASDAQ. Este hecho aportó a la empresa el capital que requería para continuar su expansión. Aquel día, lo que era una joven y emergente *startup* de éxito que crecía vertiginosamente se convirtió en una realidad económica difícil de prever con antelación. El premio sería compartido por los fundadores, su consejero delegado, sus inversores y sus propios empleados, y dotaría al gigante de Mountain View, como veremos después, de una potencia de caja casi ilimitada para adquirir compañías interesantes y rivales. En definitiva, para seguir creciendo como imperio.

Show me the money!

Larry y Sergey retrasaron todo lo posible la salida a Bolsa de Google Inc. No querían que competidores como Yahoo! y Microsoft conocieran con antelación el alcance de las operaciones de la compañía y, muy especialmente, sus dimensiones económicas reales. Pero el día tenía que llegar, entre otras cosas porque durante sus comienzos habían recibido financiación por parte de dos empresas de capital de riesgo, así como de familiares e inversores privados, y todos ellos presionaban para que la empresa saliera a Bolsa. Querían recuperar su inversión, y esperaban lo que preveían como enormes plusvalías. Además, todos los empleados podrían ver sus acciones cotizar en el mercado y recibir el premio a años de frenético esfuerzo. En realidad, la empresa no necesitaba dinero para el día a día. A diferencia de lo que ocurría en Silicon Valley, no había necesitado contraer apenas deudas gracias a su capacidad para autofinanciarse o, en otras palabras, gracias al éxito social entre los usuarios, a su motor de búsqueda y a su incipiente éxito económico. La salida a Bolsa era tan prometedora que les permitiría disponer de más recursos para continuar creciendo. Los fundadores soñaban con una salida a Bolsa espectacular, nunca antes vista, no sólo por el monto económico de la operación, sino también por el número de compradores de aquellas primeras acciones.

Debemos entender Wall Street como un coto cerrado. Las principales agencias de valores controlan todo el proceso de salida a Bolsa, fijan el precio inicial de las acciones, deciden a qué inversores se distribuyen y cobran elevados honorarios por sus servicios. Del mismo modo, favorecen a determinados compradores depreciando inicialmente las acciones para después disparar el precio, sacando así tajada para sus mejores clientes. Por este motivo, Larry y Sergey decidieron hacer las cosas a su manera. El sistema existente les resultaba obsoleto y, en cierto modo, corrupto, de manera que en lugar de abonar un 7 %, que es lo que cobraban las agencias, les comunicaron su intención de pagarles ¡la mitad! Y no sólo eso, sino que también lo harían reservándose el derecho de cancelar la operación en el último momento si les parecía oportuno.

En realidad, lo que sus fundadores no querían era perder el control de la empresa. Eran conscientes de que las grandes fortunas o los especuladores podían adquirir un enorme poder de decisión. Para evitarlo intentaron por todos los medios que las acciones no cayeran en manos de grandes inversores. ¡Buscaban a decenas de miles de pequeños accionistas! No sólo desafiaron los criterios preestablecidos de Wall Street, sino que además llevaron ese enfrentamiento hasta las últimas consecuencias. Confiaron en su estrategia. Tenían en mente generar una enorme cantidad de pequeños compradores conocedores del servicio y deseosos de participar en él. Como si de una religión se tratara, no serían clientes, sino creyentes. A esos creyentes se los conoce hoy en día bajo el apodo *googlefans*.

La salida a Bolsa fue controvertida, e incluso estuvo a punto de no llevarse a cabo. La Comisión del Mercado de Valores estadounidense abrió una investigación. Alegaba que se había emitido un gran número de acciones sin control, y que gran parte de ellas estaba en manos de los trabajadores de la propia empresa. En aquel momento, pendía sobre Google una demanda de su competidora Yahoo!, que los acusaba del robo de una importante patente que significaba el propio *core business*[6] de la compañía, que era la base inicial sobre la que se construyó el programa Adwords, la principal fuente de ingresos de Google.

Finalmente, el precio inicial de las acciones fue de 85 dólares y alcanzó rápidamente los 100 dólares. Posteriormente, en apenas tres años, se multiplicó por siete, pasando a 600 dólares. Es difícil encontrar un crecimiento tan vertiginoso en el mercado de valores, y es aún más complicado que se haya repartido no en grandes paquetes accionariales, sino en decenas de miles de pequeños inversores particulares. Tal vez por ese motivo los *googlefans* que compraron acciones serán siempre creyentes, pase lo que pase, y no se plantearán más dudas que recrearse en los beneficios obtenidos por su inversión. El caso es que para salir a

6. Negocio principal de una compañía. Es la actividad capaz de generar valor y que resulta necesaria para establecer una ventaja competitiva beneficiosa para la organización.

Bolsa los accionistas de la empresa decidieron abrir el capital al público. Vendieron 19,6 millones de títulos, de los cuales 5,5 millones salieron de sus manos y 14,1 fueron de nueva emisión.

Ésta es la historia de un enorme pelotazo. Pero no todo fue un camino de rosas. La empresa tuvo que transigir con ciertas concesiones para asegurar el éxito de la acción. Entre ellas, cerrar el pleito con Yahoo!, reducir sensiblemente el volumen de acciones reservadas para la venta y, sobre todo, aplicar un severo recorte al precio estimado, que inicialmente iba a rondar los 108-135 dólares.

Todo aquel enorme esfuerzo por cotizar en el NASDAQ queda resumido en un dato objetivo: al día siguiente de su salida a Bolsa la empresa adquirió un impresionante valor de 28.000 millones de dólares, situándose por encima de empresas similares e históricas de internet como Amazon, o de gigantes industriales como General Motors.

Eran días de júbilo. Con las acciones a 100 dólares se calculaba que los dos fundadores tenían ya una participación en la empresa de 3.900 millones de dólares cada uno. Debido a estas cifras, los dos emprendedores avanzaron bastantes puestos en la lista de los «milmillonarios» de la revista *Forbes* que, en 2004, los colocó en el puesto número 552 con una fortuna (calculada erróneamente) de sólo 1.000 millones de dólares. Contempladas hoy, esas cifras de vértigo parecen casi calderilla en comparación con el patrimonio actual de los emprendedores.

Eric Schmidt, consejero delegado, atesoró acciones por un importe de 1.500 millones de dólares. Se calcula que cerca de un millar de los 2.500 empleados que tenía entonces la empresa se hicieron con una fortuna gracias a la revalorización de las acciones que recibieron como complemento a sus salarios. Según cálculos de *The New York Times*, entre 700 y 800 de esos empleados podrían tener en esos momentos en su cartera más de dos millones de dólares. Nadie puede negar que la buena suerte (que no la fortuna) estuvo bien repartida. Sin lugar a dudas, esos cientos de personas fueron elementos clave en el éxito de la empresa.

El debut de Google trajo a la memoria de los operadores imágenes de mediados de los años noventa, cuando en plena euforia tecnológica se multiplicaban las salidas a Bolsa de las empresas de internet, muchas de las cuales ya ni tan siquiera existen. Ese dinero se esfumó por el camino casi tan rápido como llegó. Cuando eso ocurre, el pequeño inversor, que es el último en subirse al barco, es generalmente el que se queda sin poder saltar antes de que se produzca el hundimiento.

En seis años el valor de los títulos pasó de 100 dólares a 550 en 2011, alcanzando su mayor valor en 2007, cuando llegó a cotizar 707 dólares.

En definitiva, los fundadores consiguieron su propósito. Lograron financiarse, hacer caja y, de paso, hacer felices a sus principales inversores, empleados y muchos particulares que compraron acciones durante la salida de la empresa al NASDAQ. Dieron un puñetazo en la mesa y demostraron al mundo que eran más que una simple compañía de moda. Se habían convertido en una potente realidad económica. Además, el control de la empresa quedaba salvaguardado, ya que la composición accionarial se distribuía entre decenas de miles de pequeños accionistas. Aunque el precio de salida no fue el deseado, lo rentabilizaron con creces con el paso de los años. ¡*Chapeau* por nuestros jóvenes emprendedores que querían conquistar el mundo!

Hasta aquí parece imposible mejorar las cosas. Sólo podemos sentir una envidia insana por sus logros. Esta historia ha sido fuente de inspiración de millones de emprendedores en el mundo. Lamentablemente, la trayectoria de la compañía, hasta entonces intachable y brillante, únicamente podía empeorar.

Sólo añadiré una nota inquietante. Casi sin ser conscientes de ello, aquél fue también el día en que la empresa comenzó a cambiar, a perder su insultante frescura y estilo propio, a evolucionar dejando de lado el *Don't be evil* para tiempos mejores. Y es que, en cierto modo, cuando alguien toma prestado tanto dinero, se carga de obligaciones económicas de rentabilidad y se debe a sus accionistas. A partir de ese momento no puede tomar las decisiones con un criterio personal, como había sido el caso. Por decirlo de alguna manera, habían vendido parte de su alma al diablo o a los mercados, si es que no es lo mismo. Aunque, eso sí, ¡la habían vendido carísima!

Expansión del imperio

Llegados a este punto, debemos estar de acuerdo en que Google es mucho más que un buscador. Es la mayor y más diversificada empresa tecnológica del mundo. Para alcanzar ese estatus ha aprovechado toda la tecnología que tenía a su alcance, permitiéndose el lujo de comprar lo que les hiciese sombra. Antes de su salida a Bolsa, la empresa había adquirido diez compañías. Poco después, en 2004, invirtió cantidades astronómicas en la compra de 103 empresas más hasta septiembre de 2011. De facto, Google Inc. representa el imperio de internet. Es el mayor gigante tecnológico y la empresa del mundo que mejor nos conoce, ya que analiza nuestros hábitos y predice nuestros comportamientos. Entre las muchas estrategias que ha llevado a cabo para colocarse en primera línea destaca la de «comprar personas y comprar ideas, siempre que sean buenas».

El caso más impactante de una compra por parte del ahora capitalizado gigante, armado con todo tipo de abogados y *lobbies*, tal vez por ser el primero, fue el de YouTube. En cierto modo, ésta es la historia de un desamor, del primer desengaño entre la comunidad de usuarios de internet y su, hasta la fecha, idolatrada empresa tecnológica. Al detectar desde Mountain View el vuelco de la web al mundo multimedia (las webs apenas incluían vídeo, algo comprensible debido a la aún deficiente velocidad de las líneas domésticas), y viendo lo emergente del más exitoso portal de vídeo creado por tres prometedores jóvenes (Chad Hurley, Steve Chen y Jawed Karim), se intentó competir con ellos creando un servicio. Se trataba de Google Video. ¿Cómo no iba a funcionar si, a buen seguro, millones de *googlefans* de todo el mundo lo iban a recibir con entusiasmo? Sin embargo, más de uno se debió llevar una sorpresa y sentirse desengañado. Nada dura para siempre, especialmente en el mundo de la tecnología, que evoluciona rápido, donde la fidelidad no es eterna y el usuario siempre está dispuesto a irse con la más guapa de la clase. Así, de forma sorprendente, Google Video apenas hizo sombra a YouTube, lo que llevó a Google a creer menos en la romántica relación que venía de lejos con sus usuarios y a tirar de talonario. En definitiva, para eso lo tenía. Google adquirió YouTube por la nada desdeñable cantidad de 1.650 millones de dólares y acabó con el problema de un plumazo. Estaban temerosos de que Microsoft pudiera hacer lo mismo y ensombreciera a la estrella emergente de la compañía.

Recuerdo aquella época con cierto choteo y jolgorio. Destacados analistas de Wall Street auguraban una nueva burbuja puntocom y teorizaban acerca de los nuevos ricos que se habían vuelto locos. Años después, muchos de los que veían desproporcionado el desembolso contemplan cómo YouTube genera en Estados Unidos más tráfico de usuarios que Google.com. ¿Fue caro o barato? Resulta difícil saberlo. En mi opinión, si puedes pagar las cosas éstas sólo le resultan caras al que se queda descolgado. Bajo ese criterio muy personal, la compra de YouTube le salió carísima a Microsoft. A Google no lo sé. El tiempo y los balances del negocio de la venta de publicidad en YouTube de los próximos años nos lo dirán.

Este ejemplo pone de manifiesto que el crecimiento de la compañía no se ha basado únicamente en el uso de la innovación, sino que ha utilizado más vías para su expansión: una vía evolutiva mediante el uso de los avances tecnológicos de los que dispone, contando con una plantilla de reconocido prestigio, que es uno de los activos fundamentales de la empresa; y otra vía, la económica, mediante la compra de un sinfín de proyectos que ahora forman parte de la bestia, lo que amplía su cobertura dentro y fuera de internet.

Con el paso del tiempo, YouTube no sería la compra más astronómica realizada por Google, ni tampoco la más sonada. DoubleClick era una de las principales empresas de publicidad dedicada a desarrollar y ofrecer servicios de publicidad gráfica en internet (la publicidad tradicional, conocida como *display*, en contraposición a la publicidad contextual, que ya explotaba la empresa mediante Adwords y Adsense). Esta empresa se fundó en 1996. En julio de 2005 fue adquirida por las empresas Hellman & Friedman y JMI Equity, hasta que en marzo de 2008 fue comprada por Google por la increíble cantidad de 3.100 millones de dólares. Google compraba así uno de los quesitos que le faltaba de su particular Trivial Pursuit: en ese momento era líder indiscutible de las búsquedas y, por lo tanto, de los usuarios. Controlaba toda la publicidad contextual a escala mundial, adquiría la mayor compañía del otro tipo de publicidad existente, así como toda su tecnología... Sólo le faltaba saltar fuera del ordenador, y eso lo hizo años más tarde con los móviles Android.

La compra de DoubleClick dio trabajo a su recién estrenada y muy poblada cohorte de abogados, asesores y grupos de presión. Empezaban a existir sospechas, sobre todo por parte de Microsoft, de que Google creara un auténtico monopolio, dejando al resto del sector un papel secundario. Pensémoslo fríamente. La red debe ser neutral, y así está garantizado por muchos gobiernos y exigido por millones de usuarios en todo el mundo. Apenas nadie discute eso. Pero ¿tiene entonces lógica que una sola empresa domine todos los tipos de publicidad existentes? ¿Qué espacio de competencia deja eso a sus rivales?

En los próximos capítulos razonaré más extensamente sobre este asunto. Por el momento, debo reconocer que yo era de los que pensaba que las leyes Anti-trust (antimonopolio) en Estados Unidos eran muy estrictas, que no habría dobles lecturas y que aquella operación de Google estaba abocada a que el gobierno estadounidense, con la ley en la mano, la detuviera inmediatamente. Aún hoy no salgo de mi asombro al comprobar que me equivoqué. Desde entonces creo menos en la rigurosidad de la legislación estadounidense o, mejor dicho, creo que, efectivamente, los *lobbies* que allí operan son algo más que un superfluo gasto de relaciones públicas para empresas que no saben muy bien qué hacer con tanto dinero. Desde luego, los movimientos de Google dieron sus frutos en forma de un resultado magnífico para sus intereses.

En diciembre de 2007, la Comisión Federal de Comercio aprobó la compra de DoubleClick por parte de la empresa capitaneada por Schmidt, Page y Brin, un triunvirato que, a medida que pasaba el tiempo, ya no sólo parecía menos joven, sino además cada vez menos romántico y más voraz. En un ejemplo de paranoia esquizoide, la comisión antimonopolio alegó que, tras revisar de forma cuidadosa las pruebas, llegó a la conclusión de que era «poco probable que la adquisición por parte de Google de DoubleClick disminuya la competencia». En marzo de 2008, los reguladores de la Unión Europea, siguiendo la estela estadounidense, hicieron lo mismo, y ese mismo mes se concretó la compra. Así, de golpe, Google estaba pasando, casi sin darnos cuenta, de ser el imperio de internet a ser el imperio del Monopolio.

La compra más cara llegó en 2011, cuando adquirieron un fabricante de *hardware*, Motorola, por 12.500 millones de dólares.[7]

Aun sin tiempo de digerir lo que engulle, sigue creciendo a pasos agigantados. En 2008, durante el período de recesión, no compraron ninguna otra empresa. El mayor número de adquisiciones se produjo en 2010, con 26 nuevas empresas. En los seis primeros meses de 2011 absorbieron otras doce, lo que le permite controlar el mercado de internet.

Independientemente de esto, y pese a haber comprado todo lo que se ha puesto en su camino (y a lo grande), en 2009 la compañía aún declaraba tener en caja... ¡24.500 millones de dólares! No es de extrañar que con esa enorme cantidad de dinero dieran comienzo, ese mismo año, movimientos de miles de accionistas que intentaban presionar, sin éxito, para que la compañía distribuyera a los accionistas sus dividendos. ¿Para qué quiere Google tanto dinero en caja? Ésa es una de las preguntas del millón. Diversos círculos financieros opinan que Google está acumulando esta enorme tesorería porque no saben muy bien dónde invertir todos esos fondos. Aun así, resulta ciertamente extraño e inquietante.

Así funciona la fórmula del éxito

El PageRank ha ido evolucionando a lo largo de los años. Gracias a la continua mejora llevada a cabo por los ingenieros de Google, hoy en día no mantiene mucho más que el espíritu y el diseño inicial de su fundador. Para comprender el funcionamiento del buscador, que es, en definitiva, el servicio estrella de la compañía, he de mencionar a Googlebot, que es el robot tipo *spider*, o araña, que se utiliza para rastrear los sitios web de internet. Todas las páginas abiertas extraen información sobre el texto escri-

7. Lista completa de empresas adquiridas por Google desde 2001, disponible en la web http://www.desnudandoagoogle.com.

to en ellas (palabras concretas), y éstas se incorporan en la base de datos de las búsquedas. De esta forma, no sólo se indexan páginas web (HTML), sino que además se extrae información de distintos formatos: PDF, PS, XLS, DOC, entre otros. Todo queda almacenado en una completa base de datos.

El robot opera como motor de búsqueda. Esto significa que el uso de Googlebot resulta imprescindible para seguir cada enlace y registrar la red en busca de recónditas páginas web. De ese modo almacena y enriquece su base de datos, lo que permite mostrar respuestas mucho más específicas a las preguntas de los usuarios. Esta tecnología almacena los datos y después ejecuta el algoritmo para colocar los resultados más relevantes en primer lugar de la búsqueda. Mide de forma objetiva la importancia de las páginas web y se calcula que resuelve una ecuación de 500 millones de variables y más de 2.000 millones de términos. Estamos hablando de una capacidad de procesamiento de datos desconocida hasta la fecha, ya que se valoran y ordenan más de un billón de páginas web por temática, contenido exacto y criterios de popularidad.

Está disponible en más de cien idiomas, entre ellos: castellano, inglés, catalán, francés, alemán, chino, árabe, japonés, coreano, etc. Como todo lo que hacen los ingenieros, para ser *cool* debe tener un punto *friki*. Eso es lo que los distingue del resto de los mortales. Tal vez por ese motivo, junto a los idiomas más extendidos que todos tenemos en mente se añade la posibilidad del uso de Google en Pig Latin,[8] Klingon[9] o Leetspeak.[10]

Asimismo, ofrece numerosas ventajas al usuario como, por ejemplo, la de corregir la ortografía de las búsquedas. Lo hace además de una forma educada, y procura no dejarnos en evidencia cada vez que preguntamos una barbaridad mediante la pregunta «¿quiso usted decir...?» (reconócelo, ¡te ha pasado!). En

8. Inexistente idioma que consiste en finalizar las palabras en inglés con terminación del latín.

9. Idioma ficticio hablado por los Klingons en las películas de la saga *Star Trek*.

10. Extendido en el mundo *hacker*, supone un alfabeto alternativo del inglés, sustituyendo las letras por caracteres ASCII.

funciones de búsqueda avanzada permite, entre muchas otras cosas, explorar qué sitios tienen enlaces hacia otro determinado, o en cuáles aparece mencionada una página web en concreto. Prácticamente todos los servicios de Google, desde la clasificación de páginas hasta la inserción de publicidad, funcionan sin intervención humana. Aun así, hay humanos que intervienen ocasionalmente en determinadas penalizaciones y análisis del motor de búsqueda.

Una de las principales claves del éxito y la frescura de Google es que diseña continuamente nuevos servicios para mejorar la experiencia de la búsqueda. De ese modo permite a los usuarios acceder y utilizar aún más información de la que está disponible.

Además de su continua innovación, la compañía conoce a la perfección al usuario. Sabe que lo que más aborrece es la publicidad masiva, irrelevante, mal segmentada y con formatos agresivos. Por ese motivo la página inicial es blanca. La elección no es casual, ya que evita que tarde demasiado en cargarse y es muy rápida, por lo que el usuario no suele abandonarla. Todo está pensado para actuar de forma inmediata.

Los anuncios de Google no dificultan el acceso a los resultados, como ocurre en Yahoo! o MSN, donde hay *banners* y ventanas emergentes y, en ocasiones, publicidad poco relevante para lo que buscamos o para quienes somos. Ellos no nos conocen como Google.

Gracias a estos servicios Google empezó a hacerse con un público muy leal. Ordenó el caos infinito de internet, nos ofreció decenas de servicios gratuitos y, algo mucho más increíble todavía, en los años del «gratis total» de la red hacía todo esto generando enormes cantidades de ingresos.

En 2010, un total de 620 millones personas (un poco más de la mitad de usuarios de internet que había en el mundo) realizaban mensualmente 87,8 billones de búsquedas a través de Google Search, por lo que Google responde a aproximadamente 300 millones de búsquedas diarias. Estas magnitudes no sólo resultan extraordinarias, sino más aún: debido a la cuota de mercado que la empresa ha alcanzado en pocos años, la competencia ha quedado relegada en muchos mercados a un papel meramente testimonial. Por ejemplo, en España monopolizan el 97 % de las búsquedas. En Francia y Alemania, alrededor del 90 %. Y en Estados Unidos, el 65 %, siendo éste, además, un mercado sumamente competitivo. De hecho, es en Estados Unidos y Europa donde la empresa obtiene más ganancias.

La estrella de Google se extiende en varias sedes centrales a modo de bases de operaciones en el mundo. Una está en California y otra en Dublín, inaugurada en 2003. Además de estas bases de operaciones, Google Inc. cuenta con oficinas por casi toda la geografía mundial. Nadie puede negar que, en pocos años, su expansión y dominio de los mercados de las búsquedas en internet han sido extraordinarios.

Papá, ¡me he enganchado a Google!

Para millones de internautas en todo el mundo, posiblemente para los menos expertos, Google «es internet» en sí mismo. Por eso no resulta extraño escuchar comentarios confusos como «me voy a conectar a Google», cuando en realidad se refieren a conectarse a la red.

Nos guste o no, es la herramienta imprescindible que nos guía en el laberinto de internet: noticias, ocio, imágenes, diccionarios, libros, etc., entre mucha otra información a la que se puede acceder de manera instantánea a través de los servicios de la empresa de Mountain View. Prácticamente casi todo se puede hacer por medio de sus servicios, que funcionan como base de datos e incluso a modo de biblioteca de fácil manejo.

Además, la empresa posee la iconografía perfecta, empezando por sus fundadores, Sergey Brin y Larry Page, que siempre aparecen en las fotos oficiales como sonrientes y desenfadados chicos de éxito, alejados de la imagen clásica de un directivo caníbal de compañía multinacional. Ofrecen una imagen al público de soñadores, jóvenes y amables, al igual que la empresa. Esta imagen se proyecta también a la hora de elegir su plantilla, en la que abundan los jóvenes e inteligentes ingenieros de éxito con un dominio absoluto de internet y de las nuevas tecnologías.

Hay quienes darían casi la vida por trabajar en las idílicas oficinas centrales de California, el complejo Googleplex, donde más de 26.000 empleados se mueven en patinete y disponen gratuitamente, en sus restaurantes, de comida de los cinco continentes, zonas de juegos, piscina o guardería. Es lo más parecido a un patio de recreo para adultos. En definitiva, se exporta el concepto «joven y desenfadado» de una compañía dinámica, una mezcla de diversión y trabajo que evoca más la imagen de Disneylandia que la de una empresa real. Sin embargo, ¿es así de verdad? Lo es de forma parcial, pero no hay que dejarse deslumbrar tan fácilmente por las luces de colores. Como veremos más adelante, tiene una importante carga de marketing astutamente manejada por los responsables de la propia empresa.

Todo ese sueño, y el mito de lo que representa trabajar para Google, provoca que cada año miles de personas viajen a su sede central a admirar el entorno en el que se trabaja. Miles de turistas que están de visita en Estados Unidos se inmortalizan en emblemáticos lugares, como la Estatua de la Libertad. Del mismo modo, las fotos en los carteles de entrada de Googleplex hacen furor. Eso no es malo. Es simpático. Pero deberías verlo como algo turístico sin más para que no te ocurra como a Ícaro, que de tanto acercarse al incandescente sol se le derritieron las alas.

Así fue como Google empezó a conquistar a millones de adeptos: ofreciendo multitud de servicios propios que al usuario le resultaban gratuitos, a la vez que mejoraba la experiencia del uso de la red. Sin más interés aparente que el de organizar la información mundial, nos ofrecieron a todos su manzana. Aunque lo estés esperando, no diré que estaba envenenada, pero sí pienso que no era tan gratuita como todos creíamos en ese momento.

Pese a lo espectacular y útil de sus nuevos servicios, fue Gmail, el correo electrónico de Google, el que le acercó a un mayor número de internautas. Se trata de un servicio de correo rápido de la compañía que cuenta con la tecnología de búsqueda de Google, cuya capacidad de almacenamiento es de más de 7 GB. Empezó a funcionar en abril de 2004. Inicialmente sólo se podía acceder a una cuenta Gmail a través de una invitación, por lo que las primeras fueron otorgadas a empleados y usuarios de servicios de Google. En medio de una intensa campaña de marketing viral, las invitaciones llegaron a subastarse por cientos de dólares. Desde luego, había muchos otros servicios de correo electrónico, pero ¡no eran de Google! Desde 2007, las ansiadas cuentas de Gmail se pueden registrar libremente, sin invitación. Y no exagero cuando hablo de las subastas en portales especializados como eBay.com para poder llegar antes que el resto y tener una invitación a Gmail. Sin ir más lejos, yo mismo compré en una subasta por unos doscientos dólares una invitación para disfrutar de mi cuenta antes que los demás, con lo que evité que nadie pudiera registrarse con mi nombre. Si me paro a pensarlo un poco, no sé si sonrojarme o sentir ternura por mi bisoñez. ¡Qué le vamos a hacer! En 2004 yo era un *googlefan* más. Pero desperté y se me acabó la tontería.

Mientras tanto, los hasta entonces grandes proveedores de correo electrónico, como el servicio Hotmail de Microsoft, Yahoo! o AOL, limitaban la capacidad de almacenamiento de los usuarios, aumentaban la publicidad intrusiva y no ofrecían opciones realmente útiles, ya que estaban empeñados en rentabilizar cuanto antes sus servicios. Podemos decir que el sector estaba estancado, y fue en aquel momento cuando Google lanzó el correo que todos soñábamos tener. No inventaron ningún servicio nuevo, pero nos dieron lo que necesitábamos. A su vez, echaron por tierra las ilusiones de Microsoft de rentabilizar Hotmail, uno de sus servicios estrella, puesto que no tenía sentido pagar por tener más capacidad en un sistema de correo electrónico que ya tenía sus días contados. Era peor que el de Gmail y, además, ¡era de Microsoft!, la empresa que levantaba odios y representaba todo lo contrario del «espíritu Google». En definitiva, se mascaba el cambio justo donde a la empresa de Bill Gates más le podía sorprender, en un servicio en el que hasta aquel entonces eran líderes indiscutibles. Hoy millones de personas conservan su cuenta de Hotmail, posiblemente por una cuestión de comodidad, para no tener que cambiar su dirección de correo. Algunos la conservan por otros servicios añadidos, como el Live Messenger. Pese a eso, muchos de ellos tienen y utilizan como dirección principal el correo electrónico de Gmail, por lo que el crecimiento de ambos es inversamente proporcional. Tal y como puede comprobarse en la siguiente tabla, el servicio de Microsoft decrece anualmente en número de usuarios, y el de Google avanza con dobles dígitos a pasos agigantados.

En todo el mundo	**Total de usuarios únicos (cifras en miles)**		
	Feb. 2010	**Feb. 2011**	**% cambio**
Total internet: Total audiencia	**1.203.547**	**1.339.496**	**11**
Email	781.507	817.315	5
Windows Live Hotmail	347.072	330.607	-5
Yahoo! Mail	271.313	275.756	2
Google Gmail	163.409	217.057	33
AOL Email	34.829	31.758	-9

Fuente: comScore.

Uno de los beneficios añadidos que tiene el usuario de Gmail es que puede acceder a otros servicios exclusivos *made in Google* únicamente si dispone de una cuenta de correo electrónico. Además, los desarrollos de la época dorada de Google no iban a quedarse en ese punto. Aún habría otros servicios, algunos de ellos comprados, otros desarrollados desde cero, que llegarían con mayor o menor éxito.

Blogger es una herramienta para crear y publicar blogs mediante plantillas de diseño predeterminadas. Fue lanzado en 1999. En 2004 Blogger se renovó. Desde ese momento cuenta con nuevas plantillas de diseño, archivo individual de publicaciones, comentarios y publicación por correo electrónico.

Orkut es una red social adquirida por Google Inc. en enero de 2004. Sirve tanto para mantener las amistades ya establecidas como para hacer nuevos amigos o, incluso, establecer contactos comerciales. A su vez, se pueden crear y mantener comunidades que agrupan a personas según sus gustos e intereses. Esta herramienta fue diseñada por Orkut Büyükkökten, actualmente empleado de Google. Se trata de uno de los grandes fiascos de la compañía. Su apuesta por las redes sociales pretendía que Orkut se impusiera y fuera lo que, lamentablemente para ellos, no ha llegado a ser: Facebook. La aventura en las redes sociales ha sido el gran fracaso de Google, así como uno de los pocos motivos de esperanza para los muchos usuarios que quieren un internet liberado del yugo de una única empresa.

En 2011, tal vez para reponerse de este fracaso, y casi por sorpresa, Google anunció el lanzamiento de una nueva red social, Google+. Desde su fase beta tuvo una buena acogida entre los *heavy users*,[11] ya que ofrecía algunas novedades que lo diferenciaban del resto de las redes sociales más utilizadas, como Facebook o Twitter. Dado que mientras escribo estas líneas Google+ cuenta con muy pocos meses de edad, es pronto para saber cómo evolucionará. En agosto de 2011 contaba ya con 50 millones de registros después de haber pasado apenas dos meses desde su lanzamiento. Mi percepción inicial es que no tiene un uso constante hasta la fecha, y muchas cuentas han sido creadas pero están abandonadas.

Desde Google también se proponen servicios para los profesionales en la web. Uno de los más destacados, que tiene una importante trascendencia económica, es Google Adsense. En el epígrafe anterior te adelanté algo de él. Entrando en materia, es un servicio de publicidad para editores web. En 2010 se estimaba que más de un millón de editores participaban en el programa.

El programa Adsense es la mejor solución de publicidad para millones de páginas web en el mundo. En algunas de mis empresas lo utilizamos desde hace tiempo, y en determinados casos con notable éxito. Nunca lo he valorado con exactitud, pero creo no exagerar si digo que entre ellas habremos facturado en colaboración con Google cerca de mil millones de las antiguas pesetas en los últimos años. El mayor problema que nos genera esta colaboración publicitaria es la inseguridad por ser, como todo buen producto nacido en el seno de Mountain View, totalmente opaco.

Te pondré un ejemplo. Con Google Adsense convertimos a Google en nuestro socio publicitario preferencial, pero descono-

11. Sección de población que utiliza un producto o servicio de manera masiva y habitual.

cemos qué importancia tenemos para ellos. Es el extraño caso, que roza lo intolerable, de trabajar codo con codo con una empresa que cobra a los anunciantes y que revierte una cantidad mensual, aunque desconoces las condiciones del servicio. En otras palabras, jamás sabes qué gana Google con esta solución en tus páginas. Sabes que repartes beneficios, pero no cómo se reparten. No sabes si Google ingresa un 40 o un 80 % de los ingresos de tu sitio. Sólo sabes lo que cobras cada mes. Ellos lo controlan todo.

Hay diversos rumores más o menos intencionados que hablan de un reparto del 60 % para Google y del 40 para el dueño de la web. Lo cierto es que resulta difícil saberlo. La empresa nunca ha confirmado este extremo. Como son los dueños de la máquina de hacer churros, es humano pensar que en cualquier momento (si la página web empieza a ganar mucho dinero, o si hay que dar más beneficios por cualquier otro motivo) esto es tan fácil como tocar un botón y cargar más peso a tu fiel de la balanza.

Lo sufrí muy especialmente en 2006. Algo sucedió en una de nuestras cuentas, que había mantenido ingresos muy estables durante un lustro. No sé muy bien el motivo, pero sin caer el número de visitantes, ni el número de clics que éstos hacían en la publicidad, debimos recibir algún tipo de castigo divino, porque en dos meses se redujeron nuestros ingresos en más de un 50 %, y jamás se recuperaron. Hasta hoy. Desde entonces, con la lección aprendida, intentamos minimizar nuestra dependencia de los ingresos publicitarios compartidos con Google.

Trabajar diez años codo con codo con alguien, especialmente si desconoces las condiciones en las que lo haces y, por lo tanto, no sabiendo si éstas han ido variando a lo largo del tiempo o si pueden resultar abusivas, es muy parecido a acostarse con la misma persona durante diez años y todavía no conocer su nombre.

La principal herramienta publicitaria de la empresa es Google Adwords. Junto a Adsense, representan más del 95 % de los ingresos totales de Google. Está diseñada para anunciantes y permite adquirir anuncios de coste por clic (CPC) o coste por impresión (CPM) correctamente orientados, independientemente de cuál sea su presupuesto. Los anuncios de Adwords se publican simultáneamente con los resultados de las búsquedas realizadas en Google, así como en los sitios de búsqueda y de contenido de la compañía.

Además, Google Inc. diseñó un navegador web o *browser* denominado Google Chrome que desde 2008 se ha situado como el tercer navegador más usado en internet gracias a su rapidez, estabilidad y seguridad. En 2011 ya poseía una cuota de mercado del 17,13 %. Está disponible de forma gratuita y, por el momento, hay versiones en más de 59 idiomas para la plataforma Microsoft Windows. Los sistemas Mac OS X y Linux disponen de versiones beta. El lanzamiento de Google Chrome debe entenderse como otro pulso a Microsoft, que domina el mercado de los navegadores desde la prehistoria de internet con Microsoft internet Explorer. El resultado es muy similar al éxito de Gmail. Se puede apreciar cómo en pocos años millones de usuarios han decidido cambiar su navegador habitual. Si sigue su velocidad de crecimiento en detrimento de internet Explorer, en unos años será posiblemente el navegador más usado del mundo. Otro duro golpe para Microsoft.

Uno de los principales servicios que más entusiasmó a los administradores de páginas web fue sin duda Google Analytics. Se trata de un servicio de estadísticas a través del cual se pueden obtener informes de seguimiento de usuarios exclusivos, así como del rendimiento de segmentos o de los resultados de las campañas de marketing. Es una herramienta potente y versátil que nos ofrece todo tipo de información para medir y conocer a nuestros visitantes o clientes. Nadie es perfecto, y tal vez por eso me considero un enorme fan de esta herramienta. Google Analytics es el resultado de la compra por parte del imperio de una empresa llamada Urchin.[12] Recuerdo que en aquel entonces éramos clientes de Urchin, que ya era una herramienta versátil y potente. Viví con sorpresa la compra de Urchin por parte de Google. Pero la sorpresa fue mayúscula cuando nos informaron de que esta herramienta, por la que pagábamos religiosamente

12. Sitio web de estadísticas de análisis desarrollado por Urchin Software Corporation. Urchin se utilizaba para analizar el tráfico de servidores web basándose en los datos de registro.

StatCounter Global Stats

Top 5 navegadores desde abril de 2010 a marzo de 2011.

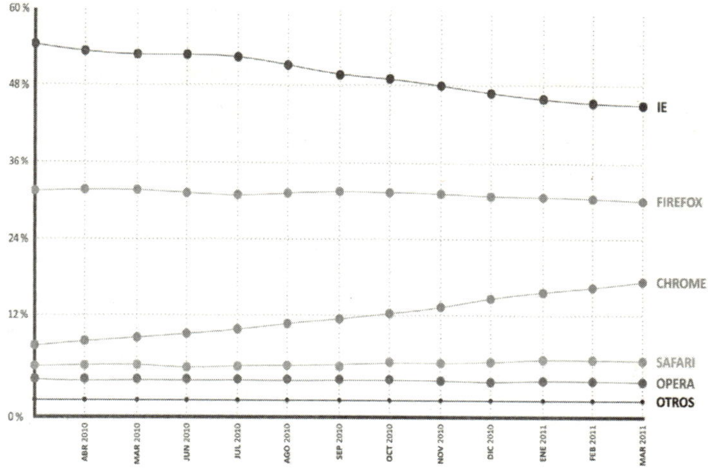

Fuente: StatCounter.

nuestras licencias de uso, sería gratuita. Google lo adquiría para inyectar dinero, mejorar el desarrollo y ofrecerlo a sus clientes sin coste alguno. Pensé que algún truco tendría que haber. Como irás descubriendo a lo largo del libro, ¡lo había! Aun así, Google Analytics ha mejorado muchísimo desde entonces y ofrece un servicio magnífico. La única pega que le encuentro es que pertenece a Google. Bastante información sobre nosotros tiene esta compañía como para además entregarle las estadísticas de nuestro negocio. Lo barato es caro, y nadie regala su trabajo. Google nos lo cambia por estadísticas de nuestro sitio.

También han lanzado otros servicios menores, cuanto menos curiosos, como Google Health (disponible en Estados Unidos), que permite a cualquier usuario guardar su historial médico en internet. Se pueden archivar perfiles médicos, agregar resultados de exámenes, nombres de medicamentos, información del seguro, etc. Muchas de las empresas farmacéuticas y de investigación (entre ellas Walgreens, Quest Diagnostics o Longs Drugs) participan junto a Google en el proyecto.

Existen además decenas de proyectos en fase de desarrollo, como Google Chrome OS. Tiene por objeto desarrollar un sistema operativo gratuito para ordenadores portátiles. La empresa anunció en julio de 2009 que será un sistema desarrollado en código abierto (GNU/Linux), diseñado únicamente para ordenadores portátiles. Invertir en un sistema operativo es muy costoso. Desde luego, entregarlo teóricamente gratis al usuario hace que una compañía sea, al menos, apreciada. Sin embargo, este tipo de maniobras esconden otras motivaciones, como la capacidad de Google de estar literal y físicamente en tu ordenador sin ser una opción personal, sino una imposición, lo que daña gravemente las licencias del sistema operativo Windows, de Microsoft, que a día de hoy mantiene una cuota de mercado del 96 % en ordenadores portátiles en todo el mundo. Esa cifra se verá muy posiblemente reducida cuando a los fabricantes les ofrezcan una alternativa gratuita que, además, posiblemente les ofrezca beneficios por el consumo de la publicidad que hará el cliente en el uso de su producto. ¡Tiembla, Bill Gates! ¡Casi sin darte cuenta has pasado de ser dominador a estar dominado, y el nuevo imperio tiene especial fijación en ti!

El servicio Google Docs ofrece la posibilidad de acceder a los datos desde cualquier lugar. Se trata de un concepto muy de moda últimamente. Se denomina *cloud computing*[13] o, simplemente, «trabajar en la nube». En esencia, nos permite compartir archivos en multitud de equipos. Por citar un ejemplo sencillo, de ese modo no nos tendremos que llevar el ordenador de la oficina a casa, ya que dispondremos de los archivos actualizados y accesibles en internet. También podremos realizar sobre un mismo documento cualquier tipo de trabajo colaborativo con personas que se encuentren en cualquier localización. Google no ha ideado el *cloud computing*, pero sí lo ha popularizado al desarrollar aplicaciones de *software* tradicional de forma más eficiente. De esta manera, puedes mejorar tu productividad trabajando

13. Paradigma que permite ofrecer servicios de computación a través de internet, albergando los datos o las aplicaciones en servidores externos al equipo del usuario.

desde cualquier equipo. Google nos ofrece un servicio que incluye el procesador de textos, un programa para presentaciones y hojas de cálculo, y todo ello de forma gratuita. Así gana puntos y nuevos creyentes. Además, golpea en otro de los nichos casi exclusivos de Microsoft, el paquete estrella de la compañía de Redmond, que ofrece exactamente lo mismo. Se trata de la *suite* de *software* Microsoft Office, que para ellos representa una importante fuente de ingresos, pese a ser un concepto más antiguo, generalmente *software* residente en un ordenador (aunque presionado por Google Docs, Microsoft también se ha visto obligado a lanzar una versión «en la nube»).

Con todo, si hay un servicio prometedor para el futuro, ése es el sistema operativo Android para teléfonos móviles. Fue anunciado por primera vez en 2007, está dirigido a fabricantes de *smartphones*, quienes lo pueden instalar en sus aparatos gratuitamente. Su primera versión vio la luz en septiembre de 2008. Desde entonces, los fabricantes de dispositivos móviles tienen varias opciones: primero, integrar en sus productos este potente sistema operativo, desarrollado con *software open source*,[14] que hace que el teléfono móvil del usuario se convierta en todo un ordenador; segundo, desarrollar su propio *software*, que posiblemente será de peor calidad, lo que supone competir con Android o con el iPhone; tercero, licenciar asumiendo el coste sistemas operativos como Windows Mobile, de Microsoft. El resultado es predecible. Android es el sistema operativo que más crece en el mundo, y no sólo eso, sino que además supone un salto cualitativo incluso a nivel físico: se ha pasado del ordenador al bolsillo del usuario, acompañándole donde éste vaya.

El resultado de los numerosos servicios que ha desarrollado Google Inc. no han sido sólo ingentes ingresos, sino además numerosos premios, como el Premio Webby, o la mayor distinción de nuestro país, el Premio Príncipe de Asturias en su rama de Comunicación y Humanidades (2008), por ser «el mejor buscador de la historia de internet». El jurado incluso afirmó que el

14. El *software open source* garantiza a cualquier persona el derecho de usar, modificar y redistribuir el código libremente.

buscador «ha hecho posible, en apenas una década, una gigantesca revolución cultural, y ha propiciado el acceso generalizado al conocimiento». De este modo, Google contribuye de manera decisiva al progreso de los pueblos por encima de fronteras ideológicas, económicas, lingüísticas o raciales. Poco más o menos, vendría a ser una ONG, ¿no crees? ¡Pues no! La respuesta resulta evidente. Google no es una ONG, aunque ellos mismos intenten vendernos esa idea una y otra vez. Te lo demostraré en los próximos capítulos. No piensan en hacernos felices, ni en ofrecernos cosas sin importarle el coste, ni en organizar la información mundial para nuestro uso y disfrute personal. Google es una empresa y se mueve por motivaciones empresariales. No quieren verte feliz. Lo que quieren es simplemente ganar más dinero. ¡Y eso es lícito! Pero lo que habrá que averiguar es si, en ocasiones, actúa como un monopolio que limita su competencia con actitudes imperialistas que pretenden dañar a las otras empresas, o herirlas de muerte, y si cumplen la ley y están actuando de forma leal con nosotros, sus usuarios.

Te habrás dado cuenta de que jamás empleo la palabra clientes. Tú, que lees estas líneas, y yo, como particular, no somos clientes de Google. Somos usuarios. Clientes son los grandes y pequeños anunciantes que invierten en Adwords sus presupuestos de publicidad. Es importante que partamos de esa base: tú no eres el pescado, ¡eres el cebo!

2

Welcome to the jungle!

En el primer trimestre de 2011, Google Inc. contaba con la friolera de 26.000 empleados. ¿Muchos o pocos? Bueno, según como se mire. Representa una cantidad enorme de materia gris, pero hay compañías de menor tamaño con una plantilla mucho mayor. Lo que realmente sorprende es la velocidad de crecimiento y de contratación desde 2006, cuando la compañía contaba con tan sólo 9.700 empleados. Es decir, en unos pocos años Google ha triplicado su plantilla. El crecimiento fue especialmente intenso, superior al 20 %, en los años previos a la crisis económica mundial, en los que se redujo drásticamente el ritmo de contratación, que incluso resultó negativo en 2009.

	Año			
	2008	**2009**	**2010**	**2011***
Total empleados	20.222	19.835	24.400	26.316
Crecimiento porcentual en número de empleados	20 %	-2 %	23 %	8 %

* (No auditado) 1er cuatrimestre.

Fuente: Google.

Todos hemos admirado y visto con cierta envidia las fotos de Googleplex como ejemplo del lugar de trabajo ideal. Google fue considerada por la revista *Fortune* la mejor empresa para trabajar en Estados Unidos en los años 2007 y 2008. En años posteriores cayeron hasta el cuarto puesto de la clasificación. Y no sólo eso. Según una encuesta publicada en el diario *The Wall Street Journal* en 2011, Google era la empresa ideal para los jóvenes de hasta veinticinco años. Un 25 % de los encuestados querría trabajar en Google, frente a un 13 % en Apple o Walt Disney. La lista completa puede verse en la web de la revista *Fortune*.[15]

Ranking		Crecimiento de empleados	Empleados en EE.UU.
1	**SAS**	3 %	5,629
2	**Boston Consulting Group**	2 %	1,713
3	**Wegmans Food Markets**	6 %	39,255
4	**Google**	ND	ND
5	**NetApp**	9 %	5,455
6	**Zappos.com**	37 %	1,843
7	**Camden Property Trust**	0 %	1,719
8	**Nugget Market**	-2 %	1,24
9	**Recreational Equipment (REI)**	-1 %	9,38
10	**DreamWorks Animation SKG**	10 %	1,994

Fuente: *Fortune*.

Resulta curioso comprobar cómo Google ha sido la única empresa de la que ni la mismísima *Fortune* ha podido obtener datos sobre el número de empleados en Estados Unidos. La compañía sólo comunica el número de empleados globales, tal vez obligada por las normas de cotización en el NASDAQ. Si quieres averiguar cuántos empleados tiene en Estados Unidos, en Brasil o en España, la respuesta es siempre la misma: los necesarios. Este secretismo contrasta abiertamente con otras empresas del sector, que no consideran este tipo de información como algo estra-

15. http://money.cnn.com/magazines/fortune/bestcompanies/2.011/full_list/.

tégico, ni mucho menos perjudicial. Es más, se trata de un poco de transparencia. Viniendo de la organización cuyo lema es organizar y poner a disposición de cualquier persona la información mundial, parece que se olvidaron de incluir esta máxima en la suya propia.

Como ya ocurriera en los años noventa con Microsoft, la gran mayoría de los jóvenes ingenieros desearían trabajar en Google Inc. De hecho, existen numerosos foros, sitios web y páginas en redes sociales tituladas «Quiero trabajar en Google». Un ex trabajador de Google que estuvo contratado en la delegación de Dublín me comentaba que «es un sitio estupendo para comenzar la carrera laboral en nuevas tecnologías. Existen muchas razones, como la cultura de dar oportunidades a proyectos que vengan de cualquier persona, la satisfacción de estar trabajando en productos que utilizan millones de personas o conocer gente extraordinaria tanto a nivel humano como profesional». Este ex trabajador ha preferido permanecer en el anonimato, a pesar de que su opinión no es en absoluto negativa.

Es tal la fiebre de Google que existe un mercado de todo tipo de complementos con el logo de la compañía. Tazas, camisetas para niños, platos, pulseras. Hasta el muñeco del *software* para móviles, Android, puede ser adquirido por cualquiera de sus fans. El hecho de que una empresa pueda vender todo tipo de merchandaising es un indicio de su éxito.

Formar parte de Google tiene una idiosincrasia especial. Tenemos a los *googlers*, que es como se conoce a los empleados; a los *nooglers*, que son los nuevos, los últimos en incorporarse a la empresa; y, finalmente, los *xgooglers*, nombre con el que se denomina a los ex empleados de la empresa.

Conozco el caso de un buen amigo que con treinta y tres años, y habiendo trabajado con anterioridad tan solo para otra empresa, renunció a una oferta de trabajo muy interesante, con un sueldo casi un 30 % superior, por vivir la aventura *The Google Way Of Life*. Ha pasado un año desde aquello y, como muchos preveíamos, se arrepiente de no haber elegido racionalmente.

Eric Schmidt, el que fuera consejero delegado de Google hasta 2011, se jactó en público en varias ocasiones de que las personas querían trabajar en Google no por un salario, sino por su deseo de cambiar el mundo. En diversos foros de internet algunos ex empleados de la compañía criticaban esa actitud soberbia recordando que es muy fácil ser billonario (sí, con B) y pensar de esa manera. Sin embargo, el hecho es que aún hoy ese concepto sigue en cierto modo vigente.

Nuestra percepción inicial nos puede llevar a engaños. No todo es de color de rosa. Las principales quejas que ha recibido la compañía se refieren al larguísimo proceso de selección. Otros hablan de las ganas que tenían de trabajar en Google, pero una vez que estás dentro te das cuenta de que los sueldos son bajos comparados con empresas similares. Algunos hablan de poca organización y de excesiva preocupación por conservar una imagen exterior. Siempre me ha llamado la atención que los empleados descontentos opinen en foros de internet de forma anónima, y que sólo unos pocos se atrevan a hacerlo públicamente. ¿Por qué motivo tienen miedo y no se atreven a mostrar su identidad?

Al final, lo que resulta evidente es que hay dos motivos principales por los que los empleados abandonan la empresa. En primer lugar, la sobrecualificación: contratan a personas extremadamente preparadas que luego se ven frustradas al llevar a cabo labores que los desmotivan. En segundo lugar, la burocracia, que cada vez es mayor. Ciertos mandos no encajan con la cultura que ha implantado la empresa, que coarta las iniciativas creativas e innovadoras y se muestra más interesada en los resultados que en las personas. Y es que la empresa, salvando las distancias, actúa como si fuera una secta. Mientras alguien está inmerso en la dinámica de grupo, no habla, no hay comentarios al margen de la línea oficial. Todos son entusiastas y nadie tiene opiniones negativas.

Google Inc. se define a sí misma como el paladín de las libertades y de la democracia que pretende el libre acceso a la información. Pero no a toda. La que hay en sus oficinas debe ser de un tipo especial, y por ello permanece restringida. Por ese motivo, cuando los visitantes entran en sus instalaciones les piden firmar un NDA, un contrato de confidencialidad generalmente digital, por el que te comprometes a no revelar nada de lo que puedas ver u oír en el recinto, a no comentar o reproducir nada de lo que allí suceda, ni a hacer fotografía alguna de sus instalaciones. Te voy a sacar de dudas. Yo mismo he firmado alguno de esos contratos de confidencialidad. Considerando lo que he visto dentro, no me quedan muchas dudas de que una de las cosas que se pretenden salvaguardar es ese halo de *glamour*, la incertidumbre sobre lo que habrá ahí dentro, lo que alimenta sin medida el mito y la imagen idílica de la empresa. Por cierto, este tipo de contratos son tan inocentes como infantiles. Es como cuando viajas a Estados Unidos y los funcionarios de turno te preguntan cosas intencionadamente infantiles, como: «¿Ha manipulado alguien que no sea usted su maleta?», o mejor aún: «¿Pertenece a algún grupo terrorista con algún plan para asesinar al presidente de Estados Unidos?».

Volvamos al cuartel central de Mountain View. El objetivo de sus fundadores era conseguir que el recinto fuera más parecido al campus de una universidad que a una multinacional, como si se tratara de una extensión de los años universitarios en los que sus fundadores se divertían a la vez que trabajaban. Larry y Sergey pusieron desde el principio todo su empeño en conservar la imagen de innovación y tecnología que caracteriza a la empresa. Con ello buscan que la sensación que transmitan sus instalaciones sea una mezcla de ocio, talento, diversión, tecnología y juventud.

El columnista norteamericano y experto en *social media* Chris Brogan,[16] tras visitar Googleplex a finales de 2010, me contaba que sus impresiones fueron, a grandes rasgos, positivas. Aun así, según me explicaba, «tienes la sensación de estar en un sitio que te viene muy grande. Estás rodeado de ingenieros y con esas instalaciones tan impresionantes que te sientes pequeño». Acerca del ambiente que rodea a la compañía me explicó: «Todo el mundo habla de la cafetería y de las bicicletas que están por

16. Coautor de *Trust Agents*, bestseller del *New York Times*, y columnista de la revista *Entrepreneur Magazine*. El blog de Chris (www.chrisbrogan.com) es uno de los cinco primeros en el conocido *ranking* de blogs de marketing *Advertising Age Power150*.

todas partes. Cuando estás en el campus tienes la sensación de que algo te atrapa, como si fueran unas esposas de seda. Permite que te vayas, pero te quieres quedar para continuar trabajando más y más. En definitiva, estás atrapado».

La empresa ha manifestado en más de una ocasión que trabajar en este complejo tecnológico supone numerosos beneficios a sus empleados, comodidades y lujos que pocos pueden disfrutar en su lugar de trabajo. Entre ellos está el servicio de lavandería, que devuelve la ropa limpia y planchada en el propio escritorio del trabajador. También hay servicio de peluquería, o un servicio de masajes, todo ello de forma gratuita. Existen además bicicletas o patinetes para desplazarse de una reunión a otra, sillones de masaje y pelotas inflables enormes. Los *googlers* pueden compartir tiendas de campaña gigantes y salas de reuniones de todo tipo. Los ordenadores portátiles están por todas partes, al igual que las pizarras blancas, para que cualquiera pueda pintar lo que quiera, desde un muñeco a una idea genial para un proyecto. También hay futbolines, mesas de billar, pistas de voleibol, diferentes videojuegos, pianos, mesas de *ping pong*, así como gimnasios con sesiones de yoga y clases de baile. Si un *googler* tiene un perro, hay personas dedicadas a cuidarlo. Incluso lo puede tener dentro del recinto y pasearlo por donde desee. Los empleados pueden acudir al trabajo vestidos como quieran (si es sin corbata, mejor). No hay un horario establecido y existe la opción de teletrabajo.

No pude evitar preguntarle a Bernardo Hernández, director mundial de Productos Emergentes de Google, qué parte de marketing tenía disponer de unas instalaciones más típicas de un salón recreativo para adultos que de la sede central de una compañía multinacional. Es decir, en qué medida todo eso actuaba a modo de gigantesco imán para atraer a jóvenes y a nuevos talentos, y qué parte de realidad y utilidad tiene en el día a día. Para Bernardo, «en Googleplex las oficinas son generalmente muy funcionales, con poca carga de diseño. El atractivo viene más de la creatividad y espontaneidad a la hora de construir un espacio de trabajo, que de una estrategia de marketing».

Resulta curioso, y desde luego no es casual, comprobar cómo la empresa anima e incita a los empleados a que puedan formar grupos en torno a todo tipo de aficiones, como la meditación, el cine, la cata de vinos o los bailes latinos. Se celebran innumerables almuerzos y cenas saludables para el personal en sus múltiples restaurantes, que son como enormes habitaciones de descanso repletas de aperitivos y bebidas con los que recuperar las fuerzas.

Esas condiciones de trabajo, tan diferentes a lo que vemos en nuestro día a día laboral, ¿no encerrarán una trampa? Según me comentaba un *xgoogler* que ha desarrollado su labor profesional en la filial europea, «el ambiente en Google se caracteriza por ser joven y distendido. Cada mes contratan a una gran cantidad de personas, y su plan de acogida está muy trabajado y pulido. Con el grupo de nuevos empleados realizan gran cantidad de actividades que persiguen su integración tanto en el equipo como en la compañía».

Puede parecer idílico, pero no todos los trabajadores de Google están tan contentos ni tan de acuerdo con que esta imagen refleje sus condiciones de trabajo. En una entrevista publicada en *No2Google,*[17] un antiguo empleado argumentaba que no había espacio suficiente, a pesar de que existen cubículos y espacios abiertos de último diseño. Según él, las instalaciones no están preparadas para el crecimiento que ha experimentado la empresa en los últimos años.

Igual de popular que las instalaciones son los diecisiete restaurantes de Googleplex donde los empleados pueden comer de forma gratuita. Así se consigue un objetivo doble: en primer lugar, y como meta principal, una mayor productividad, ya que se comparten ideas y opiniones. Los empleados no se desplazan fuera de la sede de la empresa a comer, lo que supone una evidente pérdida de tiempo y de productividad. En segundo lugar, es una interesante herramienta de marketing que hace que trabajar en Google sea tremendamente deseado. Lejos de tener costos relacionados con tu vida personal, ¡hasta tienes barra libre!

En definitiva, la empresa busca que no abandones tu puesto de trabajo, que te interrelaciones más con tus compañeros y que

17. http://no2Google.wordpress.com/.

centralices en sus instalaciones incluso tu ocio para que ellos se conviertan en tu núcleo existencial. ¿No es eso lo mismo que buscan, y a menudo consiguen (salvando las evidentes distancias), algunas fábricas en países comunistas, que hacen que la empresa sea el centro de la vida del trabajador? Sí, ya sé que puede parecer exagerado, y que seguramente las condiciones de trabajo de cualquier empleado en una gigantesca fábrica de la República Popular China no puedan compararse ni en broma con las que tiene un joven ingeniero en California, con su futbolín y su cafetería gratis. Pero, dejando a un lado la manera en la que se consigue esa mayor implicación entre empleado y empleador, ¿el objetivo no es el mismo? En ambos casos se exalta la imagen de la empresa y del líder, se inculca la necesidad de volcar en ella tus relaciones personales, tu tiempo libre e incluso se intentan poner límites a las relaciones con terceros, facilitando así, por defecto, las que se tienen dentro del limitado grupo de trabajo. El objetivo, al final, es muy parecido: que produzcas más y mejor, y alejarte del mundo exterior. Lo que varía —gracias a Dios, y para alivio de los empleados de Google— es la manera de hacerlo.

En su libro *I'm feeling Lucky* (Houghton Mifflin Harcourt, 2011), Doug Edwards, uno de los primeros empleados de la empresa, explicaba que las normas internas marcadas por Larry Page para los empleados incluían no delegar jamás el trabajo y no meterse en los proyectos de los demás si no se aportaba valor. Rara vez había halagos en la empresa y, en líneas generales, todo esfuerzo parecía insuficiente para los directivos de la compañía. Edwards explicaba cómo la situación, que calificó como «*management* del miedo», llegó a ser insostenible, ya que los empleados sentían que nunca eran lo suficientemente productivos y que Google trataba de derrumbar el muro que separaba el trabajo del hogar penetrando en su intimidad. Él no estaba dispuesto a permitirlo: «Google era sólo un lugar en el que trabajar. Yo ya tenía una casa».

En cierta ocasión asistí a una conferencia en la que un apasionado empleado de Google intentaba explicarnos por qué él era mejor que nosotros, por qué él trabajaba en un sitio correcto. ¡Él estaba cambiando el mundo! Por ende, el resto de los allí presentes éramos pobres personas que, a diferencia suya, no habíamos logrado encontrar el camino fundamental con el que iluminar nuestras vidas. Sus razones, enérgicas y apasionadas, eran tan insulsas como infantiles. Una de ellas me pareció simplemente genial. Nos explicó que en su oficina tienen neveras llenas de cerveza con un candado para que los empleados no consuman bebidas alcohólicas durante la semana. Pero el viernes, tras la comida, los abren y pueden beber cerveza en la oficina. Nos lo explicaba emocionado.

—¡Os lo imagináis! ¡Nadie quiere irse a casa! —decía.

Mientras le escuchaba llegué a imaginar que en ese momento saldría, escondido entre bambalinas detrás del escenario, el jefe de Recursos Humanos, que tal vez se lo llevaría y discretamente lo aporrearía hasta la extenuación. Pero no sucedió nada de eso. En medio del murmullo que habían creado sus palabras, miré a izquierda y derecha intentando adivinar si el rarito era yo. Tal vez porque el auditorio estaba lleno de profesionales, y no de adolescentes con sus hormonas en plena ebullición, me tranquilizó ver que al resto de los espectadores no parecía entusiasmarle lo más mínimo que una empresa pudiera obsequiar a sus empleados con cerveza los fines de semana. Lo que a nuestro emocionado conferenciante parecía acercarle al éxtasis más profundo no nos afectaba lo más mínimo. Hay cosas que pueden ser muy *cool* para un grupo de jóvenes inexpertos, y seguramente no lo sean para profesionales más cualificados. Con todo mi cariño, si me apetece una cerveza la pago yo, y eso es lo que debería poder permitirme hacer mi trabajo: pagar mis gastos. Francamente, los sábados y los domingos no tengo muchas ganas, salvo urgencia o necesidad, de acudir a la oficina, y me preocuparía enormemente que mi plantilla considerara suficiente un reclamo tan banal para desperdiciar su tiempo libre trabajando en vez de pasarlo con sus amigos o familiares.

Tal vez antes te pareció algo temeraria mi analogía con las fábricas de producción de los países comunistas —insisto, me refiero a los fines, y no a los medios—. Si ha sido así, quizá no me debería siquiera atrever a mencionar que el dar caramelos para captar adeptos y robarles tiempo de su vida personal, aunque sean en forma de Heineken bien fresquita, se asemeja a lo que hacen ciertas sectas. Vaya, no quería decirlo, ¡se me ha debido escapar! Los Hare Krishna encuentran a una importante cantidad de fieles que se sienten atraídos por la comida gratis, las clases de yoga o los vestidos orientales gratuitos, y acuden a sus templos, donde son, en ocasiones y casi sin darse cuenta, abducidos a una dedicación mayor a Krishna y a una menor a sus vidas personales. No, tranquilo, no creo que Google sea una secta, aunque su equipo de Recursos Humanos se empeñe en utilizar técnicas muy cutres capaces de demostrar lo contrario.

Como empresa son expertos en hacer fácil lo imposible, en llevarte a su terreno y hacerte trabajar como y cuando ellos quieren, y encima logran que lo hagas convencido y feliz. Así compran talento al precio más barato del mercado. Su historia es la del palo y la zanahoria, y la repiten una y otra vez con enormes dosis de éxito: con sus empleados, con los usuarios y con terceras empresas a las que pueden acabar devorando al sentirse atraídas y saciadas con la zanahoria. La gran diferencia de la dictadura actual de Google, en comparación con otras del mundo de la tecnología, como la de Microsoft en los noventa o IBM en los ochenta, es que actúan de forma más inteligente. Tal vez por ese motivo son más peligrosos, ya que no se les ve venir de frente. Microsoft tuvo una posición de privilegio muy parecida a la que hoy ostenta Google. Si podía, te controlaba abusando de su posición de fuerza. IBM hacía tres cuartos de lo mismo diez años antes. Ambos acabaron sucumbiendo con muchos frentes abiertos, incluyendo los conflictos con empresas y las autoridades antimonopolio, que lograron limitar su enorme poderío. Sin embargo, me atrevo a predecir que Google perdurará más, mucho más, merced a ese dominio «inteligente» del que sabe cómo llevarte a su terreno dándote de comer —sí, la mencionada zanahoria—. De ese modo, cuando tengas el estómago lleno, no serás consciente de que te han robado la cartera. Se trata de facturar, de crecer y de engullir lo más rápido posible. Es lícito que así sea, y no hay que escandalizarse por ello. Pero tampoco podemos llevarnos a engaño creyendo que ellos son «los buenos». Google se te lleva por delante, y lo hace con una sonrisa en la boca. Eso hace que sea difícil verles venir hasta que ya es demasiado tarde, y además así logran actuar con un cierto beneplácito social. Es precisamente eso lo que ocurre con algunos empleados del imperio que, abstraídos por las luces de colores, por el masaje que les dieron ayer *by the face,* o por la Coca-Cola gratis a la hora del almuerzo, no son conscientes de las horas que están trabajando de más en la oficina y creen, a pies juntillas, que han llegado a lo máximo, que forman parte de una élite mundial que mejora la vida de los demás. Rodeados de una aura especial, están convencidos de cambiar el mundo. Algunos, posiblemente los más jóvenes e inexpertos, llegan a confundir el hecho de trabajar para Google con haber fichado por Los Angeles Lakers. Pero no te preocupes demasiado. Es un mal de juventud que se les pasa con el tiempo.

La democracia de la que Google presume es tan sólo teórica. Es bella, pero también imperfecta y ciertamente utópica. Por eso, aunque las instalaciones de Googlelandia sean espectaculares, no todos los empleados son iguales. ¡Hasta ahí podíamos llegar! Debido a la juventud de su plantilla, la capacidad para generar ideas nuevas mantiene a la empresa como un ejemplo ideal de innovación y tecnología. Sin embargo, se rechazan ideas y proyectos con argumentos tan abstractos y banales como que no son la manera en la que Google hace las cosas, como si fuera un antiguo anuncio de Marlboro, algo así como *The Google Way of Life*. Y eso a algunos, especialmente a los más creativos y brillantes, acaba por frustrarles.

Como disponen de oficinas repartidas por todo el mundo sus empleados hablan distintos idiomas y proceden de diferentes países. Al llegar únicamente se relacionan con otros compañeros, ya que, sin darse cuenta, no disponen de vida exterior ni de tiempo para relacionarse fuera de su lugar de trabajo, lo que se traduce en una mayor unión entre ellos, una forma endogámica de «hacer equipo». Esta unión seudoforzosa hace que la productividad sea aún mayor y, del mismo modo, fomenta la confusión entre tiempo libre y trabajo. Según me contaba mi amigo, en la sede europea de Dublín la gran mayoría de empleados son expatriados, de modo que existe una «familia» de *googlers* en la que es muy fácil integrarse. El hecho de que la mayoría de la gente viva en el conocido «Google Ghetto» de Dublín, por poner un ejemplo, ayuda a que tus amigos en la ciudad sean forzosamente tus compañeros de trabajo. Ciertamente, mezclar la vida privada y el trabajo tiene sus ventajas e inconvenientes, aunque se intente lograr un ambiente distendido en la oficina.

Para Bernardo Hernández las fotos e informaciones que se filtran sobre las sedes y la forma de trabajo en Google «son el componente de una política de retención de talento, necesario por otra parte en un mercado tan competitivo y dinámico como el de internet. Los ingenieros son un bien muy escaso que hay que saber atraer y retener». Es precisamente esa retención del talento la que está resultando especialmente costosa en estos últimos años. Los empleados más formados y con más experiencia empiezan a valorar otros activos por encima del masaje gratis que les pueden dar en la oficina.

Aún hay más analogías con los sistemas de producción comunista. El mejor método de control que se puede ejercer sobre un empleado es otro compañero, en parte por la necesidad continua de destacar para ser abiertamente premiado. Eso no sólo hace que se fomente la competitividad entre ellos, sino que además evita tentaciones y filtraciones de información.

El organigrama, en cuanto a Recursos Humanos se refiere, tiene ciertas particularidades. Como me explicaba Marisa Toro, directora de Comunicación de Google España, «la organización interna es compleja. El Departamento de Comunicación nada tiene que ver con el Departamento Comercial, aunque estemos en las mismas instalaciones en la oficina de España. Nuestros superiores pueden estar en Italia y darnos indicaciones desde allí. La jerarquía es diferente a otro tipo de empresas. En una misma ubicación física podemos depender de otros países sin relación directa entre nosotros».

Existen dos claves fundamentales para entender su modelo de jerarquía. Por un lado, existe una regla no escrita según la cual ningún mando debería tener más de ocho empleados por debajo de su mando, y se mantienen como punto de equilibrio los cinco subordinados. Esto provoca que la relación con el mando sea cercana y que la misión de éste sea facilitar el trabajo de su equipo. Al contrario de lo que ocurre en otras empresas, en las que esto se espera, en Google se cumple. Además, resulta relativamente sencillo transferirse a otro equipo, de manera que una mala gestión de las relaciones por parte del mando termina con el subordinado en un grupo diferente.

Los procesos de selección varían según el puesto al que el candidato opte. En ocasiones pueden llegar a durar entre nueve y doce meses. Diferentes personas realizan las entrevistas, y todas ellas deben ponerse de acuerdo con el perfil del candidato perfecto. Una vez que éstos comienzan a trabajar en Google Inc. entiendes qué motiva un proceso de selección tan duro. La empresa es tan grande, y posee tantos recovecos, que es necesario estar preparado para conocer dónde vas a trabajar. Inicialmente esto resulta molesto para los candidatos, que invierten mucho tiempo en entrevistas y nunca saben a ciencia cierta cuándo acabará el proceso, o si lo harán satisfactoriamente. Ellos dicen que está todo perfectamente estructurado y estudiado, pero en los últimos años ha resultado evidente que el sistema tiene claroscuros.

Al margen del número de entrevistas y del tiempo que pueden requerir, lo más curioso de estos procesos son las cuestiones que llegan a plantearse a los candidatos. Dicen buscar no sólo la excelencia curricular, sino además personas positivas y creativas capaces de resolver problemas y aportar una nueva visión a la compañía. Éstas son algunas de las preguntas curiosas, pero reales como la vida misma, que se han realizado en procesos de selección de la compañía. Con algunas de ellas no me extraña que los candidatos se queden literalmente fuera de juego:

1. ¿Cuál es la probabilidad de romper un palo en tres partes y formar un triángulo?
2. ¿Cuánto deberías cobrar por limpiar todas las ventanas de Seattle?
3. ¿Cuántas pelotas de golf caben en un autobús escolar?
4. ¿Cuántos afinadores de piano hay en el mundo entero?
5. ¿Por qué las tapas de las alcantarillas son redondas?
6. En un país en el que la gente sólo quiere varones, cada familia continúa teniendo hijos hasta que tiene un niño.

Si tiene una niña, tiene otro hijo. Si tiene un niño, se detiene. ¿Cuál es la proporción de niños y niñas en el país?

7. Un hombre empotra su coche contra un hotel y pierde toda su fortuna. ¿Qué pasó?
8. Estima el número de estudiantes mayores de edad en la universidad que asisten a carreras de cuatro años, y que después se gradúan con un puesto de trabajo en Estados Unidos cada año.

Indios y vaqueros

En la compañía destacan los empleados que forman parte de lo que ellos denominan pomposamente *more elite* y *most elite*. Se trata de un grupo de cerca de 7.000 programadores e ingenieros en el que los mejores considerados son los inventores de patentes, que generalmente son millonarios.

Uno de los motivos más originales y publicitados dentro de la empresa para captar talento, diferenciarse y conseguir innovar, es la denominada política del 20 %. Este sistema consiste en que, teóricamente, a cada *googler* se le concede este tiempo de su jornada laboral para emplearlo en crear ideas nuevas al margen de sus tareas diarias. El objetivo es crear emprendedores dentro de la empresa. Así tratan de fomentar la creatividad para crear productos nuevos sin obligaciones, sin tener que reportar a nadie y pudiendo investigar en cualquier campo.

Este sistema es un elemento fundamental de la cultura que Google intenta vender como propia: trabajar por placer con el simple objeto de crear y de destacar. Gracias al sistema del 20 % nacieron servicios como Gmail, Google Images o Google News.

Sin embargo, ¿es este escenario tan idílico como parece? Hay opiniones para todos los gustos. Muchos de los empleados de Google Inc. ponen en duda la supuesta libertad de la cláusula del 20 %. En más de una ocasión algunos empleados me han comentado que simplemente se trata de una herramienta de marketing. Poca gente dispone de forma efectiva de ese 20 % de tiempo y, lo que es más descriptivo, poca gente sabría a qué dedicarlo o qué hacer con él. Por supuesto, es un pilar importante del sueño americano que supone formar parte de Google, por lo que si lo pides nadie te lo va a negar. Pero, en la práctica, no es algo real, salvo contadas excepciones.

En una entrevista realizada a un *xgoogler* que había fundado una *startup* adquirida por Google, y que actualmente trabaja en Microsoft, mencionaba que el perfil del trabajador-tipo es un joven de entre veinte y treinta años, universitario, a quien tener un teléfono móvil subvencionado o autobuses gratuitos con conexión a internet le puedan parecer una gran ventaja. En realidad, esto no tiene otro fin que depender totalmente de la empresa con un sueldo no muy alto y produciendo a destajo. Del mismo modo, el ex empleado aseguraba que la medida del 20 % no es real ni efectiva, y que casi nadie la práctica.[18] Establecía además una comparación entre Google y Microsoft como empresas, y no dejaba muy bien parada a la imagen romántica de los de Mountain View. Google no tiene instalaciones para crecer profesionalmente. Microsoft tiene más, aunque también podrían ser mejores. También aseguraba que los salarios en Google son mucho más bajos que en otras compañías.

Por supuesto, no es el único que tiene esa opinión. Son muchos los *xgooglers* que discrepan abiertamente de la forma de trabajar en la empresa, y muy especialmente de la forma idílica de explicar y promocionar oficialmente sus condiciones de trabajo.

En 2008 se creó un foro privado para empleados que abandonaban Google donde se les invitaba a publicar sus razones para dejar la empresa. Un año más tarde su contenido fue filtrado a *TechCrunch*.[19] Los comentarios fueron sorprendentes. Muy a menudo los trabajadores hacían una comparativa con Microsoft y se recogían todo tipo de quejas. Desde el dudoso ambiente de diversión, que se suponía el nirvana cuando, en realidad, era bas-

18. http://no2Google.wordpress.com/2.007/06/24/life-at-Google-the-microsoftie-perspective/.

19. Revista tecnológica *online* accesible desde www.techcrunch.com.

tante burocrático, hasta los bajos salarios en comparación con otras empresas tecnológicas, incluidas las *startups*.

Steve Lacy conoce a la perfección la empresa, ya que trabajó en la sede de Mountain View desde 2005 a 2010, y la abandonó para lanzar su propia *startup*. A través de su blog personal[20] le proporciona unas recomendaciones a Larry Page tras asumir éste el puesto de consejero delegado en 2011. Respecto al 20 %, le recomienda que reconozca que es una mentira y que, en realidad, no se lleva a cabo. Afirma que la mayoría de los ingenieros de Google que diseñaron grandes aplicaciones y servicios no lo hicieron durante ese tiempo libre. Forma parte de las míticas historias magnificadas por el Departamento de Comunicación. Como idea teórica es buena, pero eso no la hace real.

En diciembre de 2007, *The Economist* publicó una entrevista a un ex trabajador muy especial, ya que además es el fundador de Twitter y Blogger.[21] «El servidor de microblogging twitter». Twitter es una de las empresas de moda en los últimos años. Se trata de un servicio de microblogging que permite a sus usuarios enviar y leer microentradas de texto de una longitud de hasta 140 caracteres. Su nombre es Evan Williams y está considerado como uno de los grandes gurús de internet. Williams declaró haber «odiado cada minuto» que trabajó en Google. La publicación le describe como un vendaval de creatividad que luchaba por adaptarse a la insoportable analítica del cerebro izquierdo de Silicon Valley. Williams se quejaba amargamente de que la fuerza de Google no era la «cultura de la innovación, sino hacer frente a problemas conocidos tales como correo electrónico, calendarios y almacenamiento de documentos», es decir, mejorar y solucionar cosas que ya tenemos delante, pero no a crear. En lugar de encontrar el ecosistema de Google estimulante para su creatividad, para Williams era difícil que aceptaran una nueva idea. Afirmó que, al menos en teoría, para crear nuevas ideas disponían del 20 % de su

20. http://slacy.com/blog/2.011/03/what-larry-page-really-needs-to-do-to-return-google-to-its-startup-roots/.

21. Blogger es un servicio gratuito lanzado en 1999 para crear bitácoras online. Fue adquirido por Google en 2003.

tiempo, pero que en la práctica se hacía tremendamente tedioso lograr implantar nuevas ideas en un gigante burocrático.

A lo mejor toda esa burocracia es la causa de que auténticos versos libres como Williams decidieran abandonarla. Por ese motivo proyectos de enorme éxito, como Twitter, que se lanzó en 2006 y que durante 2011 alcanzó los cien millones de usuarios, nacieron fuera del paraguas de Google. Si la idea del 20 % hubiera funcionado correctamente, hoy serían servicios de la empresa de Larry Page y Sergey Brin, y un motivo real para sacar pecho y presumir, entonces sí, de la teoría del 20 %.

A día de hoy, uno de sus grandes quebraderos de cabeza es la huida de trabajadores hacia Facebook, especialmente los de más talento y experiencia, como ingenieros y cargos directivos. Esto se lleva produciendo desde 2007, cuando la red social contaba con una plantilla de sólo 700 trabajadores. Al principio eran casos aislados, y por ello no preocupaban especialmente al triunvirato que dirigía Google. Pero esa tranquilidad cambió cuando las fugas se hicieron frecuentes y, en determinados departamentos, masivas. Alcanzaron su punto álgido en noviembre de 2010, cuando un ingeniero de Google recibió seis millones de dólares para no irse a trabajar a Facebook. Esto es lo que la prensa especializada denominó «caza furtiva de empleados», que no era otra cosa que impedir a toda costa que determinadas personas clave abandonaran la compañía, especialmente si era para irse a la competencia.

Por este motivo, a finales de los años noventa Microsoft recibió numerosas denuncias en medio de intensos procesos antimonopolio. Ahora, paradojas del destino, la historia se repite, y es el propio Google el que lleva a cabo estas prácticas por miedo a perder a sus mejores empleados.

Ciertas personas han desarrollado una extraordinaria habilidad que consiste en predecir, aprovechar y surfear siempre la nueva ola emergente. Una de esas personas es Mark Lucovsky, el director de Ingeniería de Google, que decidió marcharse y se incorporó a Facebook en 2009. Lo más paradójico era que en 2004 había hecho lo mismo cuando trabajaba para Microsoft. En aquel momento su marcha fue muy sonada, ya que cuando se lo comunicó al consejero delegado, Steve Ballmer, éste exclamó:

«Sólo dime que no te vas a Google». Ante la respuesta afirmativa del ingeniero, Ballmer, conocido por sus excesos, lanzó una silla fuera del despacho mientras de su boca brotaba todo tipo de improperios. Quizá en esta ocasión fuera su homólogo de Google, Eric Schmidt, el que tiró una silla por la ventana al enterarse de que se iba a Facebook. Eso nunca lo sabremos. Pero si en los próximos años te enteras de que Lucovsky se va de Facebook a otra empresa, te recomiendo que compres acciones de esta última, porque pudiera tratarse de una nueva ola emergente que llega con fuerza. Hay gente que tiene una enorme capacidad para estar siempre en el lugar preciso.

La fuga más sonada ocurrió en marzo de 2011, cuando Facebook contrató a uno de los directivos de Google de más alto rango, Amin Zufonun, director de Desarrollo Corporativo, para dirigir las futuras fusiones y adquisiciones de la red social. Aquélla no era una contratación más, y debe ponerse en su contexto. Por un lado, era la persona que se ocupaba de valorar y negociar la compra de empresas, elemento clave de información y de experiencia en los últimos años, y se marchó al gran rival del momento. Y no sólo eso. Al contratarle, Facebook lanzaba un mensaje inquietante: estaba dispuesto a luchar por la hegemonía de internet y a competir por los proyectos interesantes que pudieran surgir. En estos momentos están sentando las bases para que eso suceda. Roban talento y preparan una salida a Bolsa que le otorgue una liquidez similar a la que puede tener Google. El gigante se ve, por primera vez, amenazado en su terreno. Pierde personal clave, y percibe que se acerca una posible competencia que está dispuesto a tratarle de igual a igual.

Una de las medidas con las que Google intentó frenar la huida de trabajadores fue una subida general de sueldo de un 10 % en 2010 a todos los *googlers*. En un momento de recesión mundial, este aumento debe entenderse como una medida anti-Facebook. Por cierto, a Google no le hizo mucha gracia que esto fuera filtrado a varias revistas norteamericanas, y despidió de inmediato al empleado causante de la filtración. Todos estos interesantes movimientos pueden desembocar en el tercer gran vuelco del mundo tecnológico, un nuevo cambio de ciclo.

En los años ochenta IBM era el temido dominador y fue desbancado por la emergente Microsoft, capitaneada por un joven Bill Gates, hasta la llegada de Google con nuestros jóvenes y simpáticos Larry Page y Sergey Brin. Ahora atisbamos a lo lejos a un personaje aún más joven y simpático, Mark Zuckerberg y su Facebook, que llegan como estrellas emergentes con más de 600 millones de usuarios y un espectacular crecimiento. ¿Podrán desbancar al imperio Google y completar así el círculo? Creo que será posible a medio plazo, pero no va a ser ni tan rápido, ni tan limpio, ni tan fácil como cuando Google superó e hizo pasar a un segundo plano en internet a su gran rival, Microsoft.

Durante 2011, con la intención de alejar fantasmas y ofrecer al mundo una imagen vigorosa la empresa, el portavoz oficial de la empresa, Aaron Zamost, anunció que contratarían de forma inminente a 6.000 nuevos empleados en todo el mundo. Según parece, pocos días después de hacer pública su intención recibieron en Mountain View más de 75.000 solicitudes de empleo. Al hacer públicas estas cifras no se pretende otra cosa que dejar clara una cosa: lejos de preocuparse por la fuga de cerebros a sus más inmediatos rivales, la capacidad de contratación y la aspiración de trabajar en Google siguen estando vigentes.

3

Enemigos íntimos

Reza el *claim* de la película *La red social* que no se pueden hacer 500 millones de amigos sin crearse algunos enemigos. Cuando estrenaron la película me llamó la atención ese enfoque. Me parece muy realista. Pues bien, Google no tiene 500, sino más de 1.000 millones de usuarios en todo el mundo. Si Jesucristo tenía doce apóstoles y uno de ellos lo traicionó, imagina los que Google podría llegar a tener detrás.

La relación entre Google y los usuarios de sus servicios es generalmente buena, pero en ocasiones puede resultar controvertida. Existe una creciente tendencia a la desconfianza respecto de los servicios y las intenciones de la empresa del colorido logo. Sin embargo, esa relación, por conflictiva que se haya podido tornar por momentos, incluso en los de más ira por parte del público como, por ejemplo, con los problemas de privacidad de Google Buzz o Street View, que trataremos en otro capítulo, no ha sido nada en comparación con la intensa relación que han mantenido con otros rivales y *partners* o socios de su sector.

Para dejar clara mi posición, debo decir que creo en la lealtad entre empresas. En otras palabras, considero que se deben respetar ciertos códigos no escritos en las relaciones comerciales. Tal vez sea demasiado binario, en definitiva, demasiado simple, y siempre he creído en planteamientos muy sencillos, similares en apariencia al blanco y negro dentro del mundo empresarial, especialmente en la interrelación entre compañías. Es tal mi limitación a este respecto que entiendo que, desde mis propias empresas, en el día a día se cruzan por el camino algunas firmas con las que colaboro —a los que denomino aliados—, otras son competencia y otras con las que simplemente no hay intereses sinérgicos o enfrentados. Esto no funciona en el caso de Google. Tienen la (¿sana?) manía de hacer negocios con una empresa justo una semana antes de hacerle una monumental faena y empezar una guerra en su contra. Esto sólo se puede comprender en una empresa que se ha vuelto tan grande y tan voraz que es un depredador total, con tentáculos e intereses en todos los mercados.

Es cierto que sus rivales del sector de las nuevas tecnologías están muy bien definidos. De hecho, algunos han pasado la línea de la rivalidad o sana competencia para convertirse en auténticos enemigos, como Microsoft, y otros lo empiezan a ser en potencia, como Facebook. Otras empresas u organizaciones son definidas como amigos o enemigos según lo que se decida esa semana en las oficinas de Mountain View. Por esa razón Google Inc. puede hacer negocios con una empresa a la que de forma sigilosa, en silencio, tiene en su punto de mira porque le interesa su nicho de mercado, y trabaja secretamente en paralelo para desbancarla. Se han convertido en un auténtico lobo con piel de cordero, en una fiera que a veces juega con sus víctimas poco antes de mostrar sus verdaderas intenciones e intentar engullirlas, generalmente con éxito.

Detengámonos a analizar la relación más intensa que mantiene Google con algunas de estas empresas.

Yahoo!

Al igual que Google, Yahoo! Inc. fue gestado desde la Universidad de Stanford de la mano de dos estudiantes, David Filo y Jerry Yang. En 1994 nació como proyecto de dos compañeros de estudios, y no fue hasta marzo de 1995 cuando se estableció como empresa. Esta compañía, cuya sede está en Sunnyvale (California) actualmente cuenta con un portal de internet, un directorio web y multitud de otros servicios (como Yahoo! Correo, Yahoo! Messenger, Yahoo! Grupos, Yahoo! Juegos, Yahoo! Compras, Yahoo! Subastas, etc.).

En abril de 1996 Yahoo! comenzó a cotizar en Bolsa. Vendió 2,6 millones de acciones con un valor de trece dólares cada una. Su principal objetivo era lograr popularidad como buscador de páginas web. Para ello fue adquiriendo nuevas empresas, además de incorporar muchos servicios a su portal. En el año 2000 Yahoo! era, junto con AltaVista —empresa que más adelante adquiriría—, el líder indiscutible en el sector de las búsquedas en internet. Google todavía era un desconocido que había recibido varios premios y que intentaba ganarse la vida vendiendo licencias de su buscador a firmas como Yahoo! De hecho, eso llegó a suceder, y elaboraron un acuerdo a través del cual las búsquedas de Yahoo! más allá de su directorio serían suministradas por el propio Google.

Nos encontramos en julio de 2000, cuando la potente tecnología de Google, aliada a la enorme popularidad de Yahoo!, hizo que los usuarios por fin encontrasen lo que estaban buscando. La calidad de las búsquedas de Yahoo!, hasta ese momento deficiente, mejoró con creces. Ambas compañías acordaron mostrar los resultados de Yahoo! junto a un icono gráfico que decía *Powered by Google*. Esto, que puede parecer intrascendente, fue el principio del fin de Yahoo! como gestor de búsquedas. Sus millones de usuarios, mayoritariamente satisfechos por la mejora experimentada, clicaban sin cesar para ver quién y qué estaba detrás de ese tal Google que había mejorado sus vidas. El resultado fue un caballo de Troya en la propia casa de David Filo y Jerry Yang. Los usuarios probaban Google, veían que no tenía publicidad, que era mucho más rápido y funcional que su viejo Yahoo!, ¡y además los resultados eran los mismos! ¿Qué hicieron? Pues lo más evidente. Realizaron sus búsquedas a través Google. Yo fui uno de ellos, uno de los que en ese momento emigró de Yahoo!, máximo exponente de un internet que se fue —un internet 1.0— y muchos nos fuimos hacia un servicio técnicamente mejor y más amigable para el usuario: el nuevo Google.com. Todo eso sucedía lentamente. Mientras Yahoo! mantenía su fama, los millones de usuarios que en todo el mundo utilizaban su directorio, su correo electrónico o leían sus noticias, conocían a Google. Fue la plataforma perfecta para el buscador de Larry Page y Sergey Brin, la mejor campaña de publicidad y el mejor escaparate posible en el internet de la época. A partir de ese momento mostraron al mundo su tecnología disruptiva, ¡y encima cobrando a Yahoo! por ello! Sin ánimo de exagerar lo más mínimo, podemos decir que Yahoo! pagó la factura de la fiesta de lanzamiento de Google en todo el mundo.

El acuerdo funcionó durante algunos años, y paradójicamente ambas empresas parecían estar felices. Así continuaba la escalada hacia la cima para una (Google) y el declive de la otra (Yahoo!), sin que aparentemente estos últimos se dieran cuenta durante un tiempo. Fue en 2002 cuando Yahoo! descubrió que había metido al enemigo en casa, que se hacía tecnológicamente dependiente de él y que estaba facilitándoles posicionarse en internet hasta el punto de que ellos ya no eran más que un mero intermediario sin valor que caía poco a poco en desuso. Fue entonces cuando comenzaron a tomar medidas.

En diciembre de 2002 Yahoo! compró Inktomi, un potente buscador con una altísima capacidad para indexar páginas web, pero sin la tecnología para organizar la información que tan bien había desarrollado Google. Esta operación, valorada en 235 millones de dólares, es un indicio de hasta qué punto se habían dado cuenta de la inconveniencia de continuar dependiendo de Google, así como de la necesidad de desarrollar su propia respuesta a las demandas de búsqueda de los usuarios.

Más adelante, en julio de 2003, compraron Overture, una empresa pionera en rentabilizar las búsquedas por medio de resultados patrocinados, por 1.416 millones de euros. El precio de la compra de Overture, que a simple vista podría parecernos exagerado, no lo es en absoluto. Como veremos más adelante, la compañía venía con un inesperado «premio». Antes de que Overture fuera engullida había comprado AltaVista y AlltheWeb.com. El primero era la vieja competencia de Yahoo! y líder de búsquedas a finales de los años noventa. El segundo se consideró durante unos pocos años el buscador del futuro, que parecía capaz de competir incluso con Google y, sin embargo, luego se quedó en el intento. Con estas operaciones Yahoo! no sólo compraba millones de usuarios, sino que además había adquirido muy buena tecnología desarrollada para, al fin, poder rentabilizar las búsquedas de sus millones de usuarios en todo el mundo. También podría comenzar a vender búsquedas patrocinadas, ya que Overture fue la impulsora del *pay-for-performance* (pagar por rendimiento) que era entonces la herramienta perfecta para que los anunciantes pudieran posicionar sus productos en los resultados afines a las palabras clave de su actividad comercial. Parecía que todo encajaba. Tras su enorme inversión, Yahoo! podría llegar a reconducir —tras organizar las recientes compras para que funcionaran sinérgicamente— su liderazgo perdido en las búsquedas, minimizar su dependencia tecnológica de Google y, lo que es más importante aún, podría lograr algo que hasta entonces se le negaba: rentabilizar las búsquedas de los usuarios. Se trataba además de un momento en el que todas las compañías tecnológicas, especialmente las cotizadas en el NASDAQ, como Yahoo!, estaban muy necesitadas de nuevas líneas de negocio e ingresos firmes para contentar a sus accionistas. Los tiempos de exceso habían llegado a su fin.

En 2004, Yahoo! abandonó la alianza con Google y dejó de utilizar sus resultados de búsqueda. A partir de ese momento comenzó a emplear su propio sistema. Habían pasado los años en los que Yahoo! indicaba a sus propios usuarios que la mejor respuesta para las búsquedas era Google, y le sería muy difícil reconducir la situación. En algunos países su cuota de mercado como buscador se había desplomado y jamás se recuperaría.

La ruptura del acuerdo coincidió con el anuncio, por parte de Google, del lanzamiento de su propio sistema de correo electrónico, Gmail, con una mayor capacidad de almacenamiento y funcionalidades mucho más avanzadas que el de Yahoo! No sé si se trató de algo premeditado o de una cruel casualidad. El caso era que Google se había aprovechado económicamente todo lo posible de Yahoo!, así como en lo referente a visibilidad y a captar usuarios. Cuando este último realizó enormes inversiones y al fin aspiraba a no depender de la tecnología de Google para sus búsquedas, les atacaron con un producto mejorado al que generaba la mayor cantidad de tráfico de su portal. En muy poco tiempo, Yahoo! se encontró con que, pese a comprar lo que antaño era su competencia, Google arrasaba con su ayuda involuntaria en el mercado de búsquedas. Ahora que ya no dependía de ellos, lanzaba de nuevo un producto para competirles en algo que no esperaban: el correo electrónico. Tras todo este periplo podemos apreciar —y no me parece inmoral, aunque demuestre su carácter agresivo— que Google, como empresa, tiene la sangre fría necesaria para trabajar contigo como *partner*, cobrarte una licencia, captar tus usuarios y, mientras tanto, durante casi un año, de forma sigilosa, preparar un golpe hostil. Cuando no te queda más sangre, te hinca el diente en el otro brazo. Sí, sé que puedes pensar que, efectivamente, Yahoo! hizo el primo, y que son cosas que ocurren en la libre competencia. Es posible que así sea. Pero, como dije al inicio de este capítulo, hay ciertos códigos tácitos de ética empresarial que hacen que resulte «feo» vivir de un acuerdo con alguien y, al mismo tiempo, preparar a sangre fría un plan para devorar lo que le quedará cuando el acuerdo concluya. Entiendo que así debieron sentirse en Yahoo! Por supuesto, Google puede desarrollar el producto que quiera, y luego puede ofrecerlo gratis para jolgorio de millones de usuarios. Incluso así, en mi opinión, el famoso *Don't be evil* debería incluir el respeto de ciertos códigos, entre ellos que no se debe «morder la mano que te ha dado de comer». Y, hablando de respetar códigos, si de veras piensas que Google los respetará contigo, estás muerto. Son devoradores natos. Distráete lo más mínimo y... ¡zas! Como Yahoo!, recibirás un zarpazo.

Existe una gran diferencia en la historia, en ocasiones tan paralela, entre ambas compañías, y es la utilización de la tecnología. Google ha pensado cómo mejorar y facilitar la vida del usuario, mientras que Yahoo! siempre pensó que el usuario ya estaba allí, que era secundario y un mero consumidor de publicidad. La estrategia de Google, sin duda mucho más acertada, era hacerte la vida más fácil. Ese noble objetivo, así como su incipiente voracidad, los habían llevado al éxito.

Aunque, en mi opinión, la principal diferencia ha sido la tecnología, me gustaría destacar también que el mérito de Google está en la estrategia empresarial, en intentar hacer negocio donde no se ha conseguido antes. De ese modo las búsquedas de los usuarios de internet pasaron de ser algo secundario a ser uno de los centros de su actividad. Y es que, hasta aquel entonces, los buscadores no rentabilizaban las búsquedas y no aprovechaban la ventaja de saber «qué busca o qué necesita» el usuario en cada momento, hasta que Google, años después de consolidarse, marcó eficazmente el camino. Hoy en día muchos lo han intentado copiar, y nadie lo hace tan bien como ellos. Otro ejemplo más del mismo estilo: Google aportó rentabilidad al correo electrónico sin que esto supusiera un costo a los usuarios al incluir publicidad segmentada y útil en un magnífico producto como Gmail. En la actualidad nadie puede ofrecer un producto así, ni explotarlo comercialmente mejor y, como es lógico, el usuario lo agradece. Ése es su mérito. Y todo ello en el momento en que la tendencia en internet era justo la contraria.

Dicen que el hombre es el único ser vivo que tropieza dos veces con la misma piedra. Como veremos más adelante, ese dicho, actualizado al mundo 2.0, bien podría ser «a Yahoo! le darán una y otra vez con la misma piedra». Unas veces será el propio Google, y otras veces Microsoft, pero siempre se golpea al mismo.

En su descargo, debemos reconocer que Yahoo! ya había perdido su posición de privilegio de antaño, y que tenía su capacidad financiera bastante mermada. A partir de ese momento, más que errores de estrategia —algunos, como meter a Google en casa y dejarle gestionar las búsquedas abandonando su propia tecnología, fueron verdaderamente críticos—, ha ido dando bandazos por pura necesidad.

A pesar de los pesares, podemos decir que Yahoo! casi tuvo mucha suerte. Sí, solamente «casi». Se quedaron a las puertas, porque una mala maniobra de Google les había traído, casi sin saberlo, toneladas de fortuna. Y es que Yahoo!, como se dijo antes, había realizado una adquisición muy interesante: la compra de Overture Services Inc. en el sector de la publicidad digital. Con ello decidió crear su propia gallina de los huevos de oro, así como su propio programa de publicidad, con la esperanza de emular y conseguir rentabilizar las búsquedas. Lo intentó con productos varios, con mayor o menor éxito, como Yahoo! Advertising, Yahoo! Publisher Network y Yahoo! Search Marketing.

Para entender la magnitud de la buena y la mala suerte de Yahoo! debemos remontarnos a la creación del propio Overture. Se trata de la curiosa historia de Goto.com, un pequeño buscador que pocos recuerdan y que podría haber sido clave en su época. Nunca tuvo un enorme volumen de usuarios, pero fue en sí mismo un auténtico laboratorio de ideas. En un punto de inflexión de la historia de internet, fue el pionero en proporcionar el pago por clic desde un buscador sobre la base de criterios de búsqueda del usuario. Y fueron ellos quienes patentaron esa idea.

Aunque el sistema ya existía desde 1998, cuando los anunciantes pagaban precios de hasta un dólar por clic en sus anuncios, fue antes de formar parte de la familia de Yahoo!, en mayo de 1999, cuando Goto.com presentó la patente pomposamente titulada *Sistema y método para influir en una posición en una lista de resultados de búsqueda generada por un motor de búsqueda de la red informática*. De un plumazo las búsquedas pagadas se convirtieron en el segmento más prometedor de la publicidad *online*. Goto.com creció y, poco después, cambió su marca a Overture. Ya no sólo ofrecía las búsquedas patrocinadas por medio de su portal Goto.com, sino que además, al cerrar acuerdos para ofrecer su tecnología a grandes clientes como Yahoo! y MSN, fue el primero en monetizar (obtener beneficio de un servicio) cientos de millones de búsquedas. Ese repentino éxito económico le permitió comprar AltaVista y Alltheweb.com poco antes de que Yahoo!, su mejor cliente, lo adquiriera.

¿Por qué vuelvo atrás? ¿Y qué tiene que ver esto con nuestra historia? Bueno, el detalle es obvio. El premio era que Overture traía bajo el brazo la patente de las búsquedas patrocinadas a través de internet. Para su negocio fundamental, que aún hoy son las búsquedas patrocinadas, Google tenía que licenciar la patente que, en aquellos momentos, estaba en manos de Yahoo! ¿Cierto? Pues sí, es cierto. Pero, claro, puede ser demasiado costoso pagar una licencia para el resto de tu vida. Pronto llegaron a una conclusión: les resultaba infinitamente más fácil violar la patente propiedad de Yahoo! Así que desde Mountain View se lanzó el programa Adwords, que utilizaba aquellas ideas registradas previamente, mejorándolas y evolucionándolas..., sin ningún tipo de permiso ni licencia para utilizar la patente. Como iremos viendo, esta actitud prepotente ha sido una constante en la historia de Google. Por ese motivo Yahoo! demandó en 2002 no sólo a Google, sino también a otras compañías, como FindWhat.com, por violación de derechos de patente. Algunos años más tarde, ante las prisas por cerrar el conflicto para que no perjudicara su salida a Bolsa, se llegó a un acuerdo con Google, que tuvo que emitir 2,7 millones de acciones a Yahoo! en concepto de indemnización a cambio de una licencia perpetua.

No me cabe ninguna duda de que aquello debió vivirse en las oficinas de Yahoo! como un auténtico pelotazo. Su competencia saldría a Bolsa y tenían una indemnización de casi tres millones de acciones. Cuanto más éxito tuviera Google en el NASDAQ, más ganaba Yahoo! ¡Y todo ello sin mover un dedo! Desde ese punto de vista, no me hubiera extrañado que corriera el champán, más aún al ver que Google cotizaba de salida a 85 dólares, con lo que sus 2,7 millones de acciones tendrían un valor de salida de unos... ¡casi 230 millones de dólares! La cantidad a la que ascendía la indemnización puede parecer impresionante.

Sin embargo, en Estados Unidos, el país en el que los abogados son especialistas en obtener hasta el último de los beneficios por imponente que éste resulte, lo obtenido en aquel acuerdo son sólo migajas. De los ingresos de 2010, que ascendían a 29.000 millones de dólares, el 66 % provenía de los resultados pagados en las búsquedas originados en el uso de la patente. Tan sólo en 2010 Google Inc. ganó por medio de la patente infringida 19.000 millones de dólares, y obtuvo de Yahoo!, por 620 millones, una licencia de por vida. La gestión de esa patente, y el hecho de exigir una cantidad anual por su uso, podrían ser hoy en día la mayor fuente de ingresos de Yahoo! y una forma de garantizar que estaría viviendo a la sombra del éxito de Google a perpetuidad. Pero la negociación se cerró muy rápido. Creyeron que era buena y no fueron capaces de prever cómo podía evolucionar el negocio. Entiendo que deben sentirse igual que alguien a quien le ha tocado la lotería primitiva y, al ir a cobrarla, creyendo que tendrá dinero para el resto de sus días, se da cuenta de que, extrañamente, cientos de personas la han acertado el mismo día, con lo que el gran golpe de suerte de su vida queda... en poco, o en casi nada.

Pasaron los años. En febrero de 2008, cuando Yahoo! atravesaba un mal momento financiero, Microsoft hizo una oferta para comprar la compañía por 44.600 millones de dólares. Veía con ello la posibilidad de buscar sinergias para salir al paso del destructor Google. Significativos accionistas quisieron vender a Microsoft su participación, aunque finalmente se impuso la tesis de su fundador, Jerry Yang, y rechazaron la oferta, considerando que ese precio era inferior al valor objetivo de la empresa y, sin ningún tipo de dudas, esperando que Microsoft mejorara la oferta. Posiblemente eso habría sucedido si no fuera porque Google reaccionó ofreciendo una nueva alianza a Yahoo! para escapar de las garras de Microsoft mediante un contrato publicitario que garantizaría sus ingresos en los próximos años gracias a la gestión de la publicidad por parte de Google, que ya dominaba a sus anchas la publicidad contextual en internet. De ese modo, junto a algunos de los resultados de búsquedas en Yahoo! y en algunos de sus sitios en Estados Unidos y Canadá, aparecerían los resultados de Adwords, producto estrella de Google. El objetivo no era sino mejorar las finanzas de Yahoo! aportando, a su vez, beneficios a Google, lo que fortalecía su dominio en el mercado de la publicidad. En última instancia, intentaban que Yahoo! no fuera vulnerable en términos económicos ante Microsoft.

Curiosamente, el que antaño fuera un depredador que vació Yahoo! de usuarios, ahora era el mismo que le lanzaba un salvavidas desde su lujoso yate antes de que el malvado tiburón de Bill Gates los engullera. Y no creo que estuvieran motivados por los remordimientos al ver la triste situación de Yahoo!, o que se sintieran culpables por ello. Simplemente, el enemigo de Google con mayúsculas es Microsoft, y todo esto debe entenderse como una lucha de poder entre ambos. Yahoo! no era más que el primero de los actores secundarios.

Tardó un tiempo, pero Microsoft recondujo la situación con Yahoo! Primero retiró la oferta de compra, y después, de una manera mucho más hábil, en julio de 2009 llegaron a un acuerdo que debe entenderse como un cese —cuanto menos temporal— de hostilidades para aliarse y enfrentarse mejor a Google. Ese acuerdo permite a Microsoft integrar las tecnologías de búsqueda de Yahoo! durante diez años. Por su parte, el nuevo buscador de Microsoft, Bing, será el motor de búsqueda exclusivo de los sitios de Yahoo! Gracias a ello, la delicada situación financiera de Yahoo! fue mejorando, hasta el punto de que en agosto de 2009 adquirió el portal y motor de búsqueda Maktoob, el más grande del mundo árabe, con más 16 millones de usuarios.

Aunque en menor medida —¡algo habrán aprendido en Yahoo! con su experiencia similar, años atrás, de ceder sus búsquedas a un tercero!—, este acuerdo impulsaba el lanzamiento de Bing, dado que en 2010 se colocaba en Estados Unidos por delante en cuanto a número de usuarios. Aumentó del 13,6 al 13,9 %, mientras que Yahoo! bajaba de 14,3 a 13,1 % de cuota de búsquedas. Aunque Google seguía siendo el rey, Microsoft lograba, por primera vez en la última década, un producto y unos apoyos suficientes como para detener la sangría constante de su pérdida de cuota de mercado de las búsquedas de internet.

Top 5 buscadores. Enero a Junio de 2011

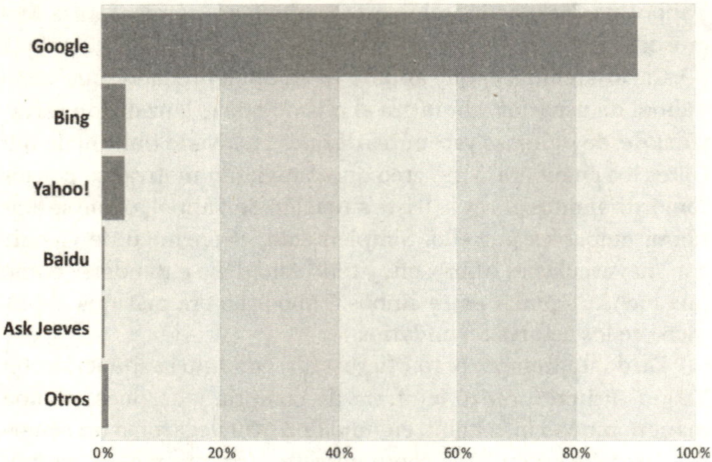

Fuente: StatCounter, GlobalStats.

Pese a todos estos movimientos, vemos que Google sigue no sólo liderando, sino arrasando en el mercado de los buscadores. Y esto no parece que vaya a cambiar, al menos a corto plazo, aunque eso tampoco quiere decir que sea el más eficaz en las búsquedas.

A pesar de que Google parece tener éxito en todos los servicios que ofrece, hay algo que siempre se le ha resistido: las redes sociales. Quizá por ese motivo Yahoo! trató de aprovechar el punto débil del gigante de internet. En marzo de 2010 llegó a un acuerdo con Facebook, la red social más utilizada hasta ese momento, con el fin de tener más posibilidades de contacto para sus usuarios. Gracias a esta unión, los usuarios de Yahoo! Mail pueden actualizar su estado de Facebook desde el buzón de entrada, acceder a sus cuentas de la red social desde el *email* o ver el perfil de los amigos que reciban un correo en el caso de que estén conectados a ambas plataformas.

Es la historia entre Yahoo! y Google, repleta de amores y de odios, de oportunidades y de fracasos, y aunque en ella están por escribirse los capítulos más importantes, llegará a su fin algún día, posiblemente con la compra de Yahoo! por parte de Microsoft, o de Google... si les dejan. O tal vez, si logra salir con éxito a Bolsa, del propio Facebook. El tiempo lo dirá.

Microsoft

Microsoft Corporation es una compañía dedicada al sector de la informática y especializada en el desarrollo, la fabricación, la licencia y la producción de *software* y de equipos electrónicos. La compañía fue fundada en 1975 por Bill Gates y Paul Allen en Redmond (Washington).

Sus productos más populares son el sistema operativo Microsoft Windows y el paquete Microsoft Office, que incluye programas de enorme éxito en las últimas décadas, como Excel, Word, PowerPoint y Access. Tal y como ha declarado en multitud de ocasiones, el gran reto de Bill Gates ha sido «tener una estación de trabajo que funcione con nuestro *software* en cada hogar». Gracias al éxito de este planteamiento, Bill Gates se convirtió en el hombre más rico del mundo durante varios años, ocupando en 2011 el segundo lugar de la lista *Forbes* con una fortuna de 53.000 millones de dólares.

Sin embargo, el mayor gigante del *software* también ha encontrado piedras en el camino. En el año 2000, Microsoft perdió un importante juicio a escala federal en Washington DC. El fallo concluía que la inclusión del navegador internet Explorer en el sistema operativo Windows infringía la ley antimonopolio. Este caso supuso que Microsoft se ganara la antipatía de la industria del *software* e hizo que, indirectamente, empresas como Google salieran beneficiadas de ello. Mientras Microsoft se enzarzaba en batallas legales —una constante desde entonces—, tratando sin éxito, entre otras cosas, que el tribunal de la Unión Europea no le acusara por abuso de posición dominante, el desenlace terminó en una multa ratificada en marzo de 2004, la más alta contra una empresa en la historia de la UE, de 497 millones de euros, con la exigencia de que la empresa de Redmond modificara sus prácticas, que se consideraban contrarias a la libre competencia. Además, recibió otra multa en julio de 2006, que ascendió a 280,5 millones de euros, por no ofrecer a la competencia suficiente información sobre interoperabilidad. Esta multa fue recurrida. En 2007, el Tribunal de Primera Instancia de la Unión Europea confirmó las conclusiones de la Comisión respecto a que Microsoft había violado las leyes antimonopolio al ligar su reproductor Windows Media con el sistema operativo Windows. En total, las multas de Bruselas contra Microsoft acumularon casi 1.700 millones de euros.

Microsoft es una empresa enorme con la facturación más alta del sector, mayor incluso que la de Google, aunque ésa no sea la percepción social. Por ejemplo, en 2010 Microsoft obtuvo un beneficio declarado de 18.760 millones de dólares —por 10.417 de Google—. Se trata de una compañía que ha cimentado su éxito en una posición de fuerza, lo que ocasionalmente le ha provocado un fuerte rechazo social en internet, justo el caso opuesto a Google, que aparece como el simpático aliado de la comunidad de usuarios. Actualmente se relaciona a Microsoft con un gran monopolio en decadencia, mientras que a Google aún se la percibe como la empresa emergente que rivaliza con los poderosos, aunque los usuarios más avanzados empiecen a cuestionarlo y sean capaces de verle las orejas al lobo.

La relación entre Google y Microsoft está plagada de intereses y ha sido calificada por muchos analistas como una auténtica guerra a pecho descubierto. Al principio, Google apenas llamaba la atención en Redmond.[22] Era un buscador, y poco más. Una *startup* de cierto éxito, como tantas otras que florecen a la sombra de Silicon Valley. Su extraordinario crecimiento, así como la limitación que empezó a suponer a los ingresos publicitarios que Microsoft esperaba obtener en internet, provocaron las primeras alarmas. Más adelante, la salida a Bolsa de Google confirmó que tenían delante a un rival de envergadura. Microsoft había encontrado la horma de su zapato.

22. Sede central de la empresa Microsoft situada en Washington (Estados Unidos).

He seguido durante años los movimientos estratégicos de unos y de otros, y he llegado a la conclusión de que en ocasiones no están compitiendo por un mercado concreto o por un beneficio puro y duro, sino que, ocasionalmente, como si se tratara de una demostración de ego, parecen luchar por demostrar quién es el actor principal del mundo de la tecnología. A veces realizan movimientos con la única finalidad de hacerse daño mutuamente y mermar las capacidades del otro. Parecen dos visiones del mundo antagónicas, sencillamente irreconciliables, además de una de rivalidad conceptual. Me recuerda vagamente a épicas batallas que, a lo largo de la historia, han protagonizado algunas empresas, como por ejemplo la competencia de Pepsi Co. y Coca-Cola. Pero estas luchas tienen algo especial como trasfondo, y es que parecen jugarse mucho más que la hegemonía o el negocio de un sector. Da la sensación de que quieren destruir todo lo que representa su competidor, aniquilarlo por completo. Las anteriormente citadas compañías de refrescos luchan por un mercado, y para ello a veces atacan al contrario, sobre todo por medio de la publicidad, lo cual puede ser muy divertido. Me viene a la cabeza un anuncio de Pepsi que aún circula por internet en el que un niño de unos seis o siete años se acerca a una máquina distribuidora de refrescos, saca dos monedas de su bolsillo y compra dos latas de Coca-Cola. Curiosamente, no se las bebe, sino que las coloca con cuidado de pie en el suelo para poderse subir a ellas. Entonces saca otra moneda y alcanza el botón de Pepsi, la coge, se la bebe y sonríe mientras se aleja, dejando tras de sí, abandonadas en el suelo, las Coca-Colas sobre las que había tenido que subirse para comprar su Pepsi.

Se trata de un enfrentamiento divertido y generalmente limpio entre empresas del mismo sector que irremediablemente chocan y compiten. El mensaje de Pepsi es: «¡Eh! Coca-Cola sólo sirve para esto. ¡Bebe Pepsi!». A la inversa también hay ejemplos, algunos igualmente divertidos. Cada una quiere crecer, y para eso debe erosionar y arañar la cuota de mercado de su rival. Una rivalidad eterna, pero sana. Pepsi salió al mercado en 1890. Coca-Cola lo hizo en 1886. La batalla dura ya más de cien años. ¿Alguien puede imaginar algo similar entre Google y Microsoft?

Imposible. ¡Antes se destruirán mutuamente! La de estas dos empresas es una guerra tan feroz que incluye el hacer daño al otro, aunque sea gratuitamente, en un sector que no interese demasiado, o desde donde no capitalice el daño realizado. En ocasiones esa belicosidad es simplemente deseo de que el otro se hunda, aunque con ello no se gane nada. Se trata del capricho de ser la empresa hegemónica, y además que lo vea todo el mundo. Como popularmente se dice en sentido coloquial, es demostrar «quién la tiene más grande». Google, quizá por ser el último en llegar, parece llevar en el ADN la necesidad de destruir a Microsoft y lo que ésta representa.

Al ser tan claros dominadores de internet y del *software*, el enfrentamiento entre ambas compañías crea oportunidades en el mercado para terceras empresas que son muy aprovechables. Si Google se centrara en internet y Microsoft en el desarrollo de *software* y *hardware*, evitarían el feroz conflicto del que en más de una ocasión salen ambas malheridas. Si cada una se atuviera a su dominio, muchas pequeñas compañías no tendrían opción alguna para competir con ellos en esos sectores. Es ese enfrentamiento el que hace que a veces deban comprar empresas apresuradamente y pagar un sobreprecio por miedo a que lo haga el contrario.

Por ejemplo, en 2007 Microsoft pagó 240 millones de dólares por un 1,4 % de las acciones de Facebook. Bajo la perspectiva que nos da el presente, con el valor actual de Facebook, aquélla fue una operación económicamente rentable, un acierto. Pero una empresa como Microsoft rara vez tiene interés en la participación minoritaria de una compañía, sobre todo si no es parte de una operación a medio plazo para su posterior compra. Esta operación es difícil de entender en el contexto de 2007, cuando Facebook estaba muy lejos de ser lo que es hoy en día. En aquel momento no tenía 600, sino 50 millones de usuarios, y tecnológicamente dejaba mucho que desear. La inversión no tenía sentido si no fuera por el miedo que existía en la sede de Microsoft a que Google, que un año antes había sorprendido al mundo comprando YouTube, pudiera hacer lo propio con Facebook. Al adquirir parte de la empresa, incluso pagando un sobreprecio, se garantizaban cierto peso en las decisiones, poder estar dentro de la compañía, subir su precio de valoración y poder ser alertados, e incluso impedir o tener preferencia, en ciertos movimientos. En definitiva, se estaban poniendo la venda antes de la herida. Era una maniobra defensiva. Pues bien, esa guerra a cara de perro entre los dos gigantes es la que hace que existan oportunidades en las que un tercero salga beneficiado. En 2007, ingresar 240 millones de dólares fue extraordinario para Facebook. Les facilitó las bases financieras para acometer una enorme expansión geográfica y tecnológica que fue clave para su éxito actual.

La pugna entre Microsoft y Google es la de dos enormes tiburones en un estanque lleno de peces. Ahí reside la oportunidad de los pequeños y medianos depredadores que no tienen el tamaño y el músculo económico de los dos principales protagonistas del sector. De ese modo, en medio de enormes y virulentas batallas, en ocasiones aprovechan la oportunidad para alimentarse con lo que los tiburones van dejando en el camino.

Toda guerra tiene un comienzo, y ésta no es una excepción. Microsoft se planteó su adquisición cuando consideró que Google era una amenaza real. Esta operación nunca fue confirmada oficialmente. Teóricamente tuvo lugar en 2003. Fue filtrada posteriormente por el directivo de una de las compañías, curiosamente de Microsoft, al diario *The New York Times*. Google empezaba a preparar su salida a Bolsa. Tenía ya 200 millones de búsquedas diarias, y su gerencia rechazó desde el primer momento la oferta de compra, reaccionando sin ningún entusiasmo a la propuesta. Se llegó a decir que incluso la despreciaron y no llegaron siquiera a valorarla.

No creo que las hostilidades dieran inicio en ese preciso momento. Tal vez fue un año más tarde, tras la fabulosa salida de Google a Bolsa, cuando Microsoft empezó a inquietarse. Tiempo después, en la búsqueda de nuevas vías de crecimiento, Google encontró en los nichos de negocio del gigante informático oportunidades para apropiarse del sector. Veía además cómo capitalizaba el enfrentamiento en términos de comunicación y marketing en torno a la imagen social, siempre muy negativa, de Microsoft.

Quizá sorprenda a más de uno lo que voy a decir. Por mucho que ambas empresas parezcan antagónicas, tienen mucho más en común de lo que a ellas mismas les gustaría reconocer. Cuando me inicié profesionalmente en el mundo de la tecnología, allá por 1995, el movimiento de contestación y rebelión contra Microsoft era algo así como un estándar del sector. Todos, desde los usuarios a los profesionales del sector, éramos algo así como activistas anti-Microsoft por defecto. Es cierto que actuaba con una enorme prepotencia y que campaba a sus anchas, instalado en su cruel monopolio con el que se podía permitir imponer sus normas e intereses a los internautas, a empresas rivales y a los fabricantes de equipos. El que no bailaba al ritmo que marcaba Microsoft quedaba, simple y llanamente, fuera del mercado. En España el movimiento de cierta rebeldía e insumisión que iba surgiendo lentamente se centró en las empresas que, en aquel momento, escenificaban aquel abuso de poder totalitario en la red. Los activistas —es decir, todos, en mayor o menor medida— denominábamos a Telefónica y a Microsoft «Timofónica» y «Mocosoft», respectivamente. Pues bien, estoy seguro de que algún día veremos que Google, si sigue por el camino que ella misma ha trazado, llegará a alimentar un movimiento de resistencia tan grande como el que Microsoft tuvo en aquella época. De hecho, ambas empresas están hechas de la misma pasta. Lo que las diferencia es la habilidad para imponer sus criterios e intentar controlarlo todo en su beneficio. Por ese motivo Google ve a Microsoft como un rival. Es la última cumbre que le queda por conquistar. Si lo hiciera, ya no tendría nada que temer y consideraría que ha alcanzado la meta. Se trata, utilizando un término psicoanalítico, de «matar al padre», metáfora freudiana según la cual hay que cumplir con el requisito de eliminar lo inmediatamente establecido para erigirse falsamente en portavoz de la Cultura, de la Ley y de la Razón con mayúsculas. Hay que superar y fagocitar al padre para luego abandonarlo a la suerte de los otros mortales, logrando así superarlo y derogar sus órdenes, su moral, sus represiones y sus dictámenes. No lo dudes. Microsoft y Google han sido, son y serán primos hermanos. Son como Gadafi y Jomeini. Si te dejas llevar por ellos pueden hacerte el mismo daño, aunque uno tenga cara amable y otro resulte más evidente en sus intenciones.

En síntesis, se trata de una lucha de titanes que ha vivido, además de la batalla por Yahoo! que mencioné anteriormente, otros capítulos destacados. Sin lugar a dudas, los más determinantes aún no han sido escritos.

Las búsquedas

Se trata quizá de la madre de todas las batallas. Es, al mismo tiempo, el corazón de los ingresos de Google y el talón de Aquiles de Microsoft, que ha mostrado una absoluta incapacidad para competir y mejorar la tecnología que nos ofrece Google. Durante una década sin apenas competencia en un mercado dominado por AltaVista y Yahoo!, la empresa de Bill Gates pudo controlar las búsquedas a sus anchas. Pero no vieron negocio en ello y centraron sus esfuerzos en otros sectores de internet y, más en concreto, trataron de imponer su navegador en una particular batalla primero con Netscape, y después con Mozilla Firefox. No sólo Microsoft cometió el pecado capital de no ver negocio en las búsquedas. Como vimos con anterioridad, a Yahoo! le pasó lo mismo. A principios de los años noventa parecía que su negocio no se encaminaba hacia esa dirección. Aquello supuso un tremendo error de estrategia que podría haber cambiado la historia. Cuando se dieron cuenta de la década de ventaja que llevaban perdida, Microsoft realizó infructuosos intentos para sacar al mercado un buscador similar al de Google, sabedores de que les habían pasado como un rayo en un segmento que empezaba a ser rentable y que tenía, sobre todo, visos de enormes oportunidades comerciales a medio plazo. Así nació en 1998 MSN Search, que constaba de un motor de búsqueda, un índice y un rastreador web. Incluso me atrevería a decir que fue la primera vez que quedó patente que con todo lo grande que era la compañía, y con toda la experiencia acumulada en el desarrollo de *software*, no lograban competir en internet con un producto medianamente digno, máxime teniendo en cuenta las mejoras que Google aplicaba a su buscador cada día. Parecía evidente que contra eso no sabían luchar.

Más tarde, en 2006, apareció la primera versión pública de Windows Live Search. Permitía a los usuarios buscar información específica a través de fichas de búsqueda que incluían la web, noticias, imágenes, música, escritorio local y la hoy desaparecida enciclopedia Encarta. Tras el cambio la compañía dejó de usar el servicio de Picsearch para buscar imágenes y comenzó a realizar él mismo esas búsquedas, en lo que supuso un interesante avance tecnológico.

En 2007 Microsoft realizó otro cambio. Denominó el servicio Live Search. Aun así, todos los intentos fueron en vano. Google ampliaba cada mes su distancia con respecto a la competencia. Para tratar de resolver tan difícil situación se planteó la fallida compra de Yahoo! en 2008. Si de algo no se puede acusar a Microsoft es de no ir de frente. De hecho, cuando planeó comprar Yahoo!, el consejero delegado, Steve Ballmer, explicó claramente que la compra tenía un único objetivo: «Hacer frente a Google, aunque podremos competir con ellos sin necesidad de comprar Yahoo!». Sus intenciones son cristalinas. Otra cosa es que logren llevarlo a cabo.

En 2009 asistimos a una nueva reorganización. Live Search fue renombrado como MSN, pero se suspendió a los pocos meses. Microsoft reconoció que había un problema con la marca, que incluía el término Live. Así fue como apareció en junio de 2009 su nuevo buscador, al que llamaron Bing. Gracias a esto, enterradas las hostilidades entre Microsoft y Yahoo!, firmaron un contrato de diez años de duración con el objetivo de sustituir el buscador de la segunda empresa por Bing. Steve Ballmer señaló en aquel momento que «mediante este acuerdo con Yahoo! crearemos más innovación en la búsqueda, el mejor valor para anunciantes y elección del consumidor real en un mercado dominado actualmente por una sola compañía», refiriéndose a Google.

Durante 2011 Bing mantuvo en Estados Unidos una digna cuota de mercado. Resulta remarcable que cambió una tendencia que venía siendo de desgaste intensivo y de mayores cuotas de mercado para Google. De hecho, algunos expertos tienen por primera vez, gracias a Bing, una opinión muy positiva del producto de búsquedas de Microsoft. Por contra, en otros países como los europeos, su lanzamiento apenas ha tenido eco. La posición dominante de Google no peligra por el momento, ya que mantiene su hegemonía mundial mínimamente alterada por algunos actores de mercados locales emergentes, como ocurre en Rusia o en China.

Bing no es un mal producto. Con todo, tras una inversión de 1.500 millones de dólares, lejos de imponerse apenas ha servido para hacer cosquillas al dominio mundial de Google, y no parece haber tenido el éxito que se esperaba desde Microsoft.

Chrome OS

En 2009, Google anunció que estaba trabajando en su propio sistema operativo para ordenadores portátiles. Este mercado está controlado por Microsoft, que tiene acuerdos con todos los fabricantes para que los portátiles —excepto los Mac de Apple, y los pocos que se adquieren sin *software*, o basados en Linux, con sistema operativo *open source* (de código abierto)— estén equipados con su sistema operativo Windows. Google no tiene miedo a entrar en este nuevo frente. Busca arañar cuota de mercado a su rival y tener presencia en todos los portátiles con su sistema operativo Chrome OS. Hasta ese momento la empresa se había limitado a dominar el entorno de la red. Con este anuncio dejaba bien claro que no sólo se iba a limitar a ofrecer servicios en la red, sino que entraba de lleno en el mercado en el que hasta entonces reinaba Microsoft. Algunos analistas hacían hincapié en que podría ser una respuesta al ataque, por parte de Microsoft, de intentar recuperar con Bing el terreno perdido en las búsquedas. Era una manera de decir: «Nosotros también podemos haceros daño». Y se trataba de un golpe agresivo, ya que Microsoft domina los sistemas operativos de portátiles desde la friolera de hace casi treinta años, con una cuota de mercado de alrededor del 90 %, lo que supone un importante ingreso recurrente para la empresa de Bill Gates.

El anuncio parecía impactar directamente en la línea de flotación de una de las fuentes de venta más segura y estable de

Microsoft, algo que nadie se había atrevido a intentar durante décadas, no sólo por el hecho de que haya un nuevo competidor, sino por el detalle fundamental del precio por el que Google planteaba ofrecer este sistema operativo a los fabricantes... ¡Gratis! De esa forma, los grandes fabricantes mundiales tendrían que decidir si quieren lanzar al mercado sus portátiles basados en Windows, pagando una licencia a Microsoft por cada equipo en el que lo incluyen, o si lo harán con el nuevo Chrome OS de Google, que no sólo es gratuito, sino que además les permitirá tener un modelo de beneficio basado en el consumo de la publicidad de Google y el uso de las búsquedas que realicen sus usuarios. De ese modo podrían compartir con Google ingresos publicitarios a corto y medio plazo sobre el uso del equipo.

Chrome OS está pensado para usuarios que pasan una gran cantidad de tiempo en la web. Tras probar su versión beta, debo admitir con franqueza que no me llevé muchas sorpresas. Más allá de la posibilidad de navegación, era rápido e intuitivo, se manejaba con tu cuenta de Google y tenía muchos de los productos de la empresa, como Google Docs, integrados en el sistema operativo. Está basado en Linux, y éste es un ejemplo más de cómo la compañía utiliza con una doble moral el *software* de código abierto. Es cierto que lo mejora y lo pone a disposición de la comunidad, pero sin duda lo hace con un interés claramente comercial: por un lado, abrir nuevas vías de negocio —en este caso publicitario, con la presencia en cada ordenador, y la búsqueda determinada por defecto de Google— y, por otro, dañar a la competencia golpeándola donde más le duele: la cuota de mercado. En definitiva, lejos de la versión oficial de Mountain View, según la cual la idea fundamental no es otra que mejorar la experiencia del usuario, abaratar el coste de sus equipos y ayudar a la innovación, subyacen objetivos empresariales —ojo, ¡no deberían ocultarlos o distraer la atención de ellos, puesto que son muy lícitos!—, como ganar dinero y herir a la competencia. Es una constante en la política de la empresa. Hay que pensar un poco más allá de los comunicados oficiales de prensa si quieres entenderlo todo.

Los analistas de Reuters estimaban en 2009 que el costo del *software* del sistema operativo en un ordenador portátil, es decir, el canon que cada fabricante paga a Microsoft, era aproximadamente de entre 20 y 40 dólares por Windows XP, y algo menos de 100 dólares por la inclusión de Windows Vista, que en aquel momento se estaba lanzando al mercado. Es posible que los grandes beneficiados de este enfrentamiento seamos, a medio plazo, los compradores de ordenadores. Sinceramente, dudo que Microsoft se permita perder mucha cuota de mercado. Como declaró Ashok Kumar, analista de Collins Stweart Hawkpoint, «serán todo lo flexibles que sea necesario en el precio para evitar una huida masiva de fabricantes».

El perdedor está claro: Microsoft, que hasta ahora campaba a sus anchas en este segmento tecnológico. Si Chrome OS triunfa perderá cuota de mercado y usuarios. Si fracasa, le habrá erosionado del mismo modo, ya que los grandes fabricantes, generalmente hartos de la tiranía e histórica posición dominante de Microsoft, tendrán ahora una arma determinante para evitar imposiciones y negociar el precio por la inclusión del sistema operativo. Es una batalla ganada por Google, sí o sí. Si le sale bien, se posiciona en el desarrollo de sistemas operativos. Si le sale mal, merma el beneficio de la compañía rival. *Touché.*

Empleados

La lucha entre ambos no ha tenido únicamente como eje los servicios que ofrecen. La misma batalla se ha reflejado, por citar un ejemplo, en el robo de trabajadores entre ellas, provocando incluso que en 2004 Microsoft demandara a Google por contratar a un ex alto ejecutivo de Microsoft llamado Kai-Fu Lee, alegando que éste conocía la táctica que la compañía iba a adoptar en China.

Hay más. Google contrató a principios de 2011 al creador de Kinect,[23] Johny Chung Lee, lo que provocó la sospecha de que podrían estar planeando abrirse camino en el mundo del video-

23. Controlador de juego para Xbox 360 que permite jugar sin necesidad de mandos tradicionales, ya que la interfaz reconoce los gestos, los movimientos y la voz del jugador.

juego. Se trata de una sospecha nada descabellada, dada la capacidad de los de Mountain View para desarrollar nuevas tecnologías y crear intereses en nuevos mercados, especialmente en aquellos en los que, además de ser apasionantes y lucrativos, Microsoft es el protagonista. En este caso se trata de la consola de séptima generación Xbox 360. Otro de los claros indicios del interés de Google en los videojuegos es la inversión de más de cien millones de dólares que realizaron durante 2010 en Zynga, la compañía desarrolladora de juegos sociales de éxito como FarmVille, Mafia Wars o PetVille.

Durante años se ha estado produciendo un éxodo de empleados de Microsoft hacia el emergente Google, que años más tarde parece estar sufriendo en sus carnes el mismo baile de talento desde sus oficinas hacia otras empresas tecnológicas.

Adquisiciones

Microsoft y Google son las dos empresas de internet que, por su volumen e intereses en diversos mercados, y sobre todo por su capacidad financiera y su necesidad de crecer para contentar a sus accionistas, compiten activamente por la compra de empresas que destacan en un momento determinado y salen al mercado, por lo que son económicamente vulnerables. A los dos gigantes les interesan generalmente las empresas que ofrecen servicios novedosos con altos volúmenes de usuarios, o que aportan nuevas tecnologías y patentes complementarias con servicios existentes. Podríamos decir que son las grandes animadoras del mercado de telecomunicaciones, y que muchos planes de negocio en la zona de Silicon Valley se redactan con el objetivo de desarrollar empresas para que, tras tres o cuatro años, acaben suscitando interés de uno de los gigantes, o en el mejor de los casos, que pueda captar el interés de ambas, lo que desataría un idílico duelo de pujas entre ellas.

Tal vez por ese motivo en mayo de 2011 Microsoft compró Skype, un popular servicio de llamadas por voz IP a través de internet, por una cantidad que, para muchos analistas, era desorbitada: 8.500 millones de dólares. Esta compra supone la adquisición más importante realizada por la compañía de Redmond. Muchas voces afirman que podría tratarse de un acto de soberbia con el único fin de demostrar que aún manda en la red y en el mercado de la tecnología.

Como suele ocurrir en estos casos, no sólo Microsoft estuvo interesado en Skype. De hecho Google, que estaba inmerso en el desarrollo de su propio producto de llamadas a través de internet, se interesó por el proyecto unos años antes de que se completara esta espectacular operación. Corría el año 2009 y un joven ingeniero llamado Wesley Chan estaba a cargo del proyecto, hoy conocido como Google Voice. En esa época se rumoreaba que eBay necesitaba vender Skype, y Google valoró durante meses la operación. El problema era que, según el propio Wesley Chan, la tecnología usada por el servicio (P2P)[24] no era la que Google debía adoptar, ya que se trataba de «un sistema antiguo que lo único que hace es comer ancho de banda y funciona como una tecnología ya obsoleta». La idea de Google era emplear una nueva tecnología denominada WebRTC.

Posiblemente por el hecho de llevar años desarrollando esa tecnología, Wesley Chan llegó a decir a los mandamases de Mountain View que la operación de Skype no tenía sentido, ya que en caso de adquirirlo deberían reescribir todo el código fuente de la aplicación. Esto creó una enorme controversia en el seno de Google, cuyo consejero delegado, Eric Schmidt, era partidario de realizar la compra. Curiosamente fueron varios ingenieros, entre los que estaban el propio Chan y Salar Kamangar —que fue uno de los diez primeros empleados de Google y uno de los creadores de Adwords—, los que convencieron a Larry Page y Sergey Brin de que era una aventura de alto riesgo, y que sólo el mero hecho de tener que pasar en Europa 18 o 24 meses auditando y reescribiendo el *software* de Skype hacía que la compra no tuviera sentido. Finalmente impusieron su criterio y la operación no se llevó a cabo.

24. P2P (*peer-to-peer*) es una red de ordenadores que funcionan sin clientes ni servidores fijos, con una serie de nodos que se comportan como iguales entre sí.

Es difícil saber si aquel ingeniero estaba o no en lo cierto. Eso lo veremos en los próximos años. Sin embargo, me atrevo a afirmar que en ocasiones hay algo que no entra en la cabeza de determinados ingenieros. Una cosa es la calidad técnica de una aplicación, y otra el negocio que ésta pueda ofrecer. La tecnología de Skype es posiblemente mejorable, pero su valor no reside esencialmente en esa tecnología, sino en que supone un estándar de uso para más de 560 millones de usuarios en todo el mundo que lo utilizan con frecuencia. Ése es su valor de marca, y además hay que considerar que es una de las mayores referencias de telecomunicaciones a través de internet. En pocas palabras, tal vez Google pueda mejorar su tecnología —Microsoft tiene la misma oportunidad por haber adquirido la empresa—, pero los de Redmond tendrán además una marca sin competencia establecida, así como 560 millones de personas enganchadas a su servicio. Google Voice, con una tecnología más moderna o más antigua, parte de cero, e intentará integrar en su navegador o en su correo electrónico su producto. Microsoft ha comprado una empresa que, entre otros hitos, anuncia que ha llegado a tener picos de más de 30 millones de usuarios simultáneos. En los próximos años veremos una cruenta e imprevisible batalla Google Voice *vs.* Skype que promete ser apasionante.

Demandas

Ambas empresas se han cruzado multitud de demandas con el fin de desbancar al contrario de la cúspide de su sector, o bien para evitar que reinara en el suyo. Así, por ejemplo, en febrero de 2010 Microsoft acusó a Google de abuso de posición dominante, e instó a los demás perjudicados a que denunciasen las prácticas Google. Y no sólo eso. En abril de 2011, Microsoft le acusó de nuevo de abuso de posición dominante en una demanda presentada ante las autoridades de la Unión Europea, ya que, según reza el texto de la demanda, Google impedía a Bing, el buscador de Microsoft, escanear correctamente contenidos dependientes de la empresa de Mountain View. En concreto, limitaba la capacidad de Bing para leer e indexar los vídeos de YouTube y así ofrecerlos en su índice. Esta demanda es un perfecto ejemplo del tamaño que ha alcanzado Google Inc. Al margen de quién tiene razón, ambas compañías presentan un perfil similar, son juez y parte dentro del segmento de internet y del *software*, y eso hace que ambas puedan sabotearse. Además, estos conflictos crean problemas que pueden tener una vertiente más ética que legal. En este caso, el conflicto radica en que Google tiene su propio robot tipo *spider* o araña, denominado Googlebot, que visita las páginas siguiendo los enlaces de unas a otras e indexando su contenido. El funcionamiento del buscador de Microsoft es similar. Resulta clave mantener bien organizado y lo más completo posible un sitio como YouTube.com, líder absoluto en el almacenamiento y *streaming* de vídeos a través de internet, para poder responder con exactitud a los millones de búsquedas de los usuarios. Mientras escribo estas líneas, el índice de Google almacena 976 millones de vídeos de YouTube.com, y el índice de Bing.com apenas 57 millones. Eso hace que a millones de usuarios que busquen contenido audiovisual Google les parezca la mejor opción de búsqueda, ya que tiene los vídeos mejor indexados, lo que se traduce en respuestas más específicas. Esto es así porque YouTube se ha convertido, con mucha distancia, en el máximo exponente del vídeo en internet. Microsoft considera que todo ello no es casual y que Google limita, a sabiendas, la capacidad de sus sistemas para leer el contenido, lo que a nivel técnico es relativamente sencillo: se limita al robot la cantidad de datos que se le permite leer por sesión, por hora o por día, o bien el número de enlaces que se le permite seguir.

«Sin un acceso adecuado a YouTube, Bing y otros motores de búsqueda no pueden enfrentarse a Google en igualdad de condiciones para atender las búsquedas de vídeos de YouTube, y esto, desde luego, aparta a los usuarios de los rivales de Google y los encamina hacia esa empresa», dijo Brad Smith, vicepresidente sénior y asesor general de Microsoft. ¿Es eso cierto? Bueno, no adelantemos acontecimientos. Lo tendrá que dictaminar un juez. Si tomamos como referente otro sitio de vídeos en internet, Metacafe.com, sitio popular aunque a años luz del gigante

YouTube, podemos ver cómo Google almacena 5 millones de vídeos y Bing.com 4 millones. Es decir, sobre el sitio de un tercero, aparentemente la lectura, aun siendo más profunda por parte de Google, no ejemplifica la enorme diferencia que existe en el caso de YouTube.com. Es una opinión muy subjetiva, pero cabe pensar que Google está castigando al buscador de Microsoft e impidiéndole que trabaje correctamente en igualdad de condiciones.

Las autoridades europeas antimonopolio, que parecen menos benévolas con Google que las estadounidenses, deberán posicionarse. Francamente, como mencioné antes, los dos tiburones son primos hermanos. Si Microsoft pudiera, haría exactamente lo mismo. Por cierto, yo no me tomaría a la ligera la forma de operar e investigar estos acuerdos por parte de la Unión Europea, que es por norma lentísima pero muy dura y, al menos en apariencia, menos permeable a los *lobbies* que las autoridades estadounidenses. Si Google resulta culpable de violar las leyes de la UE, se le podría obligar a que cambiara su modelo de negocio y pagara una multa que podría ser de hasta un 10 % de sus ingresos anuales. Y Microsoft sabe muy bien lo que supone lidiar temas de monopolio en Europa.

Telefonía móvil

Es quizá el gran campo de batalla, al menos para la década que viene. Lo más curioso es que en esta tecnología Microsoft parece haberse quedado totalmente atrás. A día de hoy no tiene apenas posibilidades para hacer frente a los líderes del sector, que es la legión, cada vez más numerosa, de móviles equipados con Android, las funcionales Blackberry y el glamouroso iPhone de Apple. Todos parecen tener cabida, o al menos casi todos. Sinceramente, resulta difícil creer que los dispositivos basados en el obsoleto sistema operativo de Microsoft, Windows Mobile, tengan alguna posibilidad de luchar en este sector.

Y es que la evolución lógica de internet nos hace fijarnos en el móvil. En 1995, cuando me inicié en este sector, ya se oía en cada esquina y en cada reunión eso de que «el futuro es el móvil». Se percibía que estábamos a punto de cruzar un umbral que nos haría dar el salto del ordenador al bolsillo. Ese salto ha llegado, casi sin darnos cuenta, pero una década más tarde. Las actuales redes 3G y los *smartphones* lo permiten. Además, hay un interés absoluto a escala global por parte de las operadoras de centrar el consumo de internet en los terminales de telefonía. En Estados Unidos y en toda Europa se acometieron enormes inversiones durante quince años para adaptar los viejos pares de cobre a internet, pudiendo ofrecer líneas más rápidas para ADSL o cable en las que se llegan a alcanzar los 50 o incluso 100 Mb por segundo de conexión. ¿Alguien en su sano juicio piensa que estas mismas empresas van a acometer estas inversiones en Asia, África o zonas rurales de Latinoamérica? Sería imposible. Nadie va a recablear estas zonas. El acceso no tendrá sentido sin las conexiones 3G, y el papel del móvil viene de su mano.

Los nuevos *smartphones* ofrecen la posibilidad de conectarse a internet sin necesidad de que el usuario encienda su ordenador y consuma servicios. Con ellos se está conectado por defecto, y la conexión nos acompaña allá donde vayamos. Se trata de un nuevo escenario de hábitos de consumo y necesidades en el que internet da el salto desde el centro de trabajo o el domicilio del usuario hacia la conectividad total.

Y aquí Google, gracias a Android, lleva las de ganar. Android fue desarrollado por la compañía Android Inc., que posteriormente fue comprada por Google y hoy es desarrollado por la Open Handset Alliance.[25] La plataforma permite el desarrollo de programas a terceros. Desde octubre de 2008 no deja de ganar adeptos.

En marzo de 2011, Nokia y Microsoft firmaron un acuerdo que durará más de cinco años. El fabricante de *software* pagará 718 millones de euros por incorporar mayoritariamente el sistema operativo para móviles de Microsoft, Windows Phone.

25. Alianza para los Dispositivos Móviles Abiertos, un grupo de empresas de tecnología móvil, operadoras de telefonía y distribuidores que se unieron para acelerar la innovación en el sector de los dispositivos móviles. Está liderada por Google, y participan otras muchas compañías relevantes del sector, como Motorola o HTC.

Parece que, al menos en este campo, Google está muy bien posicionada con Android. Pero Apple, Microsoft y Oracle intentaron ponerle las cosas difíciles. David Drummond, director del Departamento Legal de Google, acusaba en agosto de 2011 a Microsoft, Apple y Oracle de «orquestar una campaña hostil» de adquisición de patentes para frenar el éxito del sistema operativo. Entre las acciones para evitar su éxito citaba la compra de patentes por parte de estas empresas tecnológicas para que Google no las pudiera adquirir. De esa manera se intentaría cobrar a Google hasta 15 dólares por cada dispositivo Android que saliera al mercado en concepto de derecho de uso de tecnología patentada. «Un intento para hacer más caro a los fabricantes usar Android, que nosotros proveemos sin cargo, que Windows Mobile», afirmaba David Drummond.

Haciendo uso de su hegemonía económica, Google movió ficha, y lo hizo muy bien. Compró Motorola e incorporó a su empresa las casi 20.000 patentes de que ésta disponía. De esa manera se aseguraba que su gran acierto, Android, quedara protegido. Más adelante describiré al detalle esta adquisición, que supone más un órdago a Apple y a su iPhone que a Microsoft, dada la baja cuota de mercado de que esta última dispone en el terreno de telefonía móvil.

Software

Si en algo es bueno Microsoft es en desarrollar *software*, pero no para internet, sino residente en los ordenadores. Su sistema operativo, el mundialmente famoso Windows, y los paquetes de *software*, como la *suite* Office, son una forma de seguir siendo líderes y obtener enormes ingresos recurrentes. Microsoft lo ha actualizado denominándolo Office 2010 y ha anunciado que va a sacar al mercado la versión de Microsoft Office especial para la nube —*cloud computing*—. La versión en la nube permitirá a los usuarios crear, compartir y trabajar con sus documentos desde cualquier lugar. Es una clara respuesta a los movimientos de Google, que ofrece ese tipo de ventajas de forma gratuita por medio de su producto Google Docs. Este conjunto de programas supone uno de los ingresos más importantes de Microsoft, tras los derivados directamente de su sistema operativo. Google lo sabe, y tal vez por ese motivo, y para limitar su capacidad de ingresos, intenta mermar su expansión compitiendo con él.

Reconozco que nunca entendí muy bien Google Docs. Esperaba mucho más. Es un conjunto de programas que permite compartir documentos. Resulta obvio que supone un avance importante, sobre todo para proyectos colaborativos. Pero, por otro lado, es un producto todavía inmaduro, de calidad inferior a las hojas de escritura, cálculo y de presentaciones que ofrece Microsoft. En mi opinión, Google Docs, tal y como está concebido, tiene poco sentido en la actualidad.

Entiendo que Google quiera reinventar, mejorar y ofrecer toda serie de productos, y que esto resulte de utilidad a los usuarios. Comprendo perfectamente que una opción es hacerlo de manera gratuita basándolos en publicidad. En algunos casos lo han hecho con notable éxito, como con el correo electrónico Gmail. Pero ofrecer productos inferiores en calidad y sin intención de monetizarlos con publicidad, como es el caso, resulta un esfuerzo algo absurdo y sin sentido desde el punto de vista empresarial. Más allá de intentar hacer daño a la competencia, parece haber pocos motivos para continuar su desarrollo.

Al ver comprometido a Office, Microsoft se alió con Facebook. En abril de 2010 ambas compañías presentaron Docs for Facebook, una nueva herramienta que permite a los usuarios de la plataforma social crear y compartir *online* con sus amigos documentos de Word, Excel y PowerPoint. Si alguien pensaba que Google haría daño al ofrecer a sus millones de usuarios una *suite* de *software* gratuita, ahora era Microsoft el que hacía lo mismo a los más de 600 millones de usuarios de Facebook. La tecnología se basa en las Office Web Apps, la principal novedad de Microsoft Office 2010.

En el blog oficial de Office se mostraban ilusionados. Decían que era «una noticia realmente excitante. Estés donde estés podrás mantener el contacto con tus amigos y seres queridos: Office en cualquier lugar, también en tus redes sociales, para compartir presentaciones, enviar invitaciones, colaborar en documentos de trabajo o de economía familiar». La realidad es que el uso parece haber sido intrascendente, y no parece haber cambiado la vida de la gran mayoría de los mortales.

Apple

Apple es, en cierto modo, como Google, una empresa de culto dedicada esencialmente a la fabricación de productos electrónicos y *software*. Es uno de los líderes en el ámbito tecnológico a nivel mundial. Fue creada por Steve Wozniak y por un tipo peculiar, una mezcla de mito y excéntrico gurú, llamado Steven Paul Jobs —más conocido como Steve Jobs—, que era, hasta su muerte, el mayor accionista individual de The Walt Disney Company. En 1985 Jobs fue despedido de Apple. Regresó a la compañía unos años más tarde, en 1997. En agosto de 2011, apenas un mes antes de su muerte, dimitió como consejero delegado de la compañía y fue sustituido por Tim Cook, hasta ese momento director de Operaciones de Apple. Jobs está considerado el padre de la era posPC por haber creado los productos más novedosos, como el iPhone, el iPod y, más recientemente, el iPad.

Bajo el mandato de Steve Jobs la empresa de la manzana ha logrado transformarse desde el estatus de empresa con dificultades financieras hasta convertirse en una de las más valiosas marcas comerciales del mundo. Prueba de ello es que durante los años 2008, 2009 y 2010 fue nombrada la marca más admirada del mundo, según el *ranking* que elabora la revista *Forbes*.

Y no sólo llegaron los logros de valor de marca, sino que también le acompaña el éxito financiero. El mismo mes de la retirada de Steve Jobs se convirtió en la empresa del mundo con mayor cotización en Bolsa, superando en valor bursátil a la gigantesca compañía energética Exxon Mobil.

Creo que es muy difícil hacerse a la idea del tamaño que ha alcanzado lo que antes era una compañía simpática que ideaba y fabricaba productos *cool* para minorías. Mencionaré dos analogías rápidas para hacernos a la idea:

— En agosto de 2011 el valor bursátil de Apple equivalía al valor de los 32 grandes bancos de la zona euro... ¡juntos!
— Un mes antes, en julio de 2011, la tesorería neta de la compañía llegó a ser superior a la del gobierno de Estados Unidos. A finales de 2010 la empresa declaraba tener 46.000 empleados y unas ventas de más de 65.000 millones de dólares.

El caso es que Apple y Google parecieron ser durante años aliados naturales en la competencia contra Microsoft. Sin embargo, Apple empezó en algún momento a sentirse atacada por la voracidad de Google, especialmente cuando Android se volvió una realidad que podía competir de forma directa con uno de sus productos más célebres: el iPhone.

Este *gadget* de Apple se considera un objeto de culto por parte de millones de usuarios. Desde 2007, fecha en la que salió al mercado en Estados Unidos, las ventas mundiales han superado con creces los 90 millones de unidades. La trascendencia de este terminal es tal que incluso fue declarado por la revista *Time* el mejor invento de 2009.

En la lucha por el control del teléfono móvil del usuario se presenta un importante conflicto entre Google y Apple por la necesidad de imponer uno u otro sistema operativo. La principal diferencia radica en que, a medio plazo, Google obtendrá más volumen de usuarios, ya que Android es de libre distribución y será adoptado como sistema operativo por cada vez más fabricantes. Sin embargo, a buen seguro Apple mantendrá una buena cuota de mercado al tratarse de una marca de culto. De hecho, hay consultoras que se empeñan en perfilar las diferencias de los consumidores que prefieren Android y los que utilizan un iPhone, como si no se tratara de una decisión meramente personal. Hay estudios divertidos, como el realizado por Hunch con la ayuda de Column Five Media, según el cual «los hombres son de Android y las mujeres de iPhone». Según otro aún más curioso, realizado por la misma compañía, indica que los consumidores de Android parecen ser más introvertidos, tienen menos dinero, son conformistas en lugar de liderar al grupo y nunca hacen copias de seguridad del disco duro de su ordenador, mientras que los de iPhone son extrovertidos, ganan mucho dinero, lideran a la gente que les sigue y realizan sin cesar copias de seguridad de los archivos de su ordenador. Por supuesto, esto es sencillamente delirante y roza lo ridículo. Lo único que quiere decir es que hay demasiadas compañías con el tiempo libre suficiente como para hacer estudios carentes de todo sentido y, seguramente, de rigor científico. Al final un terminal u otro es un simple tema de elección, y ésta puede ser —o no— objetiva dependiendo de lo que estemos habituados, de nuestras apetencias y del entorno y uso que queramos darle.

La batalla de los teléfonos inteligentes no se reduce a Android o a iPhone. En esa competencia también entran, aunque no de forma tan directa, las populares Blackberry y los terminales con Windows Mobile. En el siguiente cuadro se muestra una composición del mercado a mediados de 2011 por sistema operativo.

Ventas en el 2.º trimestre de 2011 a usuario final de teléfonos inteligentes, por sistema operativo (en miles de unidades)

Sistema operativo	2Q11 unidades	2Q11 cuota mercado %	2Q10 unidades	2Q10 cuota mercado %
Android	46.775,9	43,4	10.652,7	17,2
Symbian	23.853,2	22,1	23.386,8	40,9
iOS (Apple)	19.628,8	18,2	8.743,0	14,1
Research in Motion	12.652,3	11,7	11.628,8	18,7
Bada	2.055,8	1,9	577,0	0,9
Microsoft	1.723,8	1,6	3.058,8	4,9
Otros	1.050,6	1,0	2.010,9	3,2
Total	**107.740,4**	**100,0**	**65.058,1**	**100,0**

Fuente: ComScore.

Para hacer frente al iPhone Google llegó a pensar en un primer momento que no sólo lo haría por medio de su sistema operativo móvil, sino que además podría tener sentido diseñar su propio *hardware*. De esa forma lanzó, en colaboración con el fabricante HTC, su propio teléfono móvil en enero de 2010 bajo el nombre de Nexus One, un *smartphone* que funcionaba con el sistema operativo Android 2.1. Las primeras cifras de ventas de este teléfono inteligente no alcanzaron, ni de lejos, al iPhone, que en ese momento dominaba el mercado y estaba pasando por su mejor momento.

Un informe de aquellos meses de la consultora Flurry señalaba que Google vendió unos 135.000 modelos de su Nexus One en sus primeros 74 días a la venta. iPhone vendió en el mismo período un millón de unidades. Nexus One era un terminal que traía consigo curiosidades *made in Google*. Por ejemplo, sólo fue anunciado y únicamente se podía adquirir a través de internet. Era como si la compañía estuviera tan segura del producto y de su capacidad de convencer a millones de *googlefans* que pensara que no necesitaba canales de venta tradicional. No fue precisamente un éxito, pero aun así Apple se vio atacada. Steve Jobs criticó duramente a Google por ello. «Nosotros no hemos entrado en el negocio de los buscadores. Ellos han entrado en el negocio de los teléfonos. No es un error, quieren matar al iPhone. ¡No les dejaremos!», dijo en cierta ocasión.

Además de entrar en conflicto con sus intereses en telefonía móvil con los terminales Android e iPhone, ambas compañías están especialmente interesadas en desarrollar soluciones de publicidad dentro de sus sistemas. Por ese motivo Apple compró la compañía Quattro Wireless por 275 millones de dólares, una empresa de publicidad para teléfonos móviles. Esta compañía es la competencia directa de AdMob, adquirida por Google meses antes por 750 millones de dólares. Apple realizó la adquisición para ofrecer publicidad dentro de su propio sistema a sus millones de usuarios. Google, además, tiene la ambiciosa intención de hacerlo en los entornos de Android y, a la vez, de iPhone. Es decir, quiere cosechar también en el jardín de su vecino.

Cuando en 2007 Google anunció que iba a desarrollar Android, ambas empresas dejaron bien claro que los teléfonos móviles serían los ordenadores del futuro y, por lo tanto, una de las piezas clave en el desarrollo de internet, si no la más importante.

Poco a poco empezó a verse que Apple, que había mantenido una histórica rivalidad con Microsoft por las diferencias Mac-PC durante años, empezaba a abandonar a su rival histórico ante una nueva amenaza que se avecinaba para los próximos años. Paradójicamente, eso significó un sutil acercamiento a Microsoft. Y es que la necesidad y el temor a los enemigos comunes son extraños compañeros de cama, sobre todo para los que tienen cierta memoria histórica o, simplemente, echan la vista atrás con perspectiva.

Steve Jobs anunció por ello el lanzamiento de iAd, una nueva plataforma móvil de publicidad que permite a los desarrolladores de programas y a las agencias insertar publicidad de forma directa en las aplicaciones concebidas para el iPhone, el iPod Touch y el iPad. La idea es que Apple venda esa publicidad y que los desarrolladores de las aplicaciones obtengan hasta el 60 % de las ganancias. Estos movimientos de Apple en el sector de la publicidad sirvieron para que Google alardeara, por medio de su consejero delegado, Eric Schmidt, de que la aparición de iAd dejaba en evidencia que la anterior compra de la plataforma AdMob no significaba, por parte del buscador, una actividad de monopolio en el mercado de la publicidad móvil, tal y como se estaba especulando hasta la fecha. Y es que la compañía comenzó a ser investigada en 2009 por la Comisión de Comercio Federal (FTC) de Estados Unidos, que contactó con las empresas consideradas competencia de AdMob para que testificasen en el caso, y así poder determinar si la compra del mayor gestor de publicidad móvil por parte del mayor gestor de publicidad en internet podía ser una práctica monopolística. Hombre, claro que no. ¡Eso dejaba espacio para todos! Asimismo, envió un informe a la Cámara de Representantes que mostraba la preocupación de los responsables de Comercio por todo este asunto.

No sólo la publicidad móvil y el iPhone separan a estas dos empresas de culto. Es posible que pronto haya que observar de cerca una competencia directa con otro de los productos estrella de los chicos de la manzana: el iPad de Apple. Salió al mercado en marzo de 2010 y llegó a vender un millón de dispositivos en sólo 28 días. Google también le piensa hacer frente. Junto a Verizon, el mayor operador de telefonía de Estados Unidos, prepara un *tablet PC*, según comunicó su consejero delegado, Lowell McAdam, en *The Wall Street Journal* en mayo de 2010. Mientras Google asalta a la otra joya de la corona de Apple, Steve Jobs dijo una frase que forma ya parte de su leyenda: «La innovación es lo que distingue al líder de sus seguidores», afirmó. Aunque Apple no creó los *smartphones*, ni los *tablet PC*, ni siquiera los iPod, nadie le puede negar que ha sabido desarrollarlos y hacerlos lo suficientemente atractivos como para que sean hoy en día imprescindibles para millones de personas. Tanto los *tablet PC* como el iPad han abierto un nuevo segmento. Y el que prueba, sin duda, repite. Te dejo un dato curioso: el presidente ejecutivo de Best Buy, Brian Dunn, estimaba a finales de 2010 basándose en investigaciones internas que el iPad había canibalizado las ventas de portátiles hasta un 50 %. Si eso es así, resulta verdaderamente impresionante el cambio de tendencias provocado por Apple.

Existen muchos puntos de fricción y mucha competencia entre ellos, pero pese a estar cada vez más distantes tienen también problemas comunes para los que no hay más remedio que aunar esfuerzos. Sin ir más lejos, durante el mes de abril de 2011 tanto Apple como Google fueron citados en el Congreso de Estados Unidos para que los presidentes de ambas compañías explicasen el sistema de rastreo de sus dispositivos móviles, ya que lo consideraban un grave atentado contra la privacidad. El problema radica en que este tipo de dispositivos posee un sistema de rastreo que almacena la localización del usuario y guarda toda esta información, de tal forma que algunos se preguntan si esos datos tienen un fin comercial último, y sobre si podrían ser accesibles por terceros —por ejemplo, a través de las imágenes que se suben a internet desde estos dispositivos—. Aunque algunas de sus funcionalidades son opcionales para el usuario, Steve Jobs quiso salir al paso de la polémica. Pretendió acallar los rumores acerca del supuesto seguimiento que la compañía hace de sus clientes afirmando que «no rastreamos a nadie. La información que está circulando en torno a Apple es falsa. Sin embargo, nuestra competencia [refiriéndose a Android] sí lo hace». Ésta es una más de las perlas que el propio Jobs ha dejado a la posteridad como recados a la competencia, junto a otras. Cuando en abril de 2010 se le preguntó sobre el control —o la censura, según sus críticos— que Apple ejerce sobre las aplicaciones y los contenidos de sus terminales móviles declaró cosas como: «Si quieres porno, cómprate un Android». O cuando en plena guerra con Microsoft por la competencia entre Windows y Mac declaró: «Microsoft Office es para Mac el mejor programa que ha publicado Microsoft». El tipo era todo un genio, y se notaba que iba muy sobrado de autoestima y de prepotencia. Tanto es así que existen diversos *wikis* en internet que recopilan sus mejores y más hilarantes frases.[26]

La que promete ser a medio plazo la madre de todas las batallas se inició cuando Google pisó el nicho clave de la empresa de Steve Jobs. En agosto de 2011 adquirió la compañía fabricante de *hardware* Motorola, momento a partir del cual Google estuvo en disposición no sólo de competir en internet y con *software*, sino también de hacerlo con *hardware* propio contra Apple. Esto ya suena a un enfrentamiento frontal. No sé a ti, pero a mí no deja de asombrarme la capacidad que tiene Google de afrontar tantas batallas simultáneas.

Para muchos analistas la operación de Motorola es parte del deseo de Google de convertirse en lo que representa Apple y disponer, entre otras cosas, de una fábrica de *hardware* como centro de I+D desde el cual lanzar productos innovadores que mermen los espectaculares resultados de la compañía de la manzanita, con lo que entraría en un nuevo y lucrativo negocio: la fabricación de *gadgets* y *smartphones*, entre otros, sin tener que recurrir a las poco efectivas alianzas con terceros.

Esta operación sembró inquietudes entre los socios de Google en Android, empresas como LG, HTC o Samsung, hasta la fecha rivales comerciales de Motorola, que veían ahora cómo esta última podría ser juez y parte en el desarrollo de Android al ser propiedad de su principal promotor. La compañía de Mountain View se apresuró a decir que Motorola no se integraría en su estructura, lo que tranquilizó a sus socios y aseguró el juego lim-

26. http://es.wikiquote.org/wiki/Steve_Jobs.

pio en la competencia entre ellos. Teniendo en cuenta el histórico de jugadas que ha llegado a hacer Google a sus *partners*, ¿habrán creído sus promesas? Si ha sido así y no vigilan su espalda, puedes darles por muertos

Google no sólo compró una enorme, pero decadente, fábrica de telefonía móvil que hace muchos años, con modelos como los StarTac,[27] fue vanguardista, y que ahora apenas tenía productos de primera línea. Con esta adquisición Google adquirió 17.000 patentes aprobadas y otras 7.000 pendientes de serlo relacionadas con la telefonía móvil 2G, 3G y 4G que eran exclusivas de Motorola. La clave reside precisamente aquí, en las patentes. La compra de la empresa de telefonía móvil parece un movimiento defensivo encaminado a proteger la futura joya de la corona de Google, Android, frente a sus eternos rivales, principalmente Apple y Microsoft. En los últimos meses Google y sus socios, los fabricantes de teléfonos que operan con el sistema operativo Android, han empezado a recibir demandas relacionadas con las patentes del *software* que emplean, de las que otros fabricantes exigen una cantidad de entre 3 y 15 dólares por cada teléfono en el que se ha instalado el sistema operativo promovido por Google. Me atrevería a decir que este juego resulta típico entre las compañías tecnológicas, y que al final acaba en acuerdos tras largos litigios. La única manera de no resultar perdedor es hacerse con una importante bolsa de patentes con la que amenazar a tus rivales para luego compensar esas demandas en los acuerdos posteriores. En definitiva, es un juego en el que aplastas al otro porque tienes muchos argumentos legales con los que demandar. O empatas porque, como Google, compras una bolsa de patentes con la que puedes decantar la balanza de las reclamaciones a tu favor para intimidar al vecino. Me parece estar viendo ya a sus enormes equipos de abogados frotándose las manos ante tan suculento escenario.

Apple ya considera a Google un rival en toda regla. Meses antes, junto con Microsoft y otras empresas como Oracle, fue

27. Motorola StarTac, aparecido en enero de 1996, ocupa el sexto puesto en la lista «Los 50 *gadgets* más grandiosos de los últimos 50 años» que elabora la revista *Pc World*.

comprando enormes cantidades de patentes relacionadas con la telefonía móvil que procedían de compañías que pasaban por dificultades económicas en plena crisis, o que directamente entraban en quiebra. Así, por ejemplo, Nortel subastó sus patentes, unas 6.000. Recibió una oferta de Google de 900 millones de dólares, que quedó muy lejos del consorcio ganador, que ofreció una cantidad muy superior, de hasta 4.500 millones de dólares. ¿Quiénes estaban detrás de tan astronómica oferta? Microsoft, Apple, Oracle, Sony y el fabricante de las conocidas Blackberry, RIM. ¿Cómo interpretó Google ese movimiento? Sin ningún tipo de duda, como una guerra declarada por Microsoft, Apple y Oracle, entre otras.

Esto creó una enorme preocupación en Google y posiblemente fue lo que desencadenó el movimiento defensivo que acabó con la compra de Motorola. Así, su vicepresidente de Asuntos Legales daba el pistoletazo de salida a la guerra abierta contra Apple al declarar que «empresas como Apple y Microsoft, en vez de invertir en innovación, invierten en litigio. Por cada *smartphone* fabricado se pueden reclamar hasta 25.000 patentes. Al final, el que pagará será el usuario, ya que tendrá que pagar el sobreprecio en su terminal Android».

Esta postura me parece un poco forzada. Efectivamente, en ese escenario el usuario tendría que pagar más por cada terminal con Android. Pero ¿son esos pocos dólares que el usuario tendrá que gastar de más la verdadera preocupación de Google, o es la pérdida de su principal ventaja competitiva, la gratuidad del sistema operativo? Lanzaré otra pregunta ingenua. ¿No deberían haber desarrollado desde cero Android en vez de apoyarse en el trabajo de otros, como los creadores del *software* libre, de modo que no les afectara la guerra de patentes al disponer de un producto ciento por ciento propio? Esto deja claro que los atajos y «lo barato» le puede salir muy caro hasta a un gigante como Google.

A Google se le ha acusado de haberse aprovechado en repetidas ocasiones del trabajo de la comunidad del *software* libre para obtener ventajas competitivas, menor coste y velocidad para dominar el mercado. Algo así sucedió con su navegador Chrome. En pocas palabras, se le acusa de apoyar esas iniciativas en su propio beneficio. Ahora eso se está volviendo como un bumerán contra las oficinas de Larry y Sergey. Aunque no hayamos caído en ello, el *software* libre también tiene problemas. Posiblemente nadie demandará a una aplicación móvil *open source* que vulnera una patente. Pero si es tu competencia, y detrás está una multinacional como Google, los tiburones huelen la sangre fresca, sobre todo porque el premio es doble: dañas el producto de la competencia al encarecerlo, y a la vez puedes tener derecho a una millonaria indemnización.

Generalmente Apple responde a declaraciones altisonantes como la de Google, de modo que el asunto fue durante algunas semanas subiendo de temperatura, hasta que después de un agrio cruce de acusaciones desde Mountain View quisieron suavizar los ánimos. En 2011, Madhou Chinnappa, responsable de Google News, declaró a *The Telegraph* que «desde Google no estamos en guerra con Apple. Pese a que tengamos servicios similares, su naturaleza y usuarios son diferentes, ya que Apple tiene un modelo cerrado, con sus pros y sus contras, y nosotros abierto».

Curiosamente, en este cruce de alianzas forzadas, de compra de patentes y de acusaciones, Microsoft reveló que había ofrecido un acuerdo a Google para comprar las patentes de la empresa Novell de forma conjunta. Así, y ante la duda que ofrecía tal declaración a analistas y usuarios, Frank Shaw, responsable de Relaciones Públicas de Microsoft, se vio obligado a colgar en su cuenta de Twitter la captura del correo electrónico con el que Ken Walker, consejero general de Google, rechazaba la propuesta. Sorprendente oferta, y sorprendente rechazo.

El consumo de los móviles con Android y el iPhone es diferente. Apple mantendrá una importante cuota de mercado, aunque siempre se verá superado. En agosto de 2011 se activaban 550.000 terminales con Android cada día. A ese ritmo, las cifras globales hacen prever que no falta demasiado tiempo para que Android, que cuenta ya con 150 millones de usuarios en todo el mundo, pueda plantar cara al iPhone que contaba, en la misma fecha, con 200 millones de usuarios.

Google es un monopolio dañino, fagocita mercados y daña la competencia. Apple, que también enamora a los usuarios, actúa de forma similar. Por ejemplo, con el App Store,[28] con el que goza de un control absoluto sobre los terminales de los usuarios e impone sus normas y criterios sobre aplicaciones, contenidos y dispositivos. En definitiva, ambas tiranizan de manera similar.

Mozilla Firefox

Es un navegador web libre proveniente de Mozilla Application *Suite*, desarrollado por Mozilla. Fue creada en agosto de 2005 y se encarga de coordinar e integrar el desarrollo de aplicaciones web, como el navegador web Firefox y el cliente de correo electrónico Thunderbird.

Firefox comenzó como un experimento de la mano de Dave Hyatt y Blake Ross. Consiste en un navegador multiplataforma que está disponible en varias versiones de Microsoft Windows, Mac OS X, GNU/Linux y algunos sistemas basados en Unix. El nombre original fue Mozilla/Browser. Se cambió por Phoenix en septiembre de 2002. En 2003 se denominó Mozilla Firebird, y en junio de 2004 pasó a llamarse tal y como se lo conoce hoy en día: Mozilla Firefox.

En 2010, Firefox alcanzó uno de sus principales hitos al superar en porcentaje de usuarios a Explorer y colocarse como el navegador más utilizado en Europa.

Durante el primer trimestre de 2011 las cifras de la batalla de los navegadores eran muy significativas: Explorer era el buscador más utilizado en el mundo, con un 37,7 % de los usuarios, mientras que Firefox llegó al 28,3 %. El tercer navegador más usado fue Chrome, con el 16,8 % de cuota.

En cuanto a la relación de Google con Firefox, está fundada en la protección *antipishing*,[29] que apareció en Firefox 2 y que se

28. Servicio para el iPhone, el iPod Touch, el iPad, Mac OS X Snow Leopard y Mac OS X Lion, creado por Apple Inc., que permite a los usuarios buscar y descargar aplicaciones informáticas de iTunes Store o Mac App Store, en el caso de Mac OS X.

29. *Pishing*: delito encuadrado dentro del ámbito de las estafas cibernéti-

activaba por defecto. Esta protección está basada en una lista que se actualiza dos veces por hora y que se descarga al ordenador del usuario desde el servidor de Google. El usuario, por su parte, no puede cambiar el proveedor de estos datos desde la interfaz gráfica, y tampoco conoce cuál es el proveedor predeterminado. Asimismo, el navegador envía la *cookie* de Google en cada solicitud de actualización. Como verás más adelante, esto último resulta muy importante para la enorme base de datos de usuarios que tiene Google.

En 2006, los ingresos de Mozilla Corp. fueron de 66,9 millones de dólares. El 90 % derivó de las ganancias de sus motores de búsqueda. ¿Qué buscador tiene un acuerdo con la Fundación Mozilla y que representa la inmensa mayoría de las ganancias de Firefox? Acertaste. ¡Google! En otras palabras, Firefox depende en su totalidad de su aliado Google. Y Google Chrome compite con Firefox. A pesar de todo, como ya hemos visto en otros ejemplos, a Google los amigos no les duran demasiado.

Google creó el proyecto Chromium, de *software* libre, para fundamentar las bases del diseño y desarrollo del navegador Chrome, así como del sistema operativo Google Chrome OS. El objetivo del proyecto era ofrecer un navegador más estable, veloz y seguro que tuviera una interfaz de usuario más sencilla y eficiente.

La fundación tiene un acuerdo estable con Google para realizar conjuntamente las búsquedas por defecto desde la barra de búsqueda de Firefox. Ambas compañías comparten los ingresos publicitarios derivados del consumo de la publicidad de estas búsquedas. En 2006, el informe financiero de Mozilla afirmaba que «Mozilla tiene un contrato con un proveedor de motor de búsqueda de derechos de autor». El contrato original expiró en noviembre de 2006. Sin embargo, Google renovó el contrato hasta noviembre de 2008 y, posteriormente, se ha renovado el contrato hasta 2011, momento en el que Google deberá plantearse si da más cuerda a la víctima o empieza a engullirla. Es un poco cruel, ¿no?

---

cas que se comete mediante el uso de un tipo de ingeniería social caracterizado por intentar adquirir información confidencial de forma fraudulenta.

El periodista Devindra Hardawar escribió en *VentureBeat* en abril de 2011: «Firefox 3 fue lanzado en junio de 2008, y Google aprovechó para salir de la nada, sin que nadie lo supiera, y para robar muchos de los adelantos de la tecnología de Mozilla. De repente, Google estaba en tercera posición, muy por delante de cualquier competidor que no fueran Microsoft o Mozilla».

Y es que mientras Google ofrecía apoyo técnico y económico a Firefox, sus ingenieros estaban aprendiendo de ellos. La colaboración con la Fundación Mozilla no era tan desinteresada como podría parecer a simple vista. En ese momento estaban preparando su propio navegador, y qué mejor manera de hacerlo que averiguando cómo funcionaba el que sería su futuro competidor.

Mientras escribo estas líneas Google no ha decidido si amplía el contrato que sirve de colchón económico a Mozilla. Bien es cierto que, como dicen reiteradamente los directivos de Google con cierto sarcasmo, «la competencia está tan sólo a un clic de nosotros». Pero también lo es que sin ese acuerdo la empresa que gestiona Firefox quedaría a la deriva en términos económicos. Aunque existen otros buscadores en el mercado, especialmente Bing, el producto de Microsoft, lo esencial no es, a mi modo de ver, la mejor o peor calidad de un motor de búsqueda, sino la mezcla de calidad de ese motor de búsqueda y la capacidad de comercializar publicidad web en formato de texto en todo el mundo. Esa capacidad y ese *long tail*[30] de clientes a escala mundial es, a día de hoy, la gran ventaja de Google. En definitiva, si ese acuerdo no se renueva el propio Microsoft no puede ofrecer a Firefox rentabilizar las búsquedas en ingresos a escala mundial, como hace la solución de Google, que tiene dos opciones: ampliar un contrato lucrativo, a sabiendas de que es vital para su competencia, o dejarles caer y no renovarlo, con lo que el beneficiado será su producto Chrome ante la tremenda merma de ingresos que Firefox experimentaría y que, por otra parte, resulta

30. El *long tail* o «larga cola» se refiere a los nichos de mercado especializados. El concepto lo acuñó Chris Anderson en un artículo de la revista *Wired* en 2004 y posteriormente en su libro *The Long Tail* (Hyperion, julio 2006).

evidente que influiría en su futuro. ¿No es increíble poder tomar estas decisiones? Imagina que la supervivencia de Pepsi Cola debe decidirse por los directivos de su más directo rival, que debaten si renuevan o no un acuerdo del que depende el futuro de la compañía de su principal e histórico competidor. ¡Ése es justo el escenario que se está dando en internet! ¿Debería tener una única empresa tanto poder como para que su competencia dependa de ella, sin apenas alternativas reales, por mucho que nos digan que están a un clic de distancia?

En relación con esto último me viene a la cabeza un encuentro que tuve con Scott Rubin, portavoz oficial de Google, en el verano de 2011. En medio de una charla informal, en la que expuse algunas cuestiones más o menos incómodas, no quise dejar de preguntarle qué pensaba que ocurriría en el caso Firefox. Le comenté que si Google no renovaba el contrato tendría que afrontar una pérdida no sólo económica, ya que parece ser un acuerdo lucrativo para ambas partes, sino también en términos de imagen, puesto que se podría pensar que asfixiaba literalmente a su competencia. Por el contrario, si se renovaba el contrato la competencia de Chrome para competir con Firefox y con internet Explorer sería mucho más dura. Scott me explicó que aún no se había tomado una decisión y que se sabría pronto. Nada nuevo en el horizonte. Sin embargo, en ese punto me permití incidir en lo que para mí es el problema. Le pregunté si consideraba que alentaba a la competencia, y por tanto a la diversidad y a la innovación, el hecho de que una compañía tuviera tantos intereses y tanto poder como para que su más firme competencia dependiera de ella. Su enigmática sonrisa, que se congeló durante unos segundos mientras yo trataba de adivinar lo que pensaba, lo decía todo —incluso, de forma muy evidente, que no era una pregunta grata—. Permaneció inalterable hasta que esquivó el debate, visiblemente molesto, con un expeditivo *Next question!*

Es más que posible que el responsable de comunicación de Firefox no sonría de la misma forma. No se lo podrá permitir hasta que no se resuelva la renovación del contrato, del que depende en buena parte su futuro. Se trata, en definitiva, de su propia supervivencia. El presidente de Mozilla, Mitchell Baker, tal vez lanzando balones fuera, declaró: «Mozilla está bien posicionada para seguir siendo vital y eficaz durante el actual y difícil momento económico». Según su idea, no renovar contrato con Google sería duro y requeriría ajustes, pero Mozilla podría sobrevivir. Microsoft, Chrome y Mozilla tendrán que luchar con más fuerza. Por cierto, no me gustaría estar en la piel de Firefox en medio de esta pelea de gigantescos tiburones. Si no renueva su acuerdo con Google, la alternativa será Microsoft que, además de monetizar mucho peor las búsquedas a escala mundial, tiene como producto internet Explorer. Sería como escapar de un depredador para introducirse en las fauces de otro. Ya lo dije antes: debe ser duro tener que decidir si Jomeini o Gadafi...

¿Vas viendo poco a poco que, en el fondo, Microsoft y Google se parecen mucho más de lo que pensabas?

Redes sociales

Google Inc. ha conseguido grandes productos e indudables éxitos. Sin embargo, en toda historia hay un «pero», y ésta no será menos. El talón de Aquiles de Google ha sido adaptarse a la llegada de la web social, también conocida como web 2.0, y conseguir liderarla.

La ola de renovación que ha experimentado internet desde la llegada de la web social ha sorprendido hasta al mismísimo Google. Al principio intentó aproximarse tímidamente al fenómeno, y lo ha hecho con más rotundidad en los últimos tiempos. Sin embargo, acabó viendo cómo empresas jóvenes con nuevas propuestas le tomaban la delantera. El primer proyecto de Google para intentar introducirse en el sector de las redes sociales fue Orkut en 2004. Se trataba de una red social destinada a los usuarios que quisieran compartir documentos con contactos ya existentes, e incluso añadir algunos. Esta red social no tuvo demasiado éxito. Sólo en Brasil —48 % de cuota de mercado de redes sociales— y en la India —35 % de cuota— ha logrado captar una masa crítica destacada. Al principio Orkut se centraba en el mundo anglófono. Fue creada por el turco Orkut

Büyükkökten, actual empleado de Google. Para su anterior empresa, Affinity Engines, ya había creado un sistema similar denominado InCircle. Esta compañía demandó más tarde a Google al considerar que el código fuente de la red social les pertenecía, y que había sido en parte plagiado de su aplicación. Fundamentó su denuncia demostrando que algunos de los fallos de código fuente de Orkut estaban también presentes en InCircle. Sea como fuere, lo relevante para nuestra historia es que Google no sólo había detectado el fenómeno, sino que además compraba una compañía para subirse a la nueva gran ola que se vislumbraba en el horizonte. En definitiva, Google quería ocupar el puesto del que hoy goza Facebook. Pero sus esfuerzos resultaron infructuosos y no logró su objetivo. En mercados tan relevantes para la compañía como del de Estados Unidos, en los que la penetración de Facebook es absoluta, el uso de la red social Orkut es menor del 2 %.

Más tarde, a la vista de otro emergente fenómeno social denominado Twitter, la compañía de Mountain View intentó contrarrestar el enorme éxito que estaba teniendo. Ocurrió algo parecido al caso anterior. En esta ocasión Google no adquirió la compañía de un tercero, sino que desarrolló una herramienta propia denominada Google Buzz. Se lanzó al mercado en 2010 sin demasiado éxito y, lo que es más importante, generando por primera vez enormes antipatías en una parte importante de la comunidad, que consideraba el nuevo invento de Google excesivamente intrusivo.

Buzz se encuentra integrado en Gmail y permite al usuario estar al tanto de la información generada por sus amigos: fotos, vídeos, comentarios breves tipo Twitter, etc. Esos amigos se «heredan» de los contactos de Gmail, y toda la información creada puede ser catalogada como pública o como privada. Cabe destacar que tiene un funcionamiento muy sencillo. Una vez activado Gmail el sistema propone establecer como «personas a seguir» a los contactos con los que más relación se ha tenido. Al comienzo Buzz seleccionaba automáticamente los contactos que añadía, lo que generó una enorme ola de quejas de los usuarios que consideraban que el nuevo servicio invadía su privacidad. Finalmente el sistema se modificó ante la avalancha de críticas. Ahora tan sólo muestra recomendaciones.

Por último, otra de las funcionalidades que tiene Buzz es que los usuarios pueden importar la actividad que realizan en otras redes, como Twitter, o en plataformas de publicación de contenidos, como YouTube. Esto no ocurre a la inversa. En otras palabras, la máxima que la compañía dice tener en su ADN, según la cual desean universalizar la información mundial, parece ir en un solo sentido, ya que favorecen la migración de datos hacia sus servicios pero no parece haber facilidades inversas para que los usuarios puedan exportarlos a otras redes. Eso sí, quien no desee contar con este servicio lo puede desactivar o eliminar de Gmail. Finalmente la empresa decidió cerrar el servicio en octubre de 2011.

Si Orkut puede entenderse como el deseo en vano de Google de ser Facebook, Buzz, pese a tener muchas diferencias con Twitter, se puede interpretar como un deseo de quedarse con esa parte del pastel. En ambos casos Google Inc. ha pinchado en hueso y debe afrontar no ya sus primeras derrotas en internet —algo que, aunque poco habitual, ya había experimentado en otras ocasiones, de las cuales la más destacada fue su intento de imponer Google Video, cuyo fracaso acabó desencadenando la millonaria compra de YouTube—, sino un problema aún mayor. La llegada de la web social nos mostraba por vez primera un Google despistado de las tendencias, ajeno a las necesidades de conocimiento de los usuarios, que apuntaba a un camino diferente al que se dirigía la masa. Lo que es aún más grave y preocupante para sus intereses, quedaba por primera vez en evidencia que estaban lejos de ser la enorme máquina de innovación que marcaba las tendencias que el mundo seguía, como era habitual años antes.

Google lanzó en junio de 2011 Google+, su nueva red social. Según sus propias palabras, era una mezcla de Facebook y de Twitter. Pretendía minimizar la debilidad que el gigante mostraba frente a la web social. Tan sólo llevo unas semanas probando este nuevo invento y he observado que les encanta a muchos analistas y usuarios avanzados. Me considero usuario activo de Facebook y de Twitter, y reconozco que, a diferencia de vagos intentos sociales anteriores que resultaron errados, como los productos Google Buzz y Google Wave, Google+ tiene buena pinta. Aun así no me he enganchado, como sí lo hice con Facebook, a la que accedo cada día para ver mi buzón, leer mi muro y aprobar solicitudes. Me pasó lo mismo con Twitter, donde cada día hago comentarios desde mi terminal móvil, me informo y leo opiniones interesantes. Hasta la fecha, Google+ no me aporta ningún valor, ni ha cubierto ninguna de mis necesidades actuales. Por supuesto, esto de las necesidades es muy personal. Como sostenía uno de los grandes innovadores de la historia, Henry Ford «si hubiera preguntado a mis clientes qué necesitaban, habrían dicho un caballo mejor», y es que no hay que dar al usuario lo que quiere y cree necesitar, sino demostrarle que lo que estás haciendo es lo que realmente necesita. Sea como fuere, desde Google avisan, casi sin darle importancia, de que se trata de un producto básico, de un desarrollo más al que irán añadiendo muchas cosas y que se mejorará en los próximos meses. Veremos si lo suficientemente...

Para definir este nuevo intento de la empresa que un día fundaron Brin y Page sólo diré que no me parece más que un intento para conseguir una gigantesca base de datos con fines publicitarios. Puede parecerte malvado o cruel que lo vea así, o incluso que mi análisis sea demasiado simplista. Debo decir en mi descargo que la frase no es mía. La acuñó Eric Schmidt en una entrevista con la *National Public Radio* de Edimburgo, en la que admitió tácitamente que Google+ es poco más que «una extensa base de datos de publicidad en beneficio de las grandes corporaciones para orientar mejor su publicidad a los usuarios finales». Curioso análisis, ¿verdad? Me gusta más cuando se refieren a mí como «persona» o, si no hay más remedio, como «usuario» o «consumidor». Querido Eric, reconozco que me duele ver mi identidad personal relegada a la categoría de «dato», pero ¡qué le vamos a hacer, ya sabemos cómo os las gastáis en Google!

Facebook

Se trata de la famosa red social creada por Mark Zuckerberg. En un primer momento se utilizó en el ámbito de la Universidad de Harvard, en la que estudiaba Mark. Desde 2004 la empresa tiene su sede en Palo Alto (California). Su crecimiento ha sido abismal, sólo comparable a los comienzos de Google.

Al principio sus usuarios provenían mayoritariamente de Estados Unidos, Canadá y Reino Unido. En 2007 se lanzaron versiones en francés, alemán y español. Desde entonces ha logrado expandirse por todo el mundo. A principios de 2011 contaba con 600 millones de usuarios, y se espera que en 2012 llegue a los 1.000 millones de usuarios.

La idea de Mark era crear una comunidad donde la gente compartiera sus gustos y sentimientos. Estaba inspirada en Geocities.com, sitio web fundado por David Bohnett en 1994, que tuvo mucho éxito. En 1998 fue el tercer sitio más visitado. Sin embargo, no logró consolidarse. Tras ser adquirido por Yahoo! fue finalmente cerrado en 2009.

Facebook ha superado todo tipo de expectativas, hasta el punto de que la historia de su formación ha sido llevada a la gran pantalla. La importancia de esta red social se basa en la enorme cantidad de datos personales que ha recopilado. Uno de los fundadores de FriendFreed, Paul Buchheit, realizó una apreciación muy interesante en un artículo publicado en *Mashable* en 2009 en el que mencionaba que el vínculo de datos en sitios como Facebook podría llegar a ser más valioso que la información de los enlaces de datos en la web. En otras palabras, la información que maneja la red social podría ser, en el ámbito empresarial, una fuente de riqueza aún mayor que la que Google ha sabido indexar y ordenar. Si así fuera, estaríamos ante un cambio de paradigma desde el internet de las páginas al internet de las personas. En este último ha aparecido, casi por sorpresa como ocurrió antaño, un nuevo rey.

Ese rey social, si lo podemos denominar así —y no estoy muy seguro de que sea correcto—, tendría en sus manos un cambio de ciclo. A ciencia cierta, ese cambio viene sucediendo en algunos campos como, por ejemplo, en la ya mencionada fuga de talentos de Google a Facebook. La guerra se repite y parece cíclica. Lo que Google hizo tiempo atrás con respecto a los trabajadores de Microsoft, ahora lo hace Facebook quien, como hemos visto, ofrece mejores condiciones de trabajo a los ingenieros de Google para que se trasladen a su compañía.

En 2011 se produjeron algunas fugas destacadas. Una de ellas, la de Alexandre Hohagen, quien fuera responsable de Google en Latinoamérica y actual vicepresidente de Ventas de Facebook en Brasil. Otra, también relevante, la de Amin Zoufonoun, director de Desarrollo Corporativo en Google, que llevaba trabajando en Mountain View desde 2003, y que ahora desempeña la labor de supervisión de las iniciativas de Desarrollo Corporativo en Facebook. Sea como fuere, en este pulso entre el internet actual y el que pretende ser *The Next Big Thing,*[31] Google va a oponer una feroz resistencia, mucho mayor y mucho más difícil de superar que la que Microsoft plantó en su día.

Si pienso que Microsoft y Google son, en el fondo, compañías muy parecidas, la semejanza con Facebook es más evidente aún. Su trayectoria pareja culminaría con una salida a cotización de la red social en el NASDAQ, mediante la cual obtendría un enorme capital para poder realizar adquisiciones e inversiones. Pero hay otro punto en común entre ambas empresas, y éste es mucho más oscuro y menos brillante. Se trata de la continua sospecha respecto a la dudosa protección de datos de sus usuarios. Facebook ha sido más agresivo aún que Google en este campo, y ha suscitado cierta polémica al incluir en sus términos de servicio una cláusula mediante la cual se hace titular de todo lo que se comparte en sus servidores —por ejemplo, fotos y mensajes escritos—. Esto resulta tan ridículo que cuando un usuario decide eliminar su perfil queda *offline*, pero permanece latente. Incluso peor aún. Conocí el caso de Sixto Arias, un brillante empresario español

31. Término anglosajón que se utiliza para referirse a las nuevas tendencias que llegan del mundo de la tecnología. Éstas se impondrán dejando fuera de juego a los que no las adopten, y premiarán a los primeros en percatarse de ellas y adoptarlas.

cofundador de empresas de enorme éxito, como Movilisto, que presume, con cierto sarcasmo, de haber sido uno de los primeros expulsados de Facebook. Esto no tendría demasiada importancia, y podría ser algo habitual si no fuera porque, durante su tiempo de expulsión, Sixto veía con perplejidad que no podía acceder a su cuenta, pero que ésta seguía activa y otras personas publicaban mensajes en su muro. Él no podía responder, ya que le habían bloqueado el acceso, aunque sus datos, fotos e información seguían activas para el resto de los usuarios. Se trata de una, cuanto menos, curiosa política de propiedad y privacidad.

A principios de marzo de 2010 se produjo un punto de inflexión en la competencia entre el buscador y la red social por antonomasia. Según Experian Hitwise (empresa especializada en la auditoría del tráfico de internet). Facebook superó por primera vez a Google en el número de visitas en Estados Unidos. Podemos interpretar esto como el adelanto de una tendencia mundial. Ese mismo año Facebook creció un 185 % en el mismo país, frente a una subida del 9 % de Google.

Otro punto en común de ambas empresas es el interés que les despierta un pez más pequeño financieramente hablando, pero novedoso y versátil, que les aportaría un interesante valor: Twitter. Las dos estuvieron interesadas en su compra, aunque ninguna lo ha logrado aún. De cualquier modo, podría haber noticias al respecto en un futuro próximo. Twitter no tiene, desde luego, tantos usuarios como Facebook, pese a un extraordinario crecimiento hasta marzo de 2011, momento en el que alcanzó 200 millones de usuarios, de los cuales el 60 % reside en Estados Unidos. Este éxito no ha dejado indiferentes a Google ni a Facebook, que han evaluado su compra en repetidas ocasiones. Se trataría de un servicio complementario para ambos que aportaría una diferente vía de valor y capacidad de comunicación para el usuario. Durante 2010 se llegó a hablar de una valoración de 10.000 millones de dólares por la compañía. Sin embargo, desde la sede de Twitter no hacen comentarios y se limitan a explicar que trabajan para construir una compañía rentable y sostenible que pueda mantener su independencia en relación con terceras empresas.

La clave de que esto pueda llegar a ser así reside en el momento espectacular de ventas que está empezando a vivir Twitter. Cuando eso se vea reflejado en los clientes, no sólo experimentarán con el medio. Si obtienen buenos resultados apostarán decididamente por Twitter para futuros presupuestos.

Facebook siempre tuvo interés en Twitter, que tiene muchos más usuarios que FriendFeed,[32] que finalmente adquirió. Para muchos analistas, Facebook hizo con esta última «una compra inteligente, basada en la tecnología y el talento de ingenieros que tendrá a disposición, y no en el volumen de usuarios». En otras palabras, dejando al margen sibilinos análisis, la realidad es que no pudieron comprar Twitter pese a ser la mejor y más interesante opción, y se quedaron con el premio de consolación por su relación calidad-precio.

Sobre la competencia entre Facebook y Google quiero mencionar lo que me dijo una vez Ron Ploof. Se trata de un conocido blogger y emprendedor, fundador de OC New Media, experto en la creación de contenidos desde hace veinticinco años, además de ser autor del libro *The Executive's Guide to New Media* (iUniverse, noviembre de 2009). Para él hay dos diferencias fundamentales entre ambas compañías. Google es una plataforma abierta. Facebook, sin embargo, permanece cerrada a los círculos sociales, y eso marca las reglas del juego. Ron me comentaba que no para de ver a gente a su alrededor que vaticina que Facebook acabará imponiéndose a Google. Cree que esto último sería como decir que el consumo de peras hará desaparecer la producción de manzanas. Para él son dos cosas diferentes, y no pueden valorarse ni interrelacionarse tan estrechamente. «Facebook está dirigido por adolescentes con poder, y han llegado a tomar decisiones de mucha relevancia en el ámbito de la privacidad. Les van a llover las denuncias y será entonces cuando acabarán dando su brazo a torcer. Volverán atrás y cambiarán esas decisio-

32. Agregador que permite en tiempo real ver en un solo lugar las actualizaciones de noticias de medios y redes sociales, blogs y microblogs, así como de cualquier fuente de noticias en formatos RSS y Atom. Fue adquirida por Facebook en 2009.

nes erróneas. Necesitan una cierta supervisión adulta, y esa gente, ese talento más sensato y maduro, se encuentra en Google.»

Para Ron, una de las grandes diferencias entre ambos estilos, la que más le llama la atención, es el diferente perfil de comunicación de las dos empresas. «El representante de Medios de Facebook es joven y abierto. Los relaciones públicas de Google siempre actúan distantes y reservados. Es difícil tratar con ellos. Recuerdo haber conocido a gente desde los primeros tiempos de Google, y ni siquiera me decían en qué proyecto trabajaban en un sentido general. Las respuestas siempre eran del estilo de: "lo siento, pero no puedo decirlo". Eso es raro. Desde luego, en Facebook no sucede lo mismo.»

Hay una cierta corriente de opinión en Silicon Valley que defiende que Google no debe obcecarse con Facebook. Para muchos analistas, la empresa de Mountain View debe atenerse a lo que hace bien —organizar y gestionar las búsquedas— y no obsesionarse por una empresa que hace cosas diferentes —conectar y gestionar relaciones entre personas—. Ron no está de acuerdo. «Es probable que el crecimiento de Facebook no ponga en peligro el motor de búsqueda de Google, pero también es cierto que es posible que lo estanque y evite que crezca y, lo que es más importante, mermando y reduciendo la inversión publicitaria en anuncios de Adwords, que es el poder económico de la compañía. Por esa razón, por la idea de que muchas de nuestras búsquedas se harán únicamente dentro de nuestros círculos sociales o amistades, es por lo que Google no debería, en ningún caso, abandonar la web social.»

Lo cierto es que Facebook es la empresa que, por vez primera, tiene ciertos datos que Google no puede escanear ni conseguir. Te pondré un ejemplo. Por medio de los clics en el botón «Me gusta», Facebook puede saber qué tipo de películas o productos prefiero. Esos datos son inaccesibles para Google, lo que le aleja de la posición que había mantenido hasta el momento, la que le dio la ventaja competitiva antaño: ser el que mejor conoce a los usuarios y, por lo tanto, poder predecir su conducta.

4

Lo tuyo es mío, lo mío también

Google News

Uno de los servicios de la compañía, accesible desde su página principal, es Google News. Fue incorporado en 2002 y lo definen como «una herramienta que rastrea e indexa la información contenida en centenares de medios de comunicación de todo el mundo y ofrece a los usuarios la posibilidad de buscar datos en ellos». Los sitios web de estos medios de comunicación se rastrean frecuentemente, por lo que resulta factible incluso encontrar noticias publicadas hace pocos minutos.

Desde la puesta en circulación de este servicio, algunos medios se han quejado de su relación directa con un acusado descenso del tráfico en sus servicios web y, por lo tanto, con la pérdida de sus ingresos por publicidad. Agencias de noticias, medios de comunicación y asociaciones de fotógrafos han visto menoscabados sus derechos de propiedad intelectual, por lo que algunos de ellos se han visto obligados a acudir a los tribunales.

Una de esas demandas fue impuesta en 2005 por la agencia francesa Agence France-Presse (AFP) por incluir noticias sin su permiso. Exigía por ello un pago de 17,5 millones de dólares y una orden para que Google se abstuviera de reproducir tanto los textos como los titulares y las fotografías de su propiedad. Tal y como figuraba en su apelación, «Google ha ignorado todos los requerimientos para cesar en su actividad, lo que constituye una violación del *copyright* de AFP». Por ese motivo la citada agencia presentó una demanda ante los tribunales de Estados Unidos y Francia. Finalmente, en 2007 llegaron a un acuerdo económico y la agencia autorizó a Google News para que continuara publicando sus contenidos. Como ocurre casi siempre con Google cuando llegan a acuerdos en procesos judiciales, los términos no se hicieron públicos.

Google no sólo ha tenido problemas con las agencias de noticias por su nuevo servicio. En Bélgica la batalla entre el buscador y la asociación de medios del país, Copiepresse, trajo serias consecuencias para esta última. Todo comenzó en 2006, cuando un grupo de periódicos demandó a Google con motivo de la utilización en Google News de los titulares y la información de noticias sin su permiso.

Ante la demanda, Google optó por dejar de utilizar el contenido, decisión que mantuvo durante un cierto período de tiempo. Pero en 2007, de forma sorprendente, volvió a incluir sin permiso el contenido en sus resultados. El juez encargado del caso nombró a un experto en internet, Luc Golvers, para que determinara si el producto de Google era un portal agregador de noticias, como sostenían los editores, o un simple producto de búsqueda. El informe de Golvers determinó que la forma de operar de la empresa perjudicaba gravemente a los editores y les hacía perder el control de sus portales digitales, así como de los contenidos en ellos publicados.

En mayo de 2011, un tribunal de Bruselas ratificó la prohibición impuesta a Google News de replicar la información de diversos periódicos belgas. Después de que el Tribunal de Apelaciones confirmara la victoria de Copiepresse, Google se vio obligado a cumplir con la sentencia judicial.

La sentencia del Tribunal de Apelación se apoyaba en una decisión judicial de septiembre de 2010 emitida por la Corte de Primera Instancia de Bruselas, aunque reducía de un millón a

25.000 euros la multa por cada día de retraso en la retirada de los contenidos de periódicos difundidos sin permiso. Google debería abonar una multa total de 3,25 millones de euros por los 130 días en los que hizo caso omiso a las reclamaciones y publicó sin la citada autorización contenidos en su sitio web.

Entonces sucedió algo inaudito: la compañía de Montain View no se limitó a eliminar los enlaces de Google News, sino que también suprimió todas las referencias a esos diarios... ¡en su índice de búsquedas! En otras palabras, en www.google.be, que tiene una posición de monopolio en las búsquedas de Bélgica, dejaron de aparecer las empresas denunciantes en los resultados de las búsquedas de los internautas. Así Google consumó su venganza al apagar de facto esos medios denunciantes en internet, ya que un importante número de sus lectores llega a ellos a través de los buscadores, y en Bélgica Google tiene más de un 90 % de cuota de mercado. El perjuicio que se causó a los diarios belgas no tenía precedentes. Vieron con estupefacción cómo se desplomaba su número de visitantes de un día para otro, y con ello sus ingresos. La propia agencia se apresuró a declarar que, en realidad, su intención no era dejar de aparecer en el buscador, y que Google había restringido intencionadamente el tráfico a sus diarios como medida de presión por la sanción recibida y, evidentemente, como un ajuste de cuentas por la denuncia.

Hay que matizar ambas posturas para llegar a una comprensión clara del conflicto. Efectivamente, cualquier editor debería poder elegir si quiere que su información sea agregada a Google News. A mi entender, la compañía defiende de forma algo cínica que esto es así en cierto modo, porque «si hay quejas de alguien que se sienta agraviado, retiran el contenido». Pero esto no siempre es cierto. Además, es un razonamiento perverso que nos lleva a una particular interpretación de las normas más elementales de la propiedad intelectual. No es de recibo que una compañía no negocie, sino que simplemente coja lo que desee y, más adelante, si hay problemas, se preocupe de esos detalles. A esta forma de actuar, tan característica de Google que arrasa con todo sin el más elemental respeto a los demás, y que se cree con derecho a utilizar todo lo que se le ponga por delante, la definen en Estados Unidos con la expresión *Don't Ask Permission, Just Act* (No pidas permiso, simplemente actúa).

El razonamiento de la compañía cuando les llegan los problemas y las quejas no deja lugar a dudas. «Sí, es cierto. Hemos agregado el contenido sin autorización previa. Pero os viene bien porque con ello, indirectamente, os enviamos trafico», parecen decir los mandamases de Google.

Si yo fuera propietario de uno de estos portales de noticias posiblemente querría estar incluido en Google News, ya que supone una fuente de tráfico extra. Pero me correspondería a mí decidirlo libremente, sin presiones, sin que nadie vulnere mis derechos tomando la decisión en mi lugar.

Ahora bien. Si, por el contrario, fuera una gran agencia de prensa o un gran grupo editor consolidado que monetiza estos contenidos por medio de su venta o de la publicidad, no querría que el consumo de información se llevase al portal de un tercero, en el que mi marca e identidad no existe ni se respeta, donde muchos usuarios leen un resumen de mis noticias sin necesitar más información —los lectores visitan Google News, consumen y se van—. Cualquier propietario de contenido debería ver respetados ciertos derechos, entre los que se encuentra decidir dónde, cómo y cuándo quiere que se difunda qué material. Ni Google ni nadie debería tener derecho a decidir sobre ello, ya que esto representa un abuso en sí mismo.

Existe además la figura del lucro cesante. Los usuarios fuera del medio editor no consumen publicidad. Por lo tanto, se genera una competencia desleal que hace que el editor, pese a ofrecer su información por medio de un tercero que lo parasita, no pueda mostrar sus anuncios, que es, en resumidas cuentas, su modus vivendi. Ha ofrecido un servicio, se ha menospreciado el valor de su marca y no ha obtenido nada a cambio.

¿Qué sería lo más razonable en este caso? Parafraseando a Aristóteles, tal vez la virtud esté en el justo medio. Google News es una herramienta magnífica para el usuario, pero cada editor debería elegir y negociar con ellos su presencia. No tiene sentido que Google lo imponga «a no ser que se quejen».

Sobre este servicio de noticias hay un dato al que se aferra la empresa para defender su actitud agresiva. A día de hoy el servicio no tiene publicidad, es decir, hasta la fecha no reciben ingresos publicitarios por su uso. Argumentan por activa y por pasiva que es un servicio sin ánimo de lucro y que, simplemente, trata de acercar la información a las personas e innovar en el consumo de noticias. En eso tienen algo de razón. Es un servicio útil, pero eso no justifica que para ofrecerlo vulneren derechos de terceros al utilizar sus contenidos en beneficio propio.

El hecho de que una compañía no esté lucrándose directamente de ese servicio —aunque puede que más tarde lo haga—, no quiere decir que no esté siendo capitalizado de otras maneras. Disponer de la información de los medios de comunicación en tiempo real y organizarla a su antojo hace que Google tenga ciertas ventajas que justifican el servicio. Por ejemplo, de ese modo se diferencia de la competencia y consigue ser un buscador todavía mejor, si cabe, lo que protege su posición de privilegio en internet. A su vez, el servicio los posiciona como un referente clave en la distribución de noticias respecto a los grandes grupos editoriales, lo que les permite tener poder de decisión sobre a quiénes envía más o menos tráfico, según la relación que mantenga con ellos, o según si son clientes de sus programas publicitarios. Por eso el discurso defensivo de la compañía hace aguas. Una cosa es no cobrar un servicio, o no rentabilizarlo de forma directa, y otra que no estés obteniendo beneficios indirectos, como información privilegiada, relación de dependencia de las empresas editoras hacia ti, poder, y posición más dominante aún en el mercado de las búsquedas y de la información.

Otro de los argumentos de defensa de Google News se fundamenta en defender que no están distribuyendo las noticias. Según ellos, sólo las ordenan e indexan para ayudar al internauta a acceder a la información. Sin embargo, una cosa es resumir una página web para listarla en un buscador, y otra bien distinta es hacerlo con una noticia, especialmente si es de pago y está distribuida por una agencia de información, cuyo modelo de negocio consiste en cobrar por la suscripción a ese tipo de contenido.

Google tiene la suerte de que su tamaño, su poder y sus tentáculos en todo tipo de segmentos de internet hacen que haya tantos intereses cruzados que generalmente les permiten maniobrar y llegar en el último momento a acuerdos que eviten males mayores. Por ejemplo, en el mencionado conflicto belga entre los medios de comunicación y la compañía de internet, los primeros se vieron obligados a retirar su demanda, tras lo cual los diarios volvían a aparecer en el buscador tras un fin de semana de «castigo». Los interesados interpretaron la noticia de la siguiente forma: Google y los diarios belgas habían «firmado la paz». Nada más lejos de la realidad. Se trató de una inmediata rendición de los editores de dichos diarios. Y esto es sólo un aviso y una muestra de la fuerza de un gigante poderoso respecto al sector de los medios de comunicación en general, un mensaje en el que muestra una posición preponderante y enseña sus armas ante futuros ataques a su servicio recordando a los se atrevan a llevarles la contraria que puede eliminar o limitar el acceso no sólo a su servicio de noticias, sino al buscador, lo que en muchos países, dada su cuota de mercado, significa literalmente desaparecer de internet. Eso es precisamente lo que no querían los medios belgas agrupados en Copiepresse. Tan sólo intentaban que Google pagara por su uso y, aunque ganaron y vieron reflejado su derecho judicialmente, la cantidad fue irrisoria en comparación con lo que perdían si Google les hacía desaparecer de su buscador. ¿Cómo se llama a esto popularmente? ¡Ah sí, chantaje! Tras un ignominioso arrepentimiento, Copiepresse ofreció garantías «de poder incluir de nuevo sus páginas» en el motor de búsqueda «sin que se apliquen las sanciones ordenadas por la justicia», según informaron en un comunicado oficial. Vamos, que han bajado las orejas tras las numerosas collejas recibidas. Moraleja: no se puede echar un pulso al imperio, ¡sobre todo si dependes de él!

Y es que una parte importantísima de las visitas de los medios de comunicación en internet llega directamente desde Google. Según algunos cálculos, entre el 15 y el 60 % del total de sus visitantes lo hacen a través del buscador. En líneas generales, cuanto mayor es el poder de marca del medio y su reflejo social *offline*, menos dependencia teórica tiene del buscador, ya que un mayor número de personas accederán directamente a su página principal por medio de su portada, y no a través de Google. Pero, aunque así sea, los medios tienen cada vez más información almacenada en el índice de Google. Millones de usuarios utilizan el servicio de búsqueda, por lo que la dependencia es cada vez mayor. Es simple aritmética: más contenido del medio almacenado, más gente busca información. Aunque el medio tenga una legión de fieles, más personas accederán desde las búsquedas progresivamente, por lo que cada día dependen un poco más de Google que el anterior.

Aun no teniendo demasiado interés en Google News, muchas publicaciones lo toleran para evitar males mayores con la compañía que les provee de tráfico y, en algunas ocasiones, de ingresos con su programa de publicidad. Es difícil negarse a algo, por injusto que sea, cuando dependes tanto del prestador del servicio. En esas circunstancias, «NO» hay negociación posible. Sólo te queda el acatamiento.

Sin embargo, algunos medios de comunicación valoran el servicio tal cual lo presentan sus promotores. Consideran que el consumo de contenido informativo se realiza a modo de tráiler de película. Si al usuario le gusta lo que ve, con suerte terminará de leerlo en su contexto original. Pero ¿ocurre realmente así? Google defiende que te ayuda promocionando tu medio. Aunque no dispongas de «tráiler promocional» de tu información lo hacen ellos mismos y lo ofrecen a millones de usuarios. Eso provoca colateralmente que los generadores de contenido pierdan el control de cómo quieren que se muestre o se resuma su información.

También resultan habituales los materiales promocionales en la industria audiovisual. Siempre son producidos por el dueño de la obra sin que nadie pueda alterarla. En ocasiones ocurren situaciones esperpénticas con los derechos de propiedad. Te citaré como ejemplo un conflicto rocambolesco que se gestó hace algunos años en uno de nuestros portales de cine. Nos llegó por correo electrónico el adelanto promocional de una película. Se trataba de la última producción del director español Julio Medem que se estrenaba en las siguientes semanas bajo el título *Habitación en Roma*, protagonizada por Elena Anaya y Natasha Yarovenko. Eso es algo habitual. Recibes el tráiler unas semanas antes, lo publicas y tus visitantes lo ven en primicia, lo que suscita expectación de cara al estreno. La situación era completamente normal, por lo que lo que publicamos como hacemos con frecuencia. Pocos días más tarde me quedé perplejo al recibir un *burofax* de los representantes legales de la productora de la película instándonos a eliminar inmediatamente el vídeo de internet bajo la amenaza de emprender acciones legales. Según ellos, había sido «robado y filtrado sin su permiso». Me desconcertó tanto que me sentí utilizado. Era un material promocional y nos habían usado como vehículo de promoción gratuita —a lo que nosotros accedimos encantados por ser parte del juego y un valor añadido para nuestros visitantes—. Cuando se filtró y fue visto por miles de internautas nos obligaban a retirarlo, incluso con amenazas. Entonces, ¿para que habían hecho el tráiler? ¡Si sirven precisamente para eso, para usarlos en la promoción! En aquel momento hice una consulta a nuestro Departamento Legal. ¿Por qué debíamos retirarlo si se trataba precisamente de su difusión con fines promocionales? Para mi sorpresa, nuestro equipo jurídico recomendó retirarlo, ya que «pese a que es un material promocional, los autores tienen derecho a decidir cuándo, dónde y cómo se utiliza, teniendo que autorizar expresamente su publicación y pudiendo negarse a su antojo». Conclusión: lo eliminamos. Eso sí, lo que consiguieron fue que no habláramos más de la película, a pesar de que semanas más tarde nos invitaron a hacerlo. Esto no sólo nos sucedió a nosotros, sino también a decenas de otras páginas web especializadas. Muchas de ellas no conservan un especial cariño hacia el director y la productora tras el conflicto, y dudo que esta última reciba en el futuro desinteresadas ofertas de colaboración por parte de muchos portales especializados, como fue nuestro caso.

Volvamos a los problemas de Google News con diversos medios de comunicación. En marzo de 2010, el economista jefe de Google, Hal Varian, intentó calmar la inquietud que se empezaba a palpar ante la dependencia de Google. Por otro lado, intentó que los grandes grupos comprendieran mejor sus intenciones. La compañía se presentó a sí misma como el gran aliado del sector editorial. Les ofrecería nuevas e innovadoras vías para distribuir su contenido y les daría la fórmula para rentabilizar las noticias adaptándolas a los nuevos tiempos. Vamos, que se presentaban como los salvadores del periodismo en la época digital. ¡Dios mantenga en su gloria a estos chicos por salvar el sector *media*, aunque cometan la *pecata minuta* de robar contenidos de terceros que no les corresponden!

La prensa escrita está experimentando una caída de cuota en el mercado de la publicidad desde 1950 incluso en mercados maduros, como el de Estados Unidos. Tanto es así que hace medio siglo su cuota de mercado estaba en torno al 37 % del global de la inversión, y hoy en día está en torno al 13, como se puede ver en el siguiente gráfico.

Medios de publicidad y su participación en la publicidad en Estados Unidos (1959-2009)

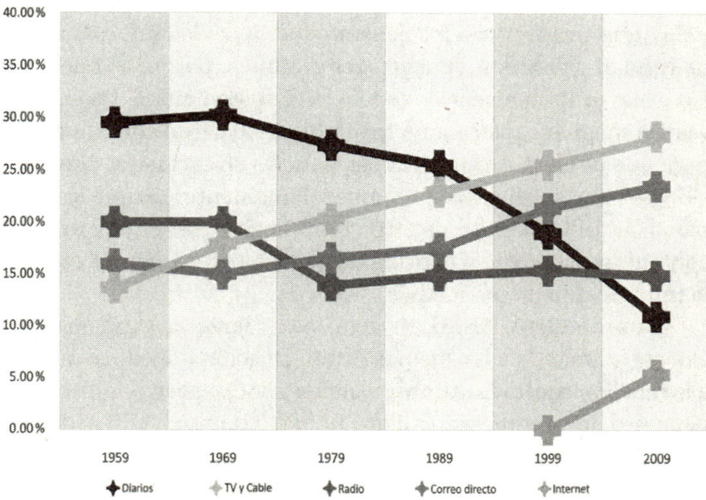

Fuente: Martin Langeveld y Nieman Journalism Lab.

Poco pueden hacer desde la prensa escrita respecto al avance de la televisión. Aun así, la llegada de internet les pone en disposición de ofrecer contenido adaptado desde sus redacciones y en nuevos formatos. Es ahí donde Google quiere su parte del pastel, para lo cual se ofrece como el aliado clave.

Uno de los críticos más duros contra la posición de Google desde los medios de comunicación es el controvertido magnate australiano Rupert Murdoch, propietario de *The Sun, The Times* y *The Wall Street Journal.* En 2009 aseguró que estaban esperando a que todos sus medios fueran de pago en internet para cortarle el grifo a Google. Y no sólo eso. En reiteradas ocasiones se ha referido a la empresa acusándola de expolio de sus contenidos. Con ello ha logrado finalmente que el buscador renuncie a difundir noticias de periódicos que requieren suscripción. En 2009, Murdoch llegó a presentar sus quejas ante la Comisión Federal de Comercio en Washington. En su comparecencia acusó de robo a los que, como Google, utilizan las noticias de medios convencionales «sin contribuir con un solo céntimo a su producción». El editor exigió que se cambiase el modelo de negocio de los medios en internet, especialmente el de actores como Google. «Hay que transmitir a los consumidores que las informaciones de calidad y fiables no pueden ser gratuitas, porque el buen periodismo es un bien caro», espetó. Del mismo modo, las empresas del magnate australiano firmaron un acuerdo con Microsoft para que pudiera suministrar sus noticias en exclusiva. ¿Por qué Google no, y sí Microsoft? Simple y llanamente, porque la compañía de Bill Gates se mostró comprensiva con el pago de los contenidos y accedió a la firma de un acuerdo de distribución de la información de sus medios.

Durante 2010, Murdoch agitó con fuerza la bandera anti-Google animando a los medios de información de todo el mundo a la rebelión contra la «tiranía ejercida por Google y el indiscriminado uso de su contenido». Para Robert Thomson, editor de *The Wall Street Journal,* «Google literalmente devalúa todo lo que toca». Tener la información listada en el buscador hace que ésta carezca de valor y que acabe convirtiéndose en una *commodity.*

Nunca he sabido a ciencia cierta si el dueño de News Corp. es un valiente o un temerario. Posiblemente tenga un poco de cada cosa, amén de que, tal vez por su edad, la generación de internet le queda algo lejana y no es consciente del tamaño y la importancia que ha adquirido su rival. Algunos de los negocios que ha realizado en los últimos veinte años le han convertido en el auténtico visionario del sector de los medios de comunicación. Otros de sus movimientos en el ámbito de la tecnología, como la compra de MySpace por 580 millones de dólares, y su posterior venta seis años más tarde por 35 millones de dólares, no nos dejan la misma impresión. Su enfrentamiento con Google no parece resultar rentable ni positivo para sus medios. Da la sensación de que Murdoch quiere asumir el rol de Don Quijote a sabiendas de que puede acabar mal parado tras su lucha contra tan poderosos molinos de viento.

Pese a ello, la cruzada de Murdoch promete seguir siendo encarnizada si se lo permiten los casos de las escuchas ilegales en sus medios, que ciertamente han mermado su credibilidad. Recientemente hizo un llamamiento a todos los medios de comunicación escritos para establecer el sistema de pago por visualizar sus contenidos a fin de que Google no pudiera acceder a ellos. Esto inquietó a los responsables de la compañía, temerosos de que los principales medios de comunicación constituyeran un frente común. Entonces, Eric Schmidt habló personalmente con Murdoch y con otros propietarios de grandes empresas periodísticas para suavizar el enfrentamiento. Desde Mountain View les ofrecieron alternativas para mejorar sus ingresos y adaptarse a los nuevos tiempos. Schmidt sostiene el criterio de que la prensa del futuro debe adaptarse a un nuevo escenario, y que debe monetizar sus contenidos a través de tres vías diferentes: por publicidad, con sistemas de suscripción y con micropagos. Curiosamente, Google está en disposición de ofrecerles un acuerdo para explorar todas y cada una de esas opciones. Así nació el servicio First Click Free, suscrito entre otros por *The Wall Street Journal*, que permite a todos los usuarios que encuentran en Google un documento o una noticia que exige suscripción ver el texto completo la primera vez, y todo ello sin que se hayan registrado ni suscrito. Sin embargo, cuando el usuario selecciona un enlace en la página original, se le puede exigir que inicie sesión o que se registre para poder seguir leyendo.

En un intento de defender su servicio de los ataques cada vez más frecuentes de los medios, Google destacaba en un comunicado que «Google News es una estupenda fuente de promoción para las empresas periodísticas, y envía alrededor de 100.000 clics cada minuto. Cada una de esas visitas es una oportunidad de negocio para mostrar anuncios, ganar lectores fieles y vender suscripciones. Nuestra labor es completamente consecuente con las leyes del *copyright*».

No seré yo, para mi desgracia, el que tenga capacidad de resolver la encrucijada ante la que se encuentran los medios hoy en día. Tampoco es ése el motivo de este libro. Pero sí me gustaría apuntar que la distribución de contenidos literarios, musicales o periodísticos ha quedado fuera de juego con la implantación masiva de internet. En estos sectores se da un margen de «prueba y error» cada vez más pequeño, y les quedan pocas oportunidades para averiguar qué tipo de experiencias cosechan resultados.

En España Google News está plenamente aceptado. Pese a todo, la Asociación de Editores de Prensa Diaria (AEDE) no descarta ninguna acción futura para defender sus intereses. Consideran que, según la legislación vigente, habría «argumentos legales suficientes» para actuar contra el buscador por posible vulneración de la Ley de Propiedad Intelectual y abuso de posición dominante en la publicidad *online*, tal y como sostenía Diego Solana, letrado del despacho Cremades & Calvo-Sotelo, en una entrevista concedida al diario *Público* en junio de 2010.

Uno de los pesos pesados del periodismo español, el director del diario *El Mundo*, Pedro J. Ramírez, ha sido especialmente beligerante con la labor de Google. Pedro es una de las voces más reputadas del periodismo español y está curtido en mil batallas. La versión online del diario que dirige, www.elmundo.es, es líder absoluto de la información en España. Para su director, la preocupación sobre las prácticas de Google surgió súbitamente hace años al ver la actitud que la compañía empezaba a mostrar hacia los medios. Me puso como ejemplo unas declaraciones ante el Senado estadounidense de Marissa Mayer, actual vicepresidenta de Producto de Búsqueda y Experiencia de Usuario. Ella hablaba de los medios como meros entes generadores de información que podría ser consumida en cualquier otro lugar, sin importarle la identidad de quién la generara, y sin ofrecer al periodista ni al medio más trascendencia que la de un mero intermediario. Para

Pedro, «sin medios y sin periodistas no hay periodismo, y Google, con su algoritmo, no puede en ningún caso intentar rellenar ese vacío». Recuerdo que me contó una anécdota cuanto menos curiosa. Google celebra una cita anual conocida como *Zeitgeist* para debatir sobre el futuro del sector periodístico. En aquella ocasión, en 2009, la cita era en una casa solariega de la campiña inglesa. Entre los oradores invitados estaba el propio Pedro, único representante español, junto a otros pesos pesados internacionales, como el director general de la BBC, Mark Thompson, el presidente del conglomerado Vivendi, Jean-Bernard Lévy, el gurú Charlie Leadbeater, y Carolyn McCall, consejera delegada de *The Guardian*. Fueron precisamente McCall y el español quienes reclamaron el papel de los medios de comunicación no como instituciones que se atrincheraran contra las novedades de la tecnología, sino como las únicas plataformas capaces de ofrecer contenidos de calidad en un tiempo donde proliferan quienes sacan partido del trabajo ajeno —en una clara alusión a Google, ante la incredulidad de Larry Page, allí presente—. Me contaba Pedro que en un momento dado «Larry Page se picó y, sintiéndose atacado, quiso entrar en un cuerpo a cuerpo poniendo a Wikipedia como ejemplo del por qué los medios no son imprescindibles». Según comentaba el fundador de Google, cualquiera podía acceder en este sitio web a la información que quisiera, y no tenía trascendencia quién la había creado. Lo único importante era, para él, la tecnología. El periodista español, que minutos antes había sido tremendamente duro con la actitud de Google al referirse a ellos como «los piratas no son los usuarios, son los agregadores», al ver que Page nombraba la Wikipedia, me contó una experiencia propia, divertida, que yo no conocía, y que en aquel momento debió impactar a los asistentes.

«Cuando mi hija se fue a estudiar al extranjero fui a visitar la universidad que había elegido. Allí conocí y congenié con la persona encargada de las admisiones. En un momento dado me comentó que durante el proceso de selección se habían informado sobre mí, y me mostraron dicha información. Cuando vi la procedencia de la fuente me sorprendió que fuera la versión inglesa de Wikipedia.» Pedro recuerda que echó un vistazo a los documentos, temeroso de encontrar cualquier barbaridad, consciente como era de que no había una rúbrica profesional e independiente detrás, y de que podría haber sido escrita por cualquiera. La figura de Pedro J. Ramírez es controvertida. Es una persona que despierta odios y pasiones y, en buena lógica, llegó a esperar lo peor en la información a la que estaba accediendo.

«Sin embargo —continuaba Pedro—, para mi sorpresa, no estaba mal. Era... correcta. Aséptica y superficial, sí, pero más o menos correcta. Me sorprendió, esperaba lo peor... Lo curioso es que casi al final, cuando llegué al apartado de vida personal, decía que estaba divorciado, y que actualmente vivía una relación como amante... ¡de Ralph Lauren!»

Pedro recuerda el jolgorio y las risas de los asistentes y la situación comprometida de Page, que justo segundos antes había basado la explicación de su modelo de nuevo consumo de información en esas fuentes. No sé si por hacer sangre, o ya gustándose como genio y figura que es, el director de *El Mundo* explicó que «a la salida del evento le esperaba fuera en un coche Ralph Lauren, para salir a disfrutar de la ciudad», ante el pitorreo y la ovación generalizada de los asistentes.

Quizá dolido en su orgullo, Larry Page le prometió que conseguiría la dirección IP del autor de aquel vandalismo informático para identificarlo. Pedro no me confirmó si el envío se produjo, por lo que imagino que, afortunadamente, el tema no pasó a mayores. Sin embargo, su ofrecimiento no deja de ser inquietante. Si tan seguro estaba de conseguir una dirección IP que había publicado algo en un sitio ajeno a Google, como es Wikipedia, tendríamos motivos para una honda preocupación. En los países «serios» tan sólo un juez puede pedir que se identifique una dirección IP, y en este caso entiendo que era Wikipedia la que la tenía almacenada en sus servidores. Si Page, o cualquier otra persona, pudiera acceder a ella lejos del control judicial, sería cuanto menos... sorprendente.

Anécdotas al margen, los editores de diarios y Google no tienen más remedio que entenderse. Los editores necesitan consumidores, y eso es precisamente lo que le sobra a la empresa del colorido buscador. Sobre todo, los editores necesitan nuevas opciones y posibilidades de negocio, y Google puede facilitárselas. Son dos piezas del mismo puzle, y acabarán por vivir una relación, si no de igual a igual, sí al menos más equitativa que la que tienen hoy en día, que es cualquier cosa menos justa.

En su relación con la prensa, Google no se limita únicamente a mostrar los titulares de medios online y resumir su contenido. Tenían intenciones mucho más ambiciosas. En 2008 comenzó su proyecto de digitalizar el archivo histórico de los más importantes periódicos antiguos. Este servicio también se ofrecería desde Google News, y sería accesible desde las páginas web de los propios periódicos.

En 2006 escanearon diarios como *The New York Times, Washington Post, Time* y otros. En algunos casos, como *The New York Times*, las consultas son de pago. Google corría con el gasto de la digitalización, que se financiaba con ingresos publicitarios compartidos con la empresa editora. Este servicio sí que fue, en principio, bien acogido por los editores, a los que por fin se les ofrecía un modelo para «entrar en el negocio» mediante el cual ganaban todos, o al menos en el que estaba previsto compartir los beneficios, de manera que no se sentían utilizados.

¿Qué pretendía Google con este proyecto? ¿Poner a tu disposición toda la información mundial? ¡Si ya lo dijo Larry Page! No, ahora en serio. Lo que Google pretendía era, simple y llanamente, un paso más en su transformación hacia el monopolio de acceso a la información que quieren llegar a ser y apropiarse de ese contenido, que quedaría así vetado a su competencia. Google aspira a ser la gran hemeroteca del mundo, el custodio de toda nuestra información. Con ello ganan, por supuesto, ingentes cantidades de dinero. Pese a ser una idea menos romántica que la que en su día pregonó Larry Page, resulta perfectamente lícita.

La hemeroteca recibió la única oposición de las empresas especializadas en procesar y buscar contenidos para librerías, escuelas, museos e investigadores. Para ellas era una mala noticia. Si el servicio se popularizaba, su negocio dejaba de tener sentido de la noche a la mañana. Dejarían de recibir encargos de búsqueda y digitalización, ya que todo el material estaría a una busqueda de distancia. ¡Mala suerte para ellas! Si Google pone los ojos en un segmento, provoca un terremoto en el que siempre hay víctimas colaterales. En este caso, parecía haberles tocado a ellos.

Al final tuvieron suerte. Según afirmaron en un comunicado oficial de mayo de 2011, la empresa decidió poner fin al proyecto para centrarse en otros relacionados con los medios de comunicación, especialmente Google One Pass. Para una vez que tenían licenciado el derecho de los contenidos, no iban a seguir adelante. ¿Cuál era el problema? Simplemente, que el negocio no estaba resultando tan interesante como preveían, por lo que el objetivo de hacer felices a los usuarios facilitándoles el acceso a la información quedaba en segundo plano. ¿Es eso lícito? En mi opinión, ¡totalmente! Es una estrategia empresarial a todas luces razonable. No ha sido rentable y, por lo tanto, se deja de invertir en ello. Correcto. Lo que sin duda no es ético es vender a los cuatros vientos la idea de que tu único centro de interés es el usuario, y que tu máximo objetivo es facilitar su acceso a la información mundial, como si eso fuera más propio de una organización sin ánimo de lucro que de una empresa, y luego seguir a pies juntillas criterios económicos que contradicen flagrantemente lo que pregonas.

Google quiere canalizar hasta tal grado la información histórica que en 2001 adquirió a Deja.com los grupos de noticias del archivo Usenet, es decir, los 650 millones de mensajes publicados en grupos de noticias, que representan algo así como la memoria histórica de internet previa a la masificación de la *world wide web*. Usenet se convirtió de esta manera en Google Groups. En Mountain View deben pensar, y con mucho acierto, que no hay mejor manera de almacenar y ordenar toda información que ser el propietario de la misma, pese a que esto pueda vulnerar a la competencia.

Google Books y Alejandría 2.0.

Google Books es un ambicioso servicio por el que, desde 2004, Google pretende digitalizar millones de libros en colaboración con editoriales, universidades y grandes bibliotecas. La idea se basa en la búsqueda del texto completo de los libros que Google escanea. El texto es convertido por medio de reconocimiento de caracteres y se almacena en una base de datos propiedad de Google. El proyecto nació en octubre de 2004 bajo la denominación Google Print. Así fue presentado en la Feria del Libro de Frankfurt, aunque después se llamara, definitivamente, Google Books.

Debo reconocerlo. La primera vez que oí hablar de este proyecto me maravilló. La idea nos acercaba al (¿mito?) del conocimiento universal. En internet hay una ingente cantidad de información, especialmente sobre las dos últimas décadas, cuando en los países más avanzados empezó a generalizarse el acceso. Desde el año 2000, todo está exhaustivamente documentado en internet, pero no es tan fácil encontrar información anterior a 1990. El proyecto que anunciaban Larry Page y Sergey Brin allá por 2004 nos llevaba a plantearnos si sería posible que cada ordenador estuviera conectado por medio de internet a todo el conocimiento de la humanidad.

Albergar el conocimiento universal ha sido durante siglos una ilusión recurrente de soñadores e intelectuales. Por primera vez parecía estar realmente cerca, aunque se necesitarían varias décadas para llevarlo a cabo. Se trata de la ilusión de una moderna biblioteca de Alejandría, abierta y digital.

La biblioteca de Alejandría fue en su época la más grande del mundo. Impulsada por Ptolomeo I en el siglo III a. J.C., estaba ubicada en la ciudad egipcia de Alejandría y llegó a albergar 900.000 manuscritos. Su destrucción se atribuye, según la fuente que consultemos, a romanos, cristianos o musulmanes. Sin embargo, no se sabe con certeza lo que sucedió realmente. Era un paraíso del conocimiento y de la investigación, algo inigualable para científicos, profesores, filósofos y estudiosos de su tiempo, quienes por colaborar y trabajar en ella obtenían manutención gratuita en la ciudad, e incluso se veían eximidos de pagar impuestos. ¡Vamos, que ya en el siglo III a. J.C. tenían unas condiciones de trabajo similares a las de los modernos ingenieros de Google! Tal vez por ese motivo algunos de los grandes pensadores de la Antigüedad estudiaron o desarrollaron su actividad en Alejandría, entre ellos Arquímedes o Euricles.

En aquella época, la voracidad de Ptolomeo I hacía que se compraran miles de manuscritos de todas partes del mundo conocido, pero del mismo modo obligaba a que se confiscaran los papiros de los barcos que se acercaban a la ciudad. Estos documentos eran requisados y copiados. Después devolvían las copias a sus legítimos propietarios y el original quedaba almacenado en la biblioteca. Ya en la Antigüedad no se podía aspirar a construir un auténtico monopolio cultural sin pisotear algunos derechos fundamentales. Como veremos a continuación, los tiempos no han cambiado demasiado pese a los años transcurridos. Google también ha necesitado con frecuencia pisotear algunos derechos fundamentales para poner en marcha su sueño.

Generalmente nada ni nadie se eleva a la categoría de mito sin pasar por el cementerio o sin caer en desgracia. La biblioteca de Alejandría no podía ser una excepción. Su destrucción resulta controvertida. Suele atribuirse a un incendio ordenado por Julio César, quien por entonces perseguía a Pompeyo. A ese incendio sobreviviría una gran parte del material allí contenido. Siglos más tarde, tras diversas guerras e incendios, la colección como tal acabó destruida y saqueada. Ahí terminó el primer gran intento de acumular el conocimiento de la humanidad. Hasta que, dos mil años después, llegó Google.

Larry y Sergey nos planteaban algo que iba mucho más allá de un servicio convencional. Se trataba de la auténtica revolución del conocimiento. A primera vista parecía apasionante, pero con el paso de los meses iban apareciendo nubarrones sobre lo que era una bella idea, tal vez utópica.

La base de datos de Google Books estaba en continuo y rápido crecimiento. En marzo de 2007 tenía digitalizado un millón de libros. En 2010 anunciaban haber escaneado 15 millones de los 130 millones de libros que estimaban que habría en el mundo en ese momento. Estamos hablando de algo más del 10 % del conocimiento impreso del planeta escaneado página a página, organizado y almacenado en menos de una década.

Nadie puede negar a nuestros románticos jóvenes que son temerarios y, sobre todo, innovadores. Cuenta Richard. L. Brant en su libro *Las dos caras de Google* (Editorial Viceversa, 2010) que ya en 2002 Larry Page decidió averiguar el tiempo necesario para escanear un libro de 300 páginas. Acompañado por la entonces jefa de Producto de Google, Marissa Mayer, se encerró en su despacho con una cámara de fotos y un cronometro. Larry hacía fotografías mientras Marissa pasaba las páginas. Así comprobaron que el tiempo estimado era de 40 minutos, lo que representaba su primer hándicap: escanear millones de obras debería ser un trabajo mucho más rápido. Si querían lograr algún día su objetivo, deberían innovar e idear una manera mucho más eficiente, y a su vez respetuosa con los originales, para poder hacerlo.

Y lo consiguieron. Larry formó un equipo de trabajo y visitaron proyectos de digitalización por todo el mundo. Unió al equipo a expertos en robótica que pudieran diseñar una máquina para pasar las páginas y escanear a gran velocidad sin dañar los ejemplares. Los ingenieros de Google crearon un *software* de reconocimiento de caracteres que detectara hasta los más extraños e inusuales tipos y tamaños de texto. Aparentemente, lo consiguieron. Años más tarde, cuando la rectora de la Universidad de Michigan, Mary Sue Coleman, le confesó a Larry Page que los archivos de la universidad, que consistían en siete millones de libros, podían escanearse en un período de tiempo no inferior a mil años, éste, sin inmutarse, le replicó que Google podría hacerlo en seis.

Nadie sabe a cierta ciencia qué *hardware* emplean para el proyecto Google Books. Se especula que escanean a una velocidad de mil páginas por minuto con cámaras Ephel 323. Resulta curioso no saber a ciencia cierta cómo funciona un proyecto cuya finalidad es, precisamente, poner a nuestra disposición conocimiento. Como ya has visto en otras ocasiones, Google tiene mucho interés en devorar y apropiarse de la información, pero no tanto en que los demás conozcamos la suya propia, que suele estar protegida por rigurosos acuerdos de confidencialidad.

Muchos analistas, especialmente los europeos, fueron enfriando la cálida acogida al proyecto allá por 2004. Aparecían enormes lagunas legales y, sorprendentemente, la empresa no mostraba interés en el campo de la protección de los derechos de autor. Google había cerrado acuerdos para digitalizar los archivos bibliográficos de algunas bibliotecas y universidades, pero no se había interesado en llegar a ningún tipo de acuerdo con los propietarios de los derechos. Es más, la empresa de Page y Brin actuaba como si no los necesitara, lo que resultaba tremendamente inquietante.

Entiendo que tal vez, llegados a este punto, mi inquietud pueda no ser compartida. El malvado autor de estas líneas no está sino preocupándose de sí mismo. ¿Tal vez por su almuerzo? Es decir, ¿por los derechos de sus propias obras? A lo mejor en este momento alguien podría ver en mí una actitud provinciana en la que prevalece mi interés personal sobre el sueño del conocimiento global. Puedo garantizar que no hay nada más lejos de la realidad.

¿Será entonces que soy un malvado que intenta tirar abajo la brillante idea de estos chicos, agarrándome al clavo ardiendo de los argumentos de sociedades de derechos de autor que a todos nos caen mal? En absoluto. De entrada, y aunque eso pueda hacer perder un poco de halo de *glamour* al proyecto, es importante destacar que no fue Google el primero en tener esta ambiciosa idea, que ha sido recurrente en los últimos años. Si hoy tenemos en mente el proyecto de Google Books, y no algunos otros, es sobre todo porque los de Mountain View son una inmensa máquina de comunicación que lo engulle todo a su paso haciéndolo suyo. Son magníficos en la ejecución, son innovadores, pero sobre todo destacan por ser expertos en marketing. Aunque no lo pueda parecer, ideas como la de crear una enorme biblioteca universal no les pertenecen.

Corría el año... ¡1971! cuando Michael Hart impulsó el denominado Proyecto Gutenberg. Se trataba de un plan para difundir gratuitamente por medios digitales el mayor número posible de obras libres de derechos. Ésta fue la primera biblioteca digital colaborativa. Aunque el proyecto data de los años setenta, despegó significativamente con la llegada de internet en los noventa. Centenares de voluntarios procedentes de todas las partes del mundo escanean, corrigen y escriben cuando así lo requiere la antigüedad de las obras. En la actualidad, el proyecto es accesible desde la dirección web http://www.gutenberg.org, y se muestra en varios idiomas. Ofrece 20.000 libros en descarga directa y otros 100.000 desde páginas asociadas. No es el único proyecto, pero sí el más antiguo, con la intención de digitalizar el contenido bibliográfico universal.

El propio gigante del comercio electrónico Amazon.com escanea las primeras páginas de las obras que vende para ofrecer una visión inicial a los futuros compradores. En la actualidad tiene 35 millones de obras escaneadas en su web bajo el epígrafe *Search inside the book* (función que permite consultar un número limitado de páginas de un libro).

¿Por qué estando ya en marcha Google no se suma a alguno de estos proyectos? Porque el objetivo no es crear la gran biblioteca. ¡El objetivo es que sea sólo suya!

Las entidades gestoras de derechos de autor son, desde la llegada de internet, los malos de la película. En los años noventa la Business Software Alliance, impulsada entre otros por Microsoft y Adobe, era literalmente el enemigo público número uno de los internautas —bueno, tal vez el número dos, tras el propio Microsoft—. En España, la Sociedad General de Autores y Editores es la organización con peor imagen pública del país, por delante de Hacienda. Al gran público poco le importa qué pasa con estas organizaciones, e incluso resulta simpático que alguien pueda atropellar sus derechos. Así, no es raro encontrar argumentos contrarios a los derechos de autor en internet tan sólo porque perjudican a estas organizaciones. No dejan de ser el «pim pam pum» de la época de las puntocom. Nadie sufre si les sacuden, e incluso resulta socorrido y ciertamente populista hacerlo de vez en cuando. Pero al margen del daño a este tipo de organizaciones, y a miles, tal vez millones de autores, me preocupan varias cosas más de este proyecto. En primer lugar, ¿por qué Google? El hecho de escanear, archivar, conservar y difundir todo el conocimiento de la humanidad, ¿no representa algo de un valor cultural e intelectual tan serio que no debería estar en manos de una única empresa privada? ¿Tiene sentido que esta información sea tutelada por alguien que, además, es experto en la explotación publicitaria de contenidos y que goza de un monopolio en internet? Si el proyecto sigue adelante y dentro de una década Google Books es, tal vez, el mayor archivo editorial de la historia, es decir, la biblioteca de Alejandría 2.0, ¿quién nos garantiza que si Google dejara de existir —árboles más grandes han caído— este enorme legado cultural seguiría siendo accesible?

Y, finalmente, ¿en qué condiciones legales? ¿Qué ocurre si dentro de algunos años Google quiere cambiar, como dueño de la base de datos, las normas de utilización? ¿Por qué motivo nos tendríamos que plegar a las normas e imposiciones de una empresa privada para acceder a un contenido que, de facto, no es suyo, y que está formado por obras de nuestro patrimonio histórico y cultural?

Son muchos los interrogantes, pero eso no impidió que en una primera fase se suscribieran acuerdos con las universidades de Harvard, Stanford, Oxford, Michigan y la Biblioteca Pública de Nueva York. El entusiasmo de algunas de estas instituciones con el proyecto resulta curioso. Me gustaría destacar el cambio histórico que supone ver a una empresa estadounidense, que en aquel momento contaba con tan sólo seis años de vida, firmando un acuerdo que imponía sus condiciones a instituciones como la prestigiosa Universidad de Harvard, con 375 años a sus espaldas, y en posesión de una de las bibliotecas más prestigiosas del mundo que, fundada en 1638, cuenta con un catálogo de más de quince millones de ejemplares.

Todas estas bibliotecas poseen millones de ejemplares que pueden ser consultados por estudiantes e investigadores. Pero ¿eso les daba derecho a cedérselos a una empresa privada para ser copiados? Y algo más curioso todavía. Si ya resulta dudoso el derecho de copia de esos archivos, colgarlos en internet o explotarlos publicitariamente en el futuro, ¿no es ir mucho más allá de los límites razonables? El proyecto era ambicioso, aunque sobre él planeaban enormes nubarrones legales que, por increíble que parezca, habían sido subestimados por la empresa. El acuerdo con esos primeros socios establecía que Google correría con el costo de la digitalización y que cedería una copia de las obras a las instituciones, de manera que cada una de ellas tendría derecho, sin costo alguno, a una copia digital de sus propios archivos —no del total— que podría utilizar libremente, siempre y cuando fuera sin ánimo de lucro. En otras palabras, Google y las instituciones serían cotitulares de cada fichero, pero sólo desde GooglePlex podrían utilizarlos en su conjunto y lucrarse de esta inmensa fuente de conocimiento. ¡No es un trato filantrópico, precisamente!

A lo largo de los años otras instituciones fueron suscribiendo el acuerdo, como las universidades de Princeton, Texas, California, e incluso algunas instituciones europeas, como la Biblioteca Municipal de Lyon, en Francia, la Biblioteca de Babaria, en Alemania, o la Universidad Complutense de Madrid. En España siempre hemos sido fácilmente colonizados. Cuando nuevos vientos traen novedosos productos desde el otro lado del Atlántico, es habitual que nos hagamos sus principales embajadores y los asumamos como si fueran propios, enterrando con ello las alternativas patrias. Tal vez por ello no resulta extraño que la participación de la Universidad Complutense de Madrid sea entusiasta, y que presuma con orgullo de ser el primer colaborador no anglosajón del proyecto. No sé si esto debería ser motivo de especial orgullo. La Universidad Complutense de Madrid, que dispone de interesantes bibliotecas y archivos, explica en su página web cómo se realizarán dos copias. La de Google, que por el hecho de haber realizado la digitalización puede disponer de la suya como considere, y la de la propia universidad, que podrá utilizarse «siempre y cuando sea sin ánimo de lucro». Sorprende que tu propio archivo sea tutelado por un tercero y que éste, además, te otorgue una licencia que indica cómo y cuándo puedes hacer uso de él. Es evidente que lo que les interesa es que no puedas ganar dinero con ello, ya que para esa parte —pensarán Larry y Sergey— ¡ya están ellos!

En la Universidad Complutense se escanearán 110.000 libros, artículos y manuscritos con el ánimo de preservarlos para el futuro y apoyar la función docente. Según indican, lo harán con el máximo respeto a los derechos de propiedad intelectual, por lo que las obras que, según la legislación española, son dudosas de estar protegidas, no son escaneadas.

Como antes comenté, todos estos acuerdos se rodean de un curioso secretismo. Cuando uno quiere rascar un poco y pregunta, siempre se topa con una puerta infranqueable. «Hemos firmado un acuerdo de confidencialidad, por lo que no puedo oficialmente explicarte más...» Los acuerdos de confidencialidad no son precisamente un estándar en el mundo docente y entre los bibliotecarios. Es más, son insólitos, les inquietan y molestan, lo que entiendo perfectamente. Sin embargo, Google considera que se trata de compromisos comerciales. Sus equipos y tecnología son estratégicos, y no deben ser revelados en ningún caso. No sólo firman acuerdos de confidencialidad con las universidades o bibliotecas. Incluso llegan a firmarlos individualmente todas las personas con participación directa en el proyecto.

Todo eso resulta curioso. Soy de los que piensan que si no quieres que un acuerdo sea revelado no debes darle importancia. De ese modo nunca debes firmar un acuerdo de confidencialidad o, como dicen los anglosajones, *non-disclosure agreement* (NDA).

Una vez que propones la firma y la llevas a cabo, es una situación tan extraordinaria para los firmantes que ya tienen algo que comentar en *petit comité* que, a buen seguro, resultará un buen colofón a una cena de amigos. No falla. Me cuentan que la situación llegó a ser tan surrealista en el entorno de una de las universidades que la extrema interpretación de estos contratos hacía que no pudieran explicar a sus propios compañeros qué sucedía en determinadas habitaciones, que quedaron totalmente restringidas. Resulta paradójico estar obligado a guardar secreto cuando el proyecto trata de universalizar el acceso a la información. Resulta difícil de explicar cómo puedes tener acceso al mundo, pero no a la habitación contigua. Una vez más, se trata de un ejemplo de doble rasero a la hora de querer facilitar la práctica totalidad de la información —la mía, ¡no, gracias!

El dilema estaba servido. Google daba por descontado que habría polémica por sus métodos e intenciones. Suponían que podría desencadenarse una intensa batalla judicial. Tanto es así que en los acuerdos firmados con las instituciones se dejaba claro que la empresa correría con todos los costos legales de la iniciativa, en previsión de lo que podría llegar a ser una auténtica lluvia de demandas por parte no sólo de autores y editores, sino también de ilustradores y fotógrafos que podrían ver reproducidas, y accesibles desde internet, sus obras sin consentimiento alguno.

Google no suele empezar con la ardua tarea comercial de firmar acuerdos con titulares de derechos. Más bien ocurre todo lo contrario. En una curiosa interpretación de la ley, considera que puede utilizar todos los contenidos que le plazca y que, si algún tercero quiere eliminarlos, debe dirigirse a Google para solicitarlo. Si no lo hace, está autorizando su uso de facto.

Hace algunos años, junto a varios socios, cofundé Yes.fm, una empresa de internet que, a modo de radio *online*, pretendía ofrecer música a la carta bajo demanda. Recuerdo que el equipo de Yes.fm tardó más de un año de intensas gestiones, viajes y reuniones en Madrid, Londres, París o Nueva York para obtener el beneplácito de la industria y así distribuir su contenido.

En aquel entonces se contaban con los dedos de una mano las empresas que habían suscrito acuerdos con las cuatro grandes discográficas, conocidas como las *majors*,[33] para ofrecer su catálogo editorial. Recuerdo esos meses como frustrantes por la lentitud de las negociaciones y por la enorme cantidad de dinero, tiempo, recursos en relaciones públicas y viajes invertidos. Finalmente lo conseguimos, y no sólo pudimos contar con el contenido de las *majors*, sino que además lanzamos el producto con acuerdos con otros sellos discográficos independientes como BOA, Blanco y Negro, The Orchard, Popstock o Subterfuge. En cierto modo, nuestro sueño era poder ofrecer nuestra propia biblioteca de Alejandría, en este caso musical, ofreciendo un acceso al mayor catálogo imaginable. Pues bien, todo ese esfuerzo económico y humano fue un absurdo innecesario, simplemente una pérdida de tiempo según *The Google Way of Life*. Si quisiéramos haber actuado como Google en los inicios de su proyecto

33. *Majors* discográficas: Sony Music, EMI, Universal y Warner Music.

editorial, deberíamos haber acudido a una tienda, haber llegado a un acuerdo para grabar toda su música y haberla distribuido hasta que algún editor se quejara y, en ese caso, siguiendo la lógica de Mountain View, nuestra responsabilidad se limitaría a eliminar de nuestro catálogo sus canciones o a negociar con él. La diferencia entre Google y nosotros era que si hubiéramos actuado así, hoy en día, a buen seguro, habríamos pasado por la cárcel tras multitud de demandas de la industria musical al completo. Una compañía como la suya se puede permitir interpretaciones creativas y ventajosas de la ley y pisar ciertos jardines sin que el jardinero los persiga guadaña en la mano, sino más bien interesado en llegar a un acuerdo económico para cobrar la próxima vez que pases por su jardín. Eso hace que a determinadas empresas, que se llenan la boca presumiendo de innovación, les resulte más fácil desarrollar determinados productos, ya que no a todo el mundo le cuesta lo mismo cruzar las líneas rojas trazadas por la ley, o el sentido común.

Por eso este proyecto sólo podría haber nacido desde Google. En cualquier otra multinacional tecnológica no hubiera pasado de ser una idea formulada e inmediatamente desechada por las consecuencias legales que podría acarrear. Sin embargo, en Google tienen una vasta experiencia en «tirar para adelante» e ir arreglando esos detalles a posteriori. Así lo hicieron con las patentes iniciales de Adwords, o con los problemas de propiedad intelectual de Google News, o del mismo YouTube. El mundo va rápido. Seamos los primeros, comámonos el mercado y después haremos lo que haya que hacer, llegando a acuerdos comerciales si es necesario. Y lo hacen. Pero siempre tras haber engullido el segmento y destruido cualquier atisbo de competencia. Amén.

Así fue. Como estaba previsto, o al menos se intuía, empezaron los problemas, y Google intentó llegar a acuerdos y subsanarlos, bajo amenaza de verse inmerso en batallas judiciales paralelas a una intensa labor de digitalización de millones de obras. En 2005 llegaron las primeras demandas en Estados Unidos por parte del Gremio de Autores de América, y de la Asociación de Editores de Estados Unidos. Ambas, por separado, denunciaron a Google por «infracción masiva de los derechos de autor de sus asociados».

Los editores sostienen que, aunque Google no muestra más que una parte de los libros sujetos a derechos de autor —no así los libros huérfanos o de dominio público, que ofrece íntegramente—, no tiene derechos de copia y almacenaje de las obras, y mucho menos para la posterior redistribución de las mismas.

En 2008, Google cerró un acuerdo extrajudicial con la industria editorial norteamericana a través del cual se comprometía a pagar la cantidad de 125 millones de dólares por todas las obras que había ido escaneando a cambio de la retirada de las demandas y de poder seguir ofreciendo íntegramente las obras huérfanas, o sin derechos de autor. Además, se comprometía a correr con todos los costos judiciales de los demandantes, a pagarles el 63 % de los ingresos del sitio —publicidad, suscripciones, ventas online—, y a crear un registro, denominado Books Right Registry, para intentar localizar a los creadores o titulares de derechos de autor de obras antiguas, dándoles de este modo la posibilidad de retirar sus obras del proyecto si así lo deseaban.

En una declaración posterior, Eric Schmidt se refirió a este acuerdo como un guiño de Google en señal de confianza a la industria, ya que, en virtud de su interpretación legal, la compañía insistía —tal vez como aviso a otras entidades de derechos— en considerar que no debe ni necesita llegar a ningún acuerdo de distribución con los autores. A pesar de todo, este acuerdo no gustó demasiado, ni a las autoridades de la competencia ni a la Open Book Alliance, una coalición que incluye a representantes de las bibliotecas, los periodistas y grandes empresas de la red —Microsoft, Amazon y Yahoo!—. Según afirmaban, «el acuerdo concederá a Google un monopolio sobre la digitalización de libros, incluidos los agotados o los que son de dominio público».

En 2011, el juez Denny Chin aceptó ese argumento e invalidó el acuerdo entre Google y la industria editorial estadounidense, ya que estimó que «no es equitativo, adecuado o razonable», y que otorgaría a Google una ventaja significativa sobre sus competidores «afianzando la posición dominante de las búsquedas online» de que dispone. La sentencia razona que «si bien la creación de una biblioteca digital universal beneficiaría a muchos, se estaría concediendo a Google derechos para explotar libros sin el permiso de los propietarios del *copyright*. De hecho, otorgaría a Google una ventaja significativa sobre sus competidores, gratificante para participar en la copia masiva de obras protegidas sin permiso, quedando liberado de las reclamaciones más allá de las que se presentan en el caso». En definitiva, la propuesta de acuerdo entre Google y los editores estadounidenses quedaba denegada. Aquello representó el mayor revés judicial para Google Books.

La empresa dijo que recurriría la sentencia y se defendió de las críticas al afirmar que su digitalización editorial online era un acto altruista «para proteger el patrimonio cultural del mundo» —pero, ¡qué amables!—. Uno de sus fundadores, Sergey Brin, llegó a afirmar: «La famosa biblioteca de Alejandría fue quemada tres veces, al igual que la Biblioteca del Congreso de Estados Unidos. Espero que esta destrucción no vuelva a suceder. Si eso sucede, allí estará Google Books». ¡Y tú y yo pensábamos que querían apropiarse del contenido en exclusiva para explotarlo publicitariamente, y lo que realmente querían era ayudar a su conservación! ¡Qué malpensados somos!

Como en otras ocasiones, Google intenta convencernos de que darles una posición dominante en un mercado que les pone en disposición de rentabilizar todo el contenido del mundo, y de ser los dueños legales de la mayor base de datos de la historia, es un hecho altruista. Vamos, que lo hacen por nosotros, por nuestro bien, y que el interés de la compañía es casi meramente colateral. Entonces ¿por qué no lo hacen renunciando a la titularidad y exclusividad de la base de datos? Ya que es una iniciativa propia de una ONG, ¿por qué no renuncian a su explotación publicitaria y ceden sus derechos al mundo?

Fuera de Estados Unidos el proyecto recibió decenas de denuncias y de quejas. Una de las más destacadas llegó en 2006 por parte de una editorial francesa, La Martiniére, por digitalizar libros protegidos por derechos de autor. Estos libros no deberían estar disponibles en la red. El buscador se había comprometido a, en esos casos, sólo ofrecer pequeños fragmentos de las obras, generalmente en torno al 20 % de su contenido, como resultado de las búsquedas. En 2009 la editorial ganó el juicio a Google

Francia y recibió la cantidad de 300.000 euros en concepto de indemnización por daños y perjuicios. Del mismo modo, se condenó a Google a pagar 10.000 euros diarios por cada día que la empresa mantuviera en su base de datos ese contenido, al quedar probado para el tribunal «que Google violó claramente las leyes de derechos de autor al poner a disposición de los usuarios obras protegidas sin autorización de sus titulares». El Syndicat National de l'Edition en Francia, que se unió posteriormente a la demanda, dijo que Google había escaneado sin permiso unas 100.000 obras francesas protegidas por derechos de autor.

Finalmente, en agosto de 2011, La Martiniére y Google llegaron a un acuerdo que contemplará las obras descatalogadas de la firma gala que ya no están disponibles para la venta, pero que aún están sujetas a derechos de autor. Las compañías explicaron que la iniciativa tiene como objetivo dar «nueva vida» a las obras que se encuentran agotadas y descatalogadas para beneficio de los lectores —que pueden volver a descubrirlas—, de los autores —cuyas obras podrán volver a ser leídas—, y de los editores —que podrán beneficiarse de nuevas oportunidades de negocio.

En 2011, Francia continúa su lucha contra Google Books. Las editoriales francesas Gallimard, Flammarion y Albin Michel han demandado a Google por piratería argumentando que sus libros se escanearon sin su consentimiento, por lo que violaron la ley de *copyright* y esa práctica se considera literalmente «piratería informática». Como indemnización las editoriales pidieron 9,8 millones de euros, cifra a la que se llega al estimar mil euros por libro digitalizado sin autorización, unos 9.797 y que van en aumento, ya que Google Books no ha parado de escanearlos.

Al más puro estilo francés, cuyo aprecio y defensa por la cultura es indiscutible, se plantearon la iniciativa de crear una biblioteca virtual para poder competir con Google, ya que veían no sólo una amenaza a la competencia en internet y a los derechos de autores y editores, sino un cierto afán imperialista por parte de Estados Unidos de acabar monopolizando la cultura. Podían llegar a ser dueños del mayor registro cultural del mundo y, por lo tanto, seleccionar qué obras deberían aparecer y cómo habían de hacerlo. El gran agitador de las conciencias francesas fue el prestigioso historiador francés Jean-Noel Jeanneney, director de la Biblioteca Nacional de Francia. Entre 2004 y 2006 invitó a Europa mediante diversos artículos de su libro *Quand Google défie l'Europe* (Mille et une nuits, 2006), y en diferentes intervenciones en la radio, a movilizarse y defenderse de lo que consideraba que podría ser un intento estadounidense, por medio de Google, de acaparar y monopolizar la cultura europea, alertando a los franceses de que, si no se reaccionaba de manera colectiva desde Europa, en unas décadas tal vez se estudiaría la Revolución francesa por medio de libros escritos en Estados Unidos. La sociedad cultural francesa se movilizó ante tal amenaza, y así nació, entre otros, el proyecto Gallica de manos de la Biblioteca Nacional Francesa.

El prestigio de Jean-Noel Jeanneney está fuera de toda duda. Se trata de uno de los intelectuales franceses clave en el presente siglo, y de los más firmes defensores de las letras galas. Pero, para ser justos, me gustaría matizar su entusiasta actitud europeísta. Por supuesto, se trata de una opinión muy personal, y entiendo que tal vez no la compartas. En primer lugar, nadie es independiente. Todos, incluido el propio Jean-Noel Jeanneney, tenemos intereses y nos vemos sujetos a presiones e influencias. Sí, desde luego, también yo. A fin de cuentas, de nadie hay que estar más protegido que de los imparciales, porque son los que están sobornados por las dos partes.

El caso es que cada vez que en Francia alguien enarbola la bandera europea con fuerza para defenderse de otro más grande que viene de fuera, siempre se me dibuja una sonrisa en la boca y no puedo evitar pensar que lo que quiere defender no es una posición europea, sino la suya propia, la francesa, y para ello necesita manos amigas. Para defender su propia despensa necesita «peones», y resulta relativamente fácil buscar un punto común de defensa, simpatías y adhesiones en el viejo continente ante un enemigo común: los temibles estadounidenses.

En la actualidad, Google continúa trabajando y escaneando, pero ha ido llegando, obligado por las circunstancias, a acuerdos con editoriales en los que ofrece promoción de las obras en Google Books y en el buscador a cambio de poder escanearlas y almacenarlas en su base de datos, mostrando sólo parte del contenido. Del mismo modo, los ingresos publicitarios que se generen en las páginas de contenidos se reparten con la empresa titular de los derechos.

El interés en el proyecto por parte de Google continúa intacto, aunque habrá que ver si resuelven los problemas judiciales en Estados Unidos. Por lo pronto, la compañía ha anunciado en julio de 2011 su primer lector de eBooks en colaboración con el fabricante iRives. El dispositivo no sólo será compatible con Google Books, sino que estará totalmente integrado. Se denominará iRives Story HD y costará 139 dólares en su lanzamiento. Se trata, sin duda, de un experimento de Google para poder competir con el Kindle de Amazon.com. Es decir, la manera de Google de buscarse más enemigos.

YouTube

Como ya he comentado, en 2006 Google adquirió YouTube.com, el portal de publicación de vídeos gratuitos más popular y utilizado en internet, por la sorprendente cantidad en esa fecha de 1.650 millones de dólares. En aquel entonces YouTube contaba tan sólo con 29 meses de vida, y Google, con una ingente cantidad de dinero en sus arcas, no pudo resistirse a la adquisición de la web que gestionaba el 46 % del mercado de publicación de vídeos en internet.

Con sede en San Bruno (California), la empresa fue creada en 2005 por tres jóvenes ex empleados de PayPal: Steve Chen, Jawed Karim y Chad Hurley. El primer vídeo se publicó el 23 de abril de 2005, y francamente no tenía mucho *glamour*. Se trataba de uno de los fundadores del sitio web, Karim, paseando por el zoo de San Diego. Pese a ese espantoso vídeo inicial, el fondo de capital de riesgo Sequoia acabó invirtiendo en el proyecto 11,5 millones de dólares. En 2006 servían ya más de cien millones de vídeos al día, y tenían 29 millones de usuarios únicos, frente a los apenas siete que alcanzaba a tener su competencia, Google Video.

Horas antes de la adquisición, tanto Google como YouTube habían anunciado acuerdos, por separado, con distintas compañías discográficas para eliminar obstáculos legales que pudiesen frenar la operación. El portal es en la actualidad —ya lo era entonces— el servicio líder de almacenamiento de vídeos en internet, pero tenía enormes problemas de gestión de derechos de propiedad intelectual. Para comprender la magnitud del éxito, uno de los más fulgurantes del mundo junto al propio Google o Facebook, pensemos que en 2011 se subían cada minuto del día unas 24 horas de archivos de vídeo a YouTube. Es un portal de tremenda penetración social y un interesante soporte publicitario. De hecho, en 2008 se decía que un anuncio en su página principal podría costar 175.000 dólares diarios, con la obligación además de pagar otros 50.000 dólares más en otros servicios de Google.

Los problemas de YouTube han sido una constante y han dado bastantes quebraderos de cabeza a Google. Tanto es así que se han realizado grandes inversiones para tratar de calmar a la industria audiovisual en el espinoso asunto de los derechos de propiedad intelectual. Los problemas legales llegaban a amenazar la viabilidad del modelo de negocio, así como la continuidad del proyecto.

YouTube.com no es un portal web más. Podría llegar a ser el embrión de la primera estación de televisión global multi-idioma, además del mayor videoclub del mundo, para lo que ya se hacen pruebas en Estados Unidos. Todo eso, y muchas cosas más, pueden ser lucrativos modelos de negocio para Google en el futuro. Además, no hay que despreciar el espaldarazo que YouTube da a su buscador. ¿Qué mejor respaldo para Google.com que disponer del dominio de la mayor parte del contenido audiovisual en internet? O, dicho de otro modo, de los más de mil millones de vídeos que hay en YouTube, ¿quién los busca, almacena y nos da justo los vídeos que necesitamos? Evidentemente, ellos, para decepción de sus rivales, que se sienten impotentes al intentar competir.

El hecho de dar un espaldarazo a tu buscador cuando ya dominas el mercado no es una razón de suficiente peso para invertir más de 1.600 millones de dólares. El tráfico actual de YouTube es una razón de por sí mucho más convincente. Recuerdo que en 2006, cuando se anunció por sorpresa la compra de YouTube, algunos analistas creían que al triunvirato compuesto por Larry, Sergey y Eric les habían engañado, y que habían pagado una cantidad de dinero desorbitada por algo que no lo valía. Cuando se produjo aquella operación, un socio mío me envío por *email* el vídeo grabado pocas horas antes en el que dos de los jovencísimos fundadores de YouTube, Chad Hurley y Steve Chen, hacían una grabación casera delante de un restaurante de la cadena Fridays, en Estados Unidos, explicando a los usuarios del portal la venta a Google —que, por otro lado, no tenía mucha más explicación que: «¡Nos hemos forrado! ¿Cómo no vamos a vender?»—. En el vídeo apenas balbuceaban, entre ataques de risa, las razones de la venta, que denominaban «unión de los reyes de la búsqueda y del vídeo». Durante los últimos segundos, ante la risa nerviosa de ambos, descubrí qué cara se te queda cuando ganas en menos de dos años más de mil millones de dólares. Recomiendo ver ese vídeo[34] porque es divertido y te hace pensar un instante cómo podrías reaccionar ante algo así. De lo que puedo dar fe es que yo elegiría otro tipo de restaurante para una celebración de ese calibre.

En la actualidad se estima que el portal sigue perdiendo importantes cantidades de dinero cada año. Sin embargo, ya nadie piensa que aquella cifra fuera una locura, sobre todo si se analizan sus datos y se comprueba cómo se ha consolidado en internet. Aunque Google no ofrece datos financieros sobre YouTube —¡qué novedad!— diferentes analistas calculan pérdidas de entre los 470 millones de dólares anuales que estimaba Credit Suisse, a los 200 millones que en 2008 calculaba la revista *Forbes*.

Al margen de los resultados financieros, el resto de sus números son espectaculares. Valga como muestra un botón: en 2007, YouTube.com consumía más ancho de banda que todo internet conjuntamente en 2000. En mayo de 2010 servían dos mil millones de vídeos al día. Un año más tarde, en mayo de

34. http://www.youtube.com/watch?v=QCVxQ_3Ejkg.

2011, habían crecido «un poco más» y el portal servía tres mil millones de vídeos diarios.

El crecimiento y popularidad de los vídeos de YouTube se ha sostenido en torno a la explotación de contenidos de terceros sin autorización, lo que ha levantado decenas de miles de peticiones de retirada de vídeos, así como cientos de problemas judiciales. Cabe mencionar que la empresa ha realizado algunos esfuerzos en los últimos años para llegar a acuerdos de explotación, y que ha puesto en marcha herramientas para el control de los derechos.

En 2007 se vieron obligados a presentar una herramienta denominada Content ID con la que intentaron proteger el contenido sujeto a derechos de autor. Los productores, artistas, cadenas de televisión, etc., entregaban previamente copias de sus audios y vídeos, que eran analizados por un *software* específico que los almacenaba en una base de datos. Cada vídeo que se subía a YouTube se comparaba con estos archivos guardados. La compañía indicaba que comparaban tanto audio como vídeo, e incluso personas. Si se detectaba un contenido que estaba protegido por Content ID, el titular de los derechos podía ejercer varias acciones, entre ellas bloquearlo y eliminarlo, dejarlo o monetizarlo, ganando así parte de los beneficios que ese vídeo generara con la publicidad que lo acompañaba.

En 2010 se había reclamado la titularidad de más de ¡cien millones de vídeos protegidos! por medio de la herramienta Content ID. En ese momento YouTube tenía en su haber una base de datos con más de 300.000 horas de contenido susceptible de protección. Se trata, posiblemente, de la mayor fuente audiovisual de este tipo en el mundo.

Esta herramienta, que adolece de algunos problemas conceptuales de los que luego hablaré, ha supuesto una inversión de más de diez millones de dólares y un gran argumento legal frente a jueces de todo el mundo, ya que permite argüir que se hacen esfuerzos para limitar el uso indebido de contenidos al desarrollar herramientas que minimizan lo que es un hecho: la constante vulneración de los derechos de autor, de la que se lucra —todo hay que decirlo— la propia empresa.

En 2011 se filtró que los vídeos protegidos suponían un tercio de los ingresos publicitarios del portal, en lo que sin duda era parte de un reclamo publicitario de la empresa. Pretendían con ello lanzar un mensaje del tipo: «Estamos repartiendo una parte sugerente del pastel, licéncianos tu contenido, únete a la fiesta y gana dinero con nosotros».

Durante los últimos años, cada vez que un usuario subía un vídeo a YouTube recibía un mensaje que le pedía: «Por favor, no suba vídeos protegidos por derechos de autor, como vídeos musicales y series de televisión». Salvando las distancias, eso es lo mismo que poner un cartel en una sucursal bancaria con la siguiente invitación: «Por favor, no nos atraquen». La efectividad es equiparable. Sin duda alguna, la persona que intente subir un vídeo con derechos —o atracar el banco— no se va a amedrentar por la simpática nota disuasoria. Igual, eso sí, hasta le provoca una sonrisa y le alegra el día.

El sistema es maquiavélico. Si tú, querido *googlefan*, entras en internet, abres YouTube.com y subes el último vídeo musical de Justin Bieber, además de tener un dudoso gusto musical estás entrando en un surrealista juego en el que tú no ganas nada, y las visitas —entiendo que la mayoría de enamoradizas quinceañeras— llegarán por cientos o miles a ver el vídeo en cuestión. Mientras tanto, Google se frota las manos y lanza anuncios como loco. Si semanas más tarde llegara un *email* de la discográfica Island Records, que posee los derechos del cantante, Google, que ha estado ingresando dinero con el tráfico generado, se lavará las manos, retirará el vídeo y enviará un *email* de disculpas alegando que lo desconocían y que ha sido obra de un malvado usuario. Explicarán además que han actuado en consecuencia y, para no ser demasiado duros contigo, te obligarán a ver un vídeo educativo —en YouTube, por supuesto— que explica cómo funcionan los derechos de autor, así como cuál debería ser tu comportamiento cívico para estar en el lado de «los buenos».

Y así es como sucede. Te envían a ver un vídeo de dibujos animados, ¡tal vez esperando que así lo entiendas mejor! —vamos, como si fuera para tontos— basado en una conocida serie web de dibujos titulada *Happy Three Friends*.[35] El vídeo no es que haga furor, precisamente. Las opiniones de los propios usuarios no dejan lugar a dudas. En agosto de 2011 indicaban lo siguiente: «Me gusta: 1.863. No me gusta: 9.724».

Déjame destacar un mensaje curioso del vídeo, que dice, literalmente: «[...] puedes enfrentarte a una demanda, perder tu botín y tu cuenta de YouTube». Al margen de lo ridículo que puede resultar ver unos dibujos animados dándonos lecciones morales y amenazándonos... ¿¡Perder tu botín!? Si soy yo quien sube a YouTube algún contenido inapropiado no gano nada con ello, ¡ningún botín! El botín, si por ello entendemos el dinero generado irregularmente, lo ingresa siempre YouTube, incluso aunque haya que retirar el vídeo. Parece evidente que luego no llaman a los anunciantes, a los que ha cobrado por aparecer en esas páginas, para devolvérselo. ¡Ahora resulta que el Capitán Pirata nos da lecciones morales desde su escondite sentado sobre el tesoro robado!

En conclusión, unos simpáticos animalitos nos explican qué son y cómo funcionan los derechos de autor. Nos dicen que no seamos malvados y que no subamos contenido protegido a YouTube, ya que ellos ganarán mucho dinero, y eso no estaría del todo bien. Al terminar te hacen un examen por medio de un formulario para ver si, pobre ignorante, entendiste las bonitas enseñanzas de los dibujitos y si, en definitiva, comprendes la diferencia que existe entre lo que es y lo que no es tuyo. Según el resultado que obtengas en esas preguntas, te dejan retomar tu cuenta. Son cuatro preguntas y, por supuesto, de lo más sesudo, como, por ejemplo:

—Si creas contenido nuevo ciento por ciento original, podrás protegerte de reclamaciones por infracción de derechos de *copyright*. ¿Verdadero o falso?

Aun así, desde luego hay gente que no acierta la respuesta correcta. De hecho creo que, dentro de mi particular sentido del humor, tiene una cierta gracia hacerlo. Pues bien, este mecanis-

35. El vídeo puede verse en español en http://www.youtube.com/watch?v=InzDjH1-9Ns.

mo de «reinserción social» para los violadores de derechos de autor, es decir, lo del vídeo para niños pequeños y las cuatro preguntitas finales, se llama pretenciosamente Google Copyright School, en un intento de dar armas a los asesores legales de la compañía para argumentar que hasta educan a los que no cumplen, y que además les explican cómo hacerlo. En otras palabras, lejos de permitir y fomentar la piratería, incluso cumplen con una función educativa y social. ¡Todo un detalle por su parte tras ocho años lucrándose con ello!

El caso es que si incumples reiteradamente —al menos tres veces— las políticas de derechos de autor, tienen derecho a determinar que es un caso grave y que eres muy malo. Si eso ocurre, pueden cerrar tu cuenta en YouTube, con el enorme disgusto que eso te causaría, ya que te obligarían a abrir otra, posiblemente también en YouTube, unos minutos más tarde. Ya lo dice el refrán. ¡A grandes males, grandes remedios!

De todas formas, existen decenas de tutoriales en internet que explican cómo puedes saltarte la herramienta Content ID de manera sencilla y en pocos pasos, y subir todo tipo de vídeos sin ser detectado para evitar que tengas que acudir —a tu edad— a la escuela de *copyright*, y con ello tener que ver ese espantoso vídeo de ciervos y gatitos. No hay que ir muy lejos. Esos tutoriales, que explican cómo saltarse las normas, no están escondidos en lo más recóndito y oscuro de la red. Están todos en YouTube.com bajo títulos tan sugerentes como «saltarse el *copyright* de YouTube». Los tienes de todo tipo y en todos los idiomas, como a ellos les gusta: a tan sólo a un clic de distancia. Curioso, ¿verdad?

En el caso de otros servicios he criticado que Google ha basado parte de su éxito en tomar todo lo que ha querido con el objeto de dominar el mercado para después, cuando han llegado las quejas y las denuncias, gozar de las ventajas de una ilegítima posición dominante. En el caso de YouTube podemos decir casi lo mismo, con la salvedad de que la labor no la iniciaron ellos, aunque después no les ha importado lo más mínimo continuarla. Copiar de un sitio es plagio, de dos documentación. Youtube es la empresa más documentada del mundo.

Content ID es una buena herramienta. A pesar de ello, como

decía antes, adolece de algunos problemas conceptuales. Para evitar ser expoliada, una empresa generadora de contenido debe, en primer lugar, entregar a Google su patrimonio, es decir, todo su contenido. Esto es duro y especialmente sangrante. Es como tener que entregar a Barbarroja el tesoro para que garantice nuestra inmunidad. El zorro se compromete a cuidar del gallinero y repartir sus ingresos. Para muchas empresas es un escenario duro de afrontar. En segundo lugar, deben ser de nuevo las empresas las que muevan ficha y las que eviten que se vulneren sus derechos. ¿Es eso lógico?

Seamos serios. El éxito de este enorme archivo multimedia no está basado en los vídeos generados por los usuarios —tipo «vacaciones en la playa»—, sino que se ha cimentado sobre los vídeos musicales, escenas de películas o series de televisión que están generalmente sujetos a derechos de autor. Es cierto que hay algunos casos extraordinarios que se convierten en vídeos virales y dan la vuelta al mundo, bien porque son divertidos o porque tienen algo excepcional. Así, por ejemplo, uno de los más famosos es *Charlie bit my finger*, un vídeo de 2007 en el que un niño de unos cuatro años es mordido por Charlie, su hermano pequeño, en el dedo. A simple vista no parece tener demasiado atractivo. Simplemente es simpático y divertido si tienes un par de minutos libres, aunque sólo sea por ver las caras de los niños —por cierto, ¡maldito sea el padre que permitía encantado los mordiscos mientras grababa, y que ahora explota el fenómeno!—. Pues bien, este vídeo tenía en agosto de 2011 más de 370 millones de visualizaciones, de las que posiblemente, si así lo solicitó el orgulloso padre del niño mordido, está ganando dinero debido al reparto de publicidad con YouTube sobre los clics en la publicidad del vídeo. Todo lo cual convertirá este mordisco en el más rentable de la historia, tanto por sus beneficios como por su difusión. Los padres, el niño mordedor y el mordido incluso acudieron a explicar el fenómeno a varias televisiones en Estados Unidos, en alguna de las cuales, de forma delirante, se llegó a animar al menor a morder a su hermano en directo.

Es un vídeo tan inocente como viral. Tal vez ésa sea la razón del patético intento de los padres de las criaturas de alargar el fenómeno con otros mordiscos grabados en vídeo a lo largo de los años, con títulos tan elaborados como *Charlie bit my finger, again.* Como todo esto sólo podría suceder en Estados Unidos, es posible que dentro de unos años, al cumplir su mayoría de edad, el agredido infante demande a sus progenitores por daños y perjuicios, así como por las taras psicológicas que, a buen seguro, le han quedado para el resto de su vida.

Al margen de casos excepcionales como éste, el éxito se ha basado en el otro tipo de contenido —musical, televisivo y cinematográfico—, que generalmente se mostraba sin ningún permiso ni autorización. Cuando YouTube fue líder absoluto del mercado de los vídeos, y las alternativas, como Vimeo o Metacafe, estaban a años luz de distancia, Google empezó a regular el problema intentando poner en marcha acuerdos con los grandes gestores de contenidos de la industria.

A día de hoy los problemas continúan, aunque en menor medida. Creo sinceramente que la labor de control del contenido —que intentan cumplir por una vez— es difícil y digna de elogio, aunque, a su vez, es una clara muestra de que Google no se cree sus propios argumentos legales basados, como hemos visto, en una interpretación creativa del DMCA[36] de Estados Unidos. En otras palabras, si sus tesis fueran ciertas y pudieran albergar cualquier tipo de contenido, retirándolo sólo en caso de recibir alguna reclamación, no hubiera sido necesario desarrollar herramientas, cancelar cuentas o «educar» a los malvados usuarios, ¿no te parece? La respuesta es obvia. Google sabía que necesitaría argumentos de más peso si no quería que le lloviesen demandas en cada rincón del planeta.

Uno de los conflictos más sonados comenzó en 2007, cuando Viacom interpuso una demanda millonaria contra YouTube. La empresa es dueña, entre otras, de la cadena de televisión MTV y de la productora cinematográfica Paramount Pictures. Los demandantes informaron que aspiraban a recibir más de mil millones de dólares en concepto de daños y perjuicios por «violación

36. DMCA: *Digital Millenium Copyright Act*, normativa que rige los derechos de autor en internet en Estados Unidos.

masiva e internacional de los derechos de autor». Además, intentaron hacerse con un mandato judicial que previera otras «violaciones» futuras. Según los demandantes, había al menos 160.000 vídeos de su programación sin autorización con los que Google se estaba lucrando, ya que habían sido vistos más de 1.500 millones de veces. Lo cierto es que tras este enorme problema legal con Viacom, todavía en curso, la empresa se apresuró a firmar acuerdos con medios de comunicación y compañías discográficas y cinematográficas, como la BBC, CBS y NBC Universal.

En esta batalla, que aún dura, YouTube acusó, en un sorprendente giro de los acontecimientos, a Viacom por incurrir en prácticas engañosas, dado que mientras interponía dicha demanda para que retirara el material con *copyright* subía en secreto vídeos de su propiedad a YouTube para que se promocionaran sus contenidos. Estas prácticas se hicieron públicas por el asesor legal de la empresa, que mostraba cómo enviaban a sus empleados a subir vídeos desde páginas que no podían rastrearse, con lo que se rozaba el espionaje industrial. Google ponía de manifiesto que poseía documentos de origen interno de Viacom que les habían sido filtrados.

Finalmente, en junio de 2010 la justicia estadounidense falló a favor de YouTube y dictaminó que cumple con el *Digital Millenium Copyright Act* (DMCA), dado que coopera con los autores para proteger sus derechos por medio de herramientas ad hoc del servicio, así como mediante la retirada del contenido tras las quejas por las infracciones. Siempre vi muy curiosa esta interpretación de los derechos de autor. Me da la sensación de que la estrategia legal emprendida por Viacom no estaba tan bien enfocada y cometieron más errores en su planteamiento legal. Es evidente que si ha habido un uso indebido, una reproducción ilícita y un lucro por parte de Google, debería haber una indemnización. Sea como fuere, el único país del mundo donde los derechos de autor tienen ese limbo, que permite sacar a tu ejército de abogados hacia una interpretación tan creativa de los derechos de terceros, es Estados Unidos. En Europa la compañía no podría agarrarse a argumentos tan peregrinos para lucrarse con el contenido que no les pertenece. Aun así, Viacom ha recurrido la sentencia y el tema aún no está del todo cerrado.

No es el primer caso, ni será el último, de violación masiva de los derechos de autor por parte de YouTube, pero tiene una particularidad. Generalmente hay un punto de inflexión en el que las empresas que han demandado a Google, y que son generadoras de contenidos, llegan a acuerdos. Suelen retirar las demandas si hay una indemnización, y se sigue adelante, sin rencores, compartiendo los ingresos. Esto aún no ha ocurrido en este caso. En mi opinión, si Viacom sigue peleando tarde o temprano terminará por llegar a un acuerdo.

Jeremy Zweig, vicepresidente de Comunicaciones Corporativas de Viacom, me comentaba que «los instrumentos para identificar y eliminar contenido donde se hayan podido vulnerar los derechos de autor han estado disponibles durante años. Tenían acceso a las herramientas de filtrado, pero sólo las quieren utilizar para beneficio de las empresas y los artistas con los que habían formalizado un contrato, y no con nosotros. Así que éste es uno de nuestros argumentos —sí, sabían que era piratería, y tenían las herramientas para su control, pero sólo nos las habrían ofrecido en caso de llegar a un acuerdo comercial con ellos—. No creemos que sea una forma muy legal de actuar».

Google se ha defendido siempre apoyándose en dos argumentos. El primero, que ellos no pueden ejercer una censura previa de los contenidos que suben los usuarios. El segundo, que no son quienes deban revisar todo el contenido almacenado en Youtube; debe ser responsabilidad del titular de los derechos la tarea de investigar, informar y señalar los contenidos que, a su juicio, deben ser retirados.

Esto último nos lleva a un delirante escenario en el que Google nos estaría ayudando a reducir la falta de empleo en la industria cultural. O al menos en las compañías que no quieran o no estén interesadas en firmar acuerdos de distribución con ellos, ya que si quieren salvaguardar sus derechos, y que sus contenidos no se reproduzcan sin su autorización generando beneficios para quien no ha participado en modo alguno en su elaboración, deberían contratar a decenas de investigadores especializados en

YouTube.com para encontrarlos. Podríamos incluso ponerle un cargo más rimbombante, como «YouTube *detective manager*». Serían precisos departamentos enteros para patrullar día y noche por la inmensa web de vídeos buscando, identificando y finalmente denunciando cualquier irregularidad que encontraran. Es decir, para que no aparezcan en mi casa las joyas de tu abuela, paga de tu bolsillo a un policía que revise quién entra y quién sale de mis instalaciones. Sorprendente.

En España existe una situación similar, en este caso con el Grupo Mediaset, propietario de Telecinco, que interpuso una demanda contra YouTube. Según afirmó la propia cadena, considera que el portal de vídeos actúa como un pirata industrial al difundir ilícitamente, sin autorización, los contenidos de Telecinco, explotándolos comercialmente a espaldas del titular de los derechos. Paolo Vasile, consejero delegado de Telecinco, declaraba que antes se «identificaba al pirata por el top manta», y que ahora «han llegado piratas nuevos a los que, además, se celebra». A diferencia de los primeros, «no son inmigrantes clandestinos. ¡Éstos cotizan en Bolsa!». La respuesta de los portavoces fue desvincularse de cualquier problema inculpando indirectamente a sus usuarios. «Nosotros sólo somos meros intermediarios. Además, cualquier cadena de televisión puede notificarnos, cuando exista un vídeo de su propiedad en nuestro portal, si consideran que se vulnera su derecho a la propiedad intelectual. Son los usuarios quienes suben los archivos, y no podemos quitarlos uno a uno. Por ese motivo, hemos puesto a disposición de las cadenas de televisión un programa gratuito con el que pueden proteger sus contenidos, evitando así que puedan ser reproducidos.»

Mario Rodríguez Valderas, director general corporativo de Telecinco, con quien mantuve una entrevista, hacía hincapié de manera muy acertada en lo siguiente: «Efectivamente, el usuario sube los vídeos, pero el beneficio siempre lo obtienen los mismos. Youtube obtiene beneficios sobre la base del trabajo de otros. Los vídeos que son propiedad de nuestra cadena no tienen por qué estar expuestos en otro sitio que el de la propia cadena, ni generar rendimientos económicos para terceros».

Esta situación me retrotrae a cuando me dedicaba, hace casi veinte años, al sector de la hostelería. Recuerdo que abrí mi segunda discoteca en Madrid en el barrio de Salamanca con un conocido y acaudalado empresario del sector, que tenía además otras salas. Siempre me sorprendió su poder adquisitivo y su calidad de vida. En España, generalmente, la hostelería da para vivir bastante bien, pero no tanto como lo que yo veía en él, y eso me intrigaba. Meses después llegué a la conclusión de que sus ingentes beneficios eran colaterales al negocio, y que posiblemente los recibía de la venta de todo tipo de sustancias ilegales en sus locales, ya que su personal parecía «no ver» determinadas actitudes dependiendo de quién las llevara a cabo. Él, por supuesto, no cometía ningún delito, pero siempre pensé que se lucraba y que, al menos, su dejadez en el control facilitaba dichas actividades. Si la policía venía una noche a revisar el local y realizaba algún cacheo o detención, él permanecía impasible. No era su problema, él no había hecho nada. ¿No te parece algo similar a la manera en la que Google gestiona los derechos de autor?

Es la tenue línea que separa la moralidad de la legalidad. Puede haber algún piratilla que pisa la línea constantemente, y que juega con ello. Conozco a algunos que asumen ese riesgo en el negocio de la tecnología, y llegan al límite. Pero a una de las mayores empresas del mundo, que genera ingresos de casi 30.000 millones de dólares al año, y que con el *Don't be evil* por bandera habla de ganar dinero de forma ética y respetable, ¿no se le debería exigir más en el terreno de lo moral? ¿No deberían ser, cuando menos, más escrupulosos con determinadas actitudes?

En el caso de Telecinco, tras dos años de litigio, el tribunal sentenció en septiembre de 2010 que «YouTube es un intermediario y que compete a quien cuelgue el material la responsabilidad de infringir o no los derechos de la propiedad intelectual, y a las terceras partes en reclamar esa protección. YouTube no tiene que aplicar una censura previa antes de su publicación». Para mi sorpresa, Google ganó el caso en primera instancia, y por ello Telecinco ha recurrido la sentencia. Según Mario Rodríguez Valderas, pese a la derrota inicial, la expectativa del recurso es muy positiva, ya que «el tribunal vio indicios de delito, y por ello prohibieron a YouTube reproducir nuestros vídeos. Pero al tribunal le ha venido muy grande condenar a YouTube por las repercusiones que tendría... Sería sentar un precedente, y tal vez deba hacerlo un tribunal de más alto rango».

En todo este juego de demandas y presiones hay una doble moral que no puedo obviar. Telecinco también emite en su programación vídeos de YouTube en programas de *zapping*, humor o similares. Aunque Google no es el titular de esos vídeos, su utilización hace que éste sea un caso de doble moral. Están condenados a entenderse, y lo acabarán haciendo. Telecinco intentará conseguir una indemnización, alcanzar un acuerdo y negociar desde la posición más ventajosa posible.

Yo apuesto a que eso sucederá. A día de hoy, el director general corporativo de Telecinco me lo negaba rotundamente: «Tal y como se desarrollan los hechos, son ellos quienes deben dar el primer paso, y no lo están haciendo. Además, tarde o temprano cederán. Las cosas tienen que cambiar sí o sí, es cuestión de tiempo, y sé que vamos a ganar esta batalla». Apuesto a que acabaremos algún día gritando como en un combate de boxeo amañado: «¡Que se besen, que se besen!». Tiempo al tiempo.

5

El mundo contra mí

Historia de un cuento chino

China es un mercado exótico y apasionante que mantiene enormes diferencias culturales con Occidente. Para una empresa de tecnología soñar con 1.500 millones de chinos como potenciales y futuros consumidores resulta muy atractivo.

En 2011 se estimaba que 400 millones de chinos tenían acceso a la red. Se espera que en 2013 la cifra alcance los 900 millones de personas, con lo que sería, a mucha distancia, el mayor mercado de internautas del mundo.

Desde su creación, los chinos accedían a Google.com, donde se les daba servicio sin que eso implicara un lanzamiento desde la propia China. De hecho, por sus especiales circunstancias, este país no fue uno de los principales objetivos de expansión cuando Google empezó a abrir servicios, oficinas y locales por todo el mundo. En China apareció un buscador local llamado Baidu, que quiere decir «cien veces», y que desde entonces se conoce coloquialmente como el «Google Chino». Baidu fue creciendo hasta que en 2005 se situó como líder del mercado chino, con lo que superó a Google.com.

Meses después, Baidu salía a Bolsa en el NASDAQ colocando un 12,5 % de sus acciones y obteniendo una de las mayores revalorizaciones en un primer día de cotización. Los títulos se dispararon de los 27 dólares iniciales hasta 122 en una sola sesión. Debemos entender esta extraordinaria subida por el «efecto Google», que aún permanecía en la retina de los analistas. La multitud de inversores que un año antes no habían adquirido por 85 dólares las acciones de Google las veían cerca de los 300 dólares, y no querían dejar pasar la oportunidad con el nuevo «Google Chino».

A ninguno se nos escapa que China no es precisamente el paraíso de la democracia. Como en otros países gobernados por regímenes autoritarios, las libertades son interpretadas, por decirlo de alguna manera, de una forma un tanto especial por sus autoridades. El caso es que China tiene sus normas propias, y para operar en ese país, con lógica o sin ella, hay que cumplirlas. Otros gigantes de internet, como Microsoft y Yahoo!, lo hacían al aceptar las normas de licencia chinas. Estas normas implicaban un acuerdo con las autoridades para obtener una licencia denominada ICP. Cualquier proveedor de contenidos que no obtenga esa licencia puede ser bloqueado por el Gran Cortafuegos de China (GFW), con lo que nadie tendría acceso a él desde el país.

Uno de los requisitos para la obtención de tan preciada licencia, que da acceso a un mercado de 400 millones de personas, consiste en suscribir una serie de normas, entre las que está la censura de los contenidos que el gobierno chino considera inadecuados. Ese tipo de contenidos incluyen la pornografía, las actividades ilegales y lo que el gobierno denomina rumorología, que finalmente es un «cajón de sastre» en el que incluyen todos los temas incómodos, entre los que se encuentran los disidentes políticos, Tíbet o los enfrentamientos con Taiwán. Cualquier compañía que opere en China sabe desde el primer momento que las normas locales, sean justas o no, le impiden albergar y mostrar ese tipo de contenidos en mandarín o en cualquier otro idioma.

¿Deberían las empresas aceptar ese tipo de normas? ¿Es eso ético? Resulta extremadamente difícil valorar este tipo de decisiones empresariales, que buscan maximizar el beneficio de los accionistas, desde el terreno de la ética. Esto debe decidirse en el seno de cada consejo de administración, y es complicado juzgarlo. Yo no me atrevo a opinar sobre qué decisión debe tomar cada cual, pero sí pienso que el que va a China sabe desde un primer momento qué riesgos corre y qué contrato suscribe con el gobierno. Por lo tanto, se debe al menos intuir que quien incumple allí las normas tendrá «problemillas».

Pues bien, el caso es que Google valoró los pros y los contras y decidió instalarse en China. Era una decisión empresarial respetable, como la que toman otras muchas empresas al año. Pese a eso, fue duramente criticada por analistas y bloggers, incluso por algunos fieles *googlefans* que hasta esa fecha se creían a pies juntillas la bonita teoría de la empresa *flower power* que buscaba el bien universal con un compromiso moral por encima de los intereses económicos y empresariales. Insisto en que ir a un país, sea cual sea, y del régimen que sea, es una decisión de la empresa, que además crea inversión y valor en el país receptor, por lo que incluso podemos considerar que es una ayuda a ciudadanos oprimidos por los regímenes que los controlan. Hasta aquí nada que objetar, y nada que pedirle a Google por encima de otros. Son muchos los que acatan jugar con las cartas marcadas para posicionarse en un mercado emergente.

Los problemas con tus usuarios, tus fans e incluso con algunos accionistas comienzan cuando todos ellos se toman muy en serio lo del *Don't be evil*. Eso sucede al poner el listón moral muy alto, al dar lecciones al mundo de cómo ganar dinero de forma ética, o de tu decálogo público de buenas prácticas, que incluso figura en una carta de compromiso con los accionistas al salir a Bolsa. Insisto en que la decisión de ir a China me parece muy correcta, pero muchos miles de personas, confundidas por el intenso marketing de la compañía, despertaron de golpe del sueño y se dieron cuenta de que ciertos ideales son menos importantes que las posibilidades de negocio. Y eso les decepcionó.

A su llegada diseñaron una página local adaptada a las nuevas normas. Así nació Google.cn y optaron por suprimir las referencias a asuntos considerados sensibles por Pequín, tales como los enfrentamientos con Taiwán y Tíbet o la cuestión de los derechos humanos en ese país, condición que ya acataban en aquel entonces buscadores locales como Sohu.com y Baidu.com, así como empresas estadounidenses como Microsoft o Yahoo! Cabe destacar que el gobierno chino no aplicaba la censura, sino que era autoimpuesta, por imperativo legal, por las propias empresas obligadas a filtrar determinadas búsquedas dado el compromiso contractual adquirido.

En las siguientes imágenes podemos apreciar la diferencia del concepto simbólico «Plaza de Tiananmen» en la versión libre de Google y en la versión censurada para los habitantes de China.[37] Ambas nos muestran dos dimensiones antagónicas del concepto. La versión censurada nos enseña un lugar idílico para el turismo, sin referencia alguna a los horribles sucesos de la matanza de la Plaza de Tiananmen en 1989, en la que murieron a manos de los tanques del Ejército Popular de Liberación cientos de estudiantes e intelectuales chinos que protestaban contra el gobierno dictatorial. Según diversas fuentes el triste episodio acabó con dos mil muertos, la mayoría por ráfagas de ametralladora.

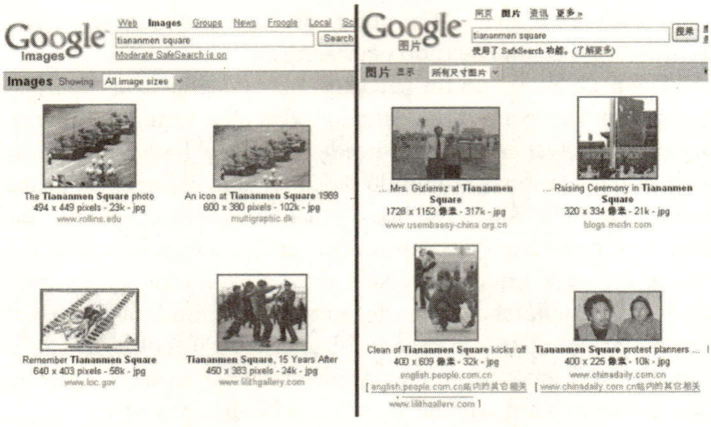

37. Lista completa de búsquedas censuradas en China (en inglés) disponible en www.desnudandoagoogle.com.

El hecho de que censurara las búsquedas en su web suscitó críticas, ya que iba en contra del ejemplo de modernidad y progresismo del que hacía gala la empresa. Además de muchos usuarios, algunas ONG como Reporteros Sin Fronteras criticaron con dureza la entrada de Google en China, especialmente por su hipocresía. Señalaban que «el lanzamiento de Google.cn es un día negro para la libertad de expresión en China. La firma defiende los derechos de los usuarios estadounidenses frente al gobierno de Estados Unidos, pero fracasa a la hora de defender a sus usuarios chinos». La organización, que defiende la libertad de prensa y de expresión en el mundo, indicaba que «las declaraciones de Google sobre el respeto a la privacidad *online* son el colmo de la hipocresía en vista de sus estrategias en China». En resumidas cuentas, el gobierno chino hacía lo que se espera de ellos: controlar y censurar. No podemos llevarnos las manos a la cabeza ni sorprendernos. Google hacía lo que se supone que debería hacer una multinacional que quiere conquistar el mercado chino, pero eso sí sorprendió a millones de personas.

Recuerdo que tras instalarse en China, Eric Schmidt hizo unos comentarios que me dejaron perplejo: «Si no obedecen —en relación con la censura—, nuestros empleados serán arrestados y torturados». ¡Vaya, ni que se hubiera caído de un guindo! ¡Por supuesto que si engañas a los malos, con los que acabas de firmar un contrato para hacer negocios, se enfadan y reparten hostias! ¡Como que son los malos! Incluso así, eso no justifica que hagas negocios con ellos. Personalmente, yo no tendría cargo de conciencia por trabajar en China. Lo que no puede pretender nuestro gigante estadounidense es lavar su conciencia ante la opinión pública con este tipo de declaraciones. Google debe asumir sus propias decisiones.

Curiosamente aparecieron, como por arte de magia, algunos estudios lamentables, como el de la Universidad de Toronto, que pretendían explicarnos que de todos los que censuraban la información en el país asiático, Google era «el menos malo», ya que «sólo censuraba el 15,2 % de las búsquedas, mientras que Microsoft lo hacía con el 15,7 %, Yahoo! censuraba el 20 % o Baidu el 26 %». Utilizar un estudio para demostrar quién es el menos malo resulta, cuanto menos, triste. Es habitual que cuando uno quiere tener razón en algo encargue un estudio que lo demuestre. Cuando atacan a tu marca con un estudio sólo debes encargar otro que desdiga al anterior. No creo que sea el caso de la Universidad de Toronto, pero medir quién censura un poquito más o un poquito menos para lavar conciencias está a la altura de medir en el ámbito de la violencia de género qué maltratador hizo más o menos daño con su agresión. La finalidad es grotesca, y dudo que nadie pueda presumir de ello.

Si yo fuera accionista exigiría que Google trabaje en China. ¡No se puede permitir que su competencia busque esos 400 millones de internautas mientras ellos se quedan atrás! Pero debe hacerlo de forma consecuente, sin una doble moral y sin quejarse por lo que no sólo sabes que ocurrirá, sino que además has suscrito un contrato para que así sea.

Si mañana yo mismo fuese por el centro de Pequín proclamando a gritos el derecho a la libertad de expresión y mercado o invitando a levantarse y a sublevarse a los ciudadanos que salieran a mi paso contra el gobierno chino, podré ser un héroe o un estúpido —personalmente, me inclino más por lo segundo—. Lo que no podré hacer es sorprenderme cuando me detengan, me torturen o me suceda cualquier cosa fea, puesto que ya sé... ¡que estoy en China!

Debido a la polémica suscitada entre sus propios usuarios ante el inicio de operaciones en el país asiático, los fundadores se defendían declarando que «la presencia en China de Google acercará la democracia y la manera de pensar occidental, ayudando al ciudadano medio chino a abrirse al mundo». Esto, por supuesto, se desvanece como un terrón de azúcar en un café. ¿Qué tiene de especial una empresa que no domina el mercado chino y que ofrece conocimiento e información censuradas, justamente como el resto? ¿Qué creían tener de especial para poder cambiar el sistema por medio de una versión descafeinada de internet? La sociedad está preparada para escuchar la verdad tal cual es: Google está en China por su almuerzo; por dinero. En unos años el chino será el principal mercado del mundo. Si quieres defender los intereses de tus accionistas debes estar ahí. Si, además, eso supone un granito de arena para establecer una mejor condición de libertades y acceso a la información, mejor que mejor. No hay que tratar de tutelar la opinión pública. Estoy convencido de que si hablas claro y con sinceridad acaban entendiéndote.

Lejos de un discurso sincero, intentaron hacer creer a la gente que la presencia en China era casi una acción humanitaria que debería llenarnos de orgullo. No fue hasta 2007, en el Foro Económico de Davos, cuando por primera vez Larry Page y Sergey Brin reconocieron en público que su decisión había dañado la hasta entonces inmaculada imagen de la empresa.

El tiempo pasaba. Para desesperación de los mandamases de Mountain View, acostumbrados a llegar a mercados sin oposición y conquistarlos rápidamente, los resultados eran aún peores que los que tenían en 2005, antes de instalarse en el país. ¿Qué les pasaba a los chinos? ¿Por qué no sucumbían, como el resto de la humanidad, a los encantos de Google?

A finales de 2009, según reportaba la revista *PCWorld*, Google China mantenía tan sólo un 12 % de las búsquedas, mientras que el buscador chino Baidu se hacía ya con una cuota de mercado del 77 %. Pese al costo de instalarse en el país, estaban desplomándose en las preferencias de los ciudadanos, al contrario de lo que tradicionalmente ocurría en otros mercados, como los europeos, que fueron inmediatamente colonizados y donde se les recibió con los brazos abiertos. Mientras tanto, Baidu había pasado de ser una minúscula compañía que operaba desde una sórdida habitación de hotel de Pequín a convertirse en la primera empresa de internet del país, desde un amplio campus de casi cien mil metros cuadrados: su propio Googleplex.

Pese a los esfuerzos de Google, apenas obtenían ingresos en el gigante asiático —se estima que menos del 1 % de la facturación de Google en 2010 procedía de China—. Entonces sucedió algo inesperado. Los portavoces de Google denunciaron sofisticados ataques contra cuentas de Gmail. Estas cuentas pertenecían mayoritariamente a disidentes chinos, activistas políticos, ejecutivos de empresas occidentales, periodistas y miembros del gobierno de Estados Unidos afincados en el país asiático. Al parecer, los ataques provenían de la universidad de élite Shangai Jiaotong. Las declaraciones de la empresa dejaban entrever que hacían responsable, por el objetivo de los ataques y por su sofisticación, a altas esferas del gobierno chino. El ataque para acceder a las contraseñas de Gmail y manipular los correos se realizó mediante *spear phishing*, que consiste en engañar a los visitantes para que introduzcan sus nombres de usuario y sus contraseñas en páginas web falsas que, en este caso, imitaban el servicio Gmail.

Tras tener acceso a la cuenta, los *hackers* configuraban la bandeja de entrada para que todo el correo que entrara o saliera fuera reenviado a otra dirección. Por lo tanto, el problema de seguridad no afectaba directamente a los sistemas de la compañía, aunque los atacantes conseguían redirigir los mensajes a otras cuentas de correo electrónico. Google tomó medidas contactando con los usuarios y asegurando sus contraseñas.

Resulta difícil saber, y desde luego nunca se ha logrado probar, si tras ese ataque estaba el propio gobierno chino que, por supuesto, se mostró indignado y negó toda implicación. ¿Serán ellos los responsables? Seguro que sí. Y si no lo fueron, entonces lo serán en el siguiente. ¡Todos sabemos cómo se las gasta el gobierno chino! Lo excepcional del caso no es el ataque en sí, ya que en China sucede ¡todos los días! Lo sorprendente es que la empresa lo hiciera público con insinuaciones contra el gobierno, con lo que todo ello implicaba.

Un día más tarde, el propio Google emitía un comunicado en el que aseguraba replantearse la estrategia en el país. Daba un ultimátum al gobierno para permitir su actividad sin ningún tipo de censura. Tras aceptar la censura y convivir con ella durante años, de golpe y porrazo parecía representar un problema. La situación no tenía parangón imaginable. Era difícil comprender el sentido del comunicado de la empresa. No tenían ninguna posición de fuerza, ni apenas cuota de mercado en China, como para echar un pulso a sus autoridades. Obviamente lo sabían, y nada parecía casual. ¿Qué se estaba cociendo? ¿Qué relación tenía con las insinuaciones del ataque sufrido el día anterior? Al retar públicamente a un enorme poder político, la empresa se confirmaba como un poder diferente. Basaba su importancia estratégica en una red global de servidores y en una imagen pública renovada gracias al pulso con la dictadura china. Para muchos, ése fue el día en el que Google dejó de ser una empresa de internet para convertirse en un actor político al servicio de Estados Unidos.

Cito textualmente el comunicado de la empresa: «Hemos decidido que no queremos continuar con la censura de nuestros resultados en Google.cn y nos sentaremos con el gobierno para discutir las bases de un nuevo acuerdo para seguir operando en China sin filtros». Curiosamente, lo planteaban como si fuera un acuerdo comercial firmado con un tercero, de igual a igual, y parecía que estuvieran tomando una posición de fuerza estratégica para renegociarlo en mejores condiciones. Era delirante, ya que no se correspondía con la situación real. En pocas palabras, operaban en un país bajo condiciones legales aceptadas por ellos mismos libremente, que son exactamente las mismas que cumplen todas las empresas que operan en China. Por medio de sus declaraciones parecían creerse en una posición de fuerza para preparar una negociación. Y no se trataba de condiciones contractuales, sino de un imperativo legal.

Google no era la primera empresa de internet que tenía problemas con el gobierno chino. En 2007, Yahoo! fue obligada de forma vergonzante por el gobierno de ese país a ofrecer los datos de algunos disidentes chinos que fueron posteriormente encarcelados. La polémica fue tal que llegó a una comisión especial de la Cámara de Representantes de Estados Unidos, en la que la actitud de la empresa, pese a pedir excusas reiteradamente, fue duramente criticada. Fue tal el conflicto que Tom Lantos, presidente del Comité, declaró refiriéndose al fundador de Yahoo!: «Aunque tecnológica y financieramente ustedes son gigantes, moralmente son unos pigmeos».

Tal vez Google consideró que era un buen momento para aparecer y salvar al mundo de la amenaza comunista. De ese modo se mostrarían como los defensores de los derechos humanos, la privacidad y la libertad de información. Oponerse al temido y odiado gobierno chino suponía un aliciente que arrancaría el aplauso fácil de la opinión pública mundial. Pero ¿de qué estamos hablando? Pues de que si pusiéramos en un lado de la balanza los derechos humanos y en el otro una campaña de marketing y relaciones públicas, en la que los gobiernos norteamericano y chino parecían ser actores secundarios, creo que el peso se decantaría con diferencia en el segundo. En mi opinión, este conflicto tiene más que ver con el marketing que con la libertad y la censura. No pongo en duda que los derechos humanos supongan una preocupación tanto para la empresa como para sus fundadores, pero creo que éste fue un conflicto de imagen en un momento en el que las relaciones entre gobiernos no atravesaban casualmente su mejor momento, especialmente por diferencias sobre asuntos como el valor del yuán —la moneda china— o la venta de armas estadounidenses a Taiwán.

El mismísimo presidente Obama tomó partido apoyando la libertad en internet. Sin embargo, aseguró que los gobiernos de Washington y Pequín no harían del conflicto de Google un enfrentamiento político, ya que las relaciones entre ambas potencias son «suficientemente maduras como para tolerar algunas diferencias». Estas declaraciones se consideraron como un «sí, pero no», una manera de apoyar con la boca chica a Google, pero también de entender que era un problema que podría poner en riesgo asuntos más importantes y que debería ser resuelto por Google y las autoridades chinas. Así, con el paso de los meses, el gobierno de Obama fue relajando el apoyo inicial, que fue más firme en un primer momento, llegándose incluso a enviar una queja diplomática. El punto de inflexión se produjo cuando Hilary Clinton exigió a Pequín una investigación meticulosa sobre los ataques sufridos por la empresa. Mientras tanto, la prensa china acusaba a la compañía de Page y Brin de tratar de imponer sus valores con acusaciones sin pruebas contra el gobierno chino.

A finales de marzo de 2010, Google tomó la audaz decisión de desviar las búsquedas de Google.cn a su página de Hong Kong, Google.com.hk. De ese modo, los usuarios chinos que accedían al buscador recibían los resultados de este último. La maniobra tenía sentido, ya que Hong Kong, ex colonia británica, es una de las dos provincias chinas que tienen un régimen legal especial con mayores libertades que el resto del país, y desde allí Google no censuraba sus resultados. Como consecuencia de todo ello, el gobierno declaró que la empresa había violado los contratos firmados y que se plantearían rechazar la renovación de su licencia para operar en el país, al tiempo que bloqueaban ciertas búsquedas para los usuarios.

Mientras tanto, ¿qué pasaba en China? La gran mayoría de sus habitantes apenas prestaban atención al conflicto. Casi no había información oficial, y la poca disponible estaba dirigida por los medios del régimen. Lejos de obtener una mejora de resultados frente a sus competidores, se estima que en esos meses Google perdió entre un 5 y un 7% más de cuota de mercado frente a Baidu.

Debo reconocer que pensé que los chinos iban a responder a la provocación un tanto chulesca de desviar las búsquedas hacia Hong Kong con alguna barbaridad. Pensé que podrían cerrarlo, bloquearlo totalmente o incluso retirarles la licencia y expulsarlos del país. ¡Son cosas que pueden pasar en China! Sin embargo, nada de eso sucedió. Poco a poco, el tema empezó a dormirse de cara a la opinión pública, hasta que a finales de 2010 se anunció, de forma sorprendente, que Google había renovado su acuerdo con el gobierno chino. Un exultante Eric Schmidt declaraba: «Estamos muy contentos de que el gobierno haya renovado nuestra licencia, y deseosos de poder ofrecer nuestras búsquedas y productos locales a nuestros usuarios chinos».

Vamos, como si no hubiera ocurrido nada. ¡Tan amigos! Parece que la obsesión por las libertades pasaba de nuevo a un segundo plano. Aunque este problema pueda parecernos muy lejano, sus implicaciones políticas, e incluso económicas y sociales, han sido enormes, y ha hecho correr ríos de tinta en todo el mundo.

En julio de 2011 me reuní en Madrid con Scott Rubin, recién llegado de las oficinas de Mountain View. Él ya sabía que éste sería un tema sobre el que charlaríamos. Excepto si eres un palmero complaciente, sobre Google siempre hay dos temas incómodos que deben salir a relucir: China y la privacidad. Es más, tratándose del portavoz oficial de Google entiendo que las referencias a ambos asuntos son uno de sus principales puntos de atención, y que está más que acostumbrado a ello.

Recuerdo aquella calurosa tarde de verano. Introduje el tema con algo de mano izquierda cuando la charla se estaba prolongando. Por algún motivo creí que no deberíamos haber empezado por ahí nuestra conversación, que era mejor ir más suaves y entrar con sutileza en temas farragosos. Scott, hombre amable y simpático, mostró un apasionamiento especial. Al principio apenas habló y se limitó a preguntarme mi opinión, como si quisiera que me retratara. Yo le dije con toda franqueza que para mí no era un tema del terreno moral, sino un asunto empresarial, y que entendía que Google fuera a China —¡yo también lo haría!—. Que entendería que se vieran obligados a cumplir la legislación local, al igual que sus competidores, y que la decisión que se debía tomar era si había que estar o no había que estar allí. Punto. Hasta ahí todo perfecto. También le dije que lo que no compartía, y que me parecía circense todo lo que vino después, era la utilización pública de un conflicto empresarial para mostrarte al público como el bienhechor mundial. Desde mi punto de vista, no creo que te puedas llevar las manos a la cabeza por la censura tras aplicarla durante cuatro años, máxime si has aceptado hacerlo por escrito. Teoricé que tal vez ese énfasis por lavar su imagen en un enfrentamiento contra los «malos» se debía a los pésimos resultados cosechados en el país, y que lo que pretendían era recuperar la imagen del «bueno», que últimamente se había deteriorado notablemente. Le miré a los ojos y le pregunté si esto hubiera ocurrido en el caso de que Google, en lugar de un 17 %, tuviera una posición de mercado dominante, como la que tiene en Europa. Él me miraba fijamente y no respondía. Continué argumentando lo que para mí representaba una doble moral. Y debí ser demasiado explícito en mis opiniones —o tal vez sus interlocutores suelen ser más políticamente correctos— porque, llegados a ese punto, Scott, que había permanecido amable y en silencio, empezó a fruncir el ceño y no lo encajó con agrado.

—No tienes ni idea. ¡Ni idea! —repitió molesto—. Estás muy equivocado, ¡y eso no es así! Yo estaba con Sergey esos días, y era un tema muy personal para él.[38] El enfrentarnos a China ha sido

38. Haciendo referencia a la especial sensibilidad con la censura por el pa-

una de las decisiones más valientes que una compañía como la nuestra podía haber tomado, y me siento muy orgulloso de pertenecer a Google por cosas como ésta.

Y prosiguió: «El gobierno chino no puede permitir que una empresa extranjera gane, y nosotros lo estábamos haciendo [¿?]. La compañía no puede apoyar una dictadura ni seguir sus normas de censura. YouTube, por ejemplo, lleva dos años y medio bloqueado, y nunca nos dijeron por qué. Pero lo que no podíamos permitir es que los correos de activistas y personas que defienden la libertad y los derechos humanos en China fueran espiados».

Scott me explicó, entre irritado y apasionado, su punto de vista, algo romántico a mi entender, que mostraba un conflicto ajeno a criterios empresariales y económicos. Llegó a decirme que «es mejor abrir la biblioteca con ciertos libros prohibidos que no abrirla al público». Al terminar no admitió debate alguno sobre el tema. De hecho, cuando terminó de exponer su punto de vista se borró de la reunión y, visiblemente molesto, se excusó y salió de la sala, dejando allí a otros miembros de Google, a mis colaboradores y a mí mismo.

Me parece grave cometer la ligereza de poner el plano moral por encima de otros en el ámbito empresarial. Es romántico, idealista y bonito, pero también irreal en el seno de una multinacional que opera en decenas de países e ingresa miles de millones de dólares cada año. Yo no me lo creo, y entiendo que los accionistas de la empresa tampoco, o huirían del valor. Suelo pensar que tener la conciencia totalmente limpia es sólo un síntoma de desmemoria. En el mundo de la empresa eso aumenta exponencialmente según su tamaño, y Google es enorme. No me cabe la menor duda de que los fundadores de Google son personas íntegras, y posiblemente tendrán, como todos nosotros, sentimientos enfrentados en este asunto. Sin embargo, saben que se deben a sus accionistas, y no a sus sentimientos. Al igual que a ellos,

---

sado familiar de Sergey Brin, de origen judío, cuya familia, sintiéndose incómoda en Rusia por el trato que recibía por sus creencias religiosas, emigró a Estados Unidos.

una vez instalados en China, también se deben a sus empleados, y no tiene sentido, años después, sin haber variado las normas del juego, amenazar con salir de un país a costa de cientos o miles de empleos.

Para China internet es cada vez más estratégico, y por ese motivo está cada vez más controlado por el gobierno. La Administración está desarrollando su propio buscador, Jike, para competir con Google y con Baidu. Se trata de un buscador propiedad del Estado, y existe la creencia de que el único objetivo de este lanzamiento será controlar a la población. Diversos medios de comunicación, como *The Wall Street Journal*, critican el proyecto afirmando que será «una herramienta de propaganda más del Partido Comunista» que gobierna en China.

Como ves, soy muy crítico respecto a cómo Google intenta manipular a la opinión pública en su beneficio. Y puedes estar seguro de que no soy el único.

Googleopoly: ponga un monopolio en su vida

La posición dominante de Google en el mercado, no ya sólo de las búsquedas, sino de internet en general, hace que desde 2006 se empiecen a alzar ciertas voces, especialmente en Estados Unidos y en Europa, que se preguntan si esta situación no es similar a la que se vivió hace años con Microsoft.

Como ya he comentado, Microsoft sufrió desde 1998 procesos antimonopolio en Europa y Estados Unidos que mermaron objetivamente su capacidad de dominio en el mercado. Sin ir más lejos, en Europa obligaron a la compañía a modificar su producto estrella, Windows, y al pago de la mayor indemnización por prácticas de limitación de la competencia de la historia de la Unión Europea. La suma de estas sanciones ascendió a más de 1.700 millones de euros.

Un *googlefan* fiel diría lo siguiente: «¿Por qué esa obsesión de calificar a Google como monopolio? ¿Lo es realmente? ¡Si para mí es una empresa que sólo realiza productos buenos!».

Y no sólo buenos. Algunos de ellos son excelentes e innovadores. Yo no sabría qué hacer hoy en día sin servicios como Gmail, Calendar o el buscador de Google. Con todo, respondiendo a la primera pregunta, en mi opinión la compañía ejerce un indudable monopolio en internet muy especialmente en Europa, y en menor medida en Estados Unidos. Ahora explicaré por qué.

Un monopolio es una situación de privilegio legal, o fallo de mercado, en el que existe un productor —el monopolista— que posee un gran poder de mercado y es el único de su industria que dispone de un producto, recurso o servicio determinado y diferenciado. Para que exista un monopolio es necesario que en dicho mercado no existan productos válidos como sustitutos. Es decir, no se puede reemplazar el producto determinado y, por lo tanto, es la única alternativa que tiene el consumidor. En Europa la cuota de mercado del buscador de Google, que supone la puerta de entrada a multitud de negocios, es superior al 90 %. En Estados Unidos ronda el 65 %. Pero el problema no es si Google domina el mercado de las búsquedas, algo que es obvio a escala mundial, con pocas excepciones como Rusia y China. El problema es cómo ejerce ese dominio de las búsquedas en relación con la competencia y sus propios servicios.

Para empezar, hay un problema de tamaño. Google es tan grande, y tan dominador de internet, que tiene el poder de imponer sus productos y servicios a un volumen de mil millones de usuarios. Google tiene tantos intereses creados en multitud de industrias, desde internet a la publicidad, desde la automoción a la electricidad, desde la biotecnología a la aeronáutica, o desde la telefonía a la industria de los contenidos, que es capaz de decidir ganadores en muchos mercados en los que es parte activa. Como hemos visto, ese poder de información y comunicación le permite incluso hacer política, codeándose con los principales gobiernos del mundo.

Anteriormente mencioné el dilema del navegador Firefox. En un principio Google lo apoyó, colaboró con él y lo promocionó, no por su bondad o su interés por el *software* libre, ni en aras de la innovación, sino porque eso limitaba a su competidor Microsoft, que tenía una importante cuota de mercado con internet Explorer. Además, cerró un acuerdo comercial publicitario —es el abrumador dominante de ese mercado— que garantiza a Firefox más del 95 % de sus ingresos. Mientras eso sucedía, en silencio, Google desarrollaba su propio navegador Chrome —por cierto, excelente producto; lo cortés no quita lo valiente—. Firefox se ve en la encrucijada de que compite con un *partner* que ayudó a desarrollar su producto y que, por lo tanto, lo conoce a la perfección, del que depende económicamente y que, además, controla las búsquedas de internet a escala mundial. ¿Firefox puede en esas circunstancias llegar siquiera a plantearse competir con el producto de Google? Es difícil. Con toda franqueza, yo no se lo recomendaría. ¿No es esto propio de un monopolio? El caso es especialmente sangrante, ya que ni siquiera tienen la libertad de la que pueden gozar otras compañías para acudir a denunciar el caso en la Unión Europea, o a la Comisión Federal del Gobierno estadounidense (FTC). Si lo hicieran, lo más normal sería que su acuerdo publicitario, del cual viven y que se renueva periódicamente, no se prorrogara.

Esa dependencia aumenta al no existir una competencia real formada y en disposición de ofrecer el mismo servicio. Alguien podrá pensar, y es una de las tesis oficiales con las que Google trata de convencernos: «La competencia está a un solo clic de distancia, ¡que trabajen con otros!». Pues bien, es prácticamente imposible. El sector de la publicidad contextual y de las búsquedas está tan claramente dominado —especialmente en Europa— por Google que las pocas alternativas que hay son ridículas. El problema no es dónde hacer las búsquedas por parte de los usuarios, sino qué negocio se cosecha con ellas. Los anunciantes que compran publicidad en Yahoo! o en Bing son residuales, muy alejados del enorme *long tail* de clientes de Google que les permite tener anunciantes en la gran mayoría de las búsquedas.

Otra de las señas distintivas de un monopolio es la capacidad de dañar a la competencia con su sola presencia. En efecto, esto es algo que también sucede en los sectores en los que Google parece interesarse, incluso aunque no tengan una relación directa con internet.

Para muestra, un botón. Esto ocurrió en 2009 con las acciones de Garmin y TomTom, las dos principales empresas dedicadas a la geolocalización y navegación por GPS, con el simple anuncio por parte de Google de poner en marcha un servicio de navegación GPS por medio de Google Maps. La respuesta de los accionistas de ambas empresas no se hizo esperar. El mismo día del anuncio las acciones de Garmin se desplomaron en pocos minutos casi un 15 % en el NASDAQ. Las acciones de TomTom en la Bolsa holandesa tuvieron peor suerte, con una caída de más del 40 % en una sola sesión.

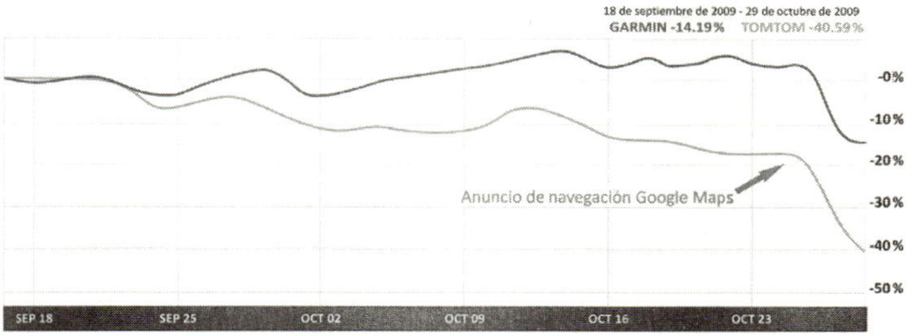

Sin duda alguna, éste es el signo distintivo de un monopolio. La sola presencia o, mejor aún, incluso la sola intención de entrar en un mercado, hacen temblar a la competencia. A algunos les puede parecer una causa más del libre mercado. Debo destacar que en empresas como Garmin o TomTom trabajan muchos miles de personas, y que no se debe permitir a una compañía, como en este caso se le permite a Google, disponer de tanto poder, ya que por esta regla de tres podría fagocitar cualquier mercado que se le pusiera por delante. Incluso podría generar este tipo de efecto en empresas con el objetivo de comprarlas al día siguiente a casi la mitad de su valor.

El índice de Google es la puerta de acceso general a la información en internet. Dominar esa pieza clave es algo tan precioso que te permite, si luego compras el resto de quesitos del *Trivial* —productos, agencias de publicidad, empresas de contenidos— ser juez y parte. En otras palabras, puedes tener un poder de decisión tal que la competencia te resulte irrelevante. Por poner un solo ejemplo, pensemos que queremos ver un vídeo musical de Lady Gaga. Busquemos en Google «vídeo Lady Gaga». ¿Qué resultados nos encontramos? Aquí tenemos la respuesta:

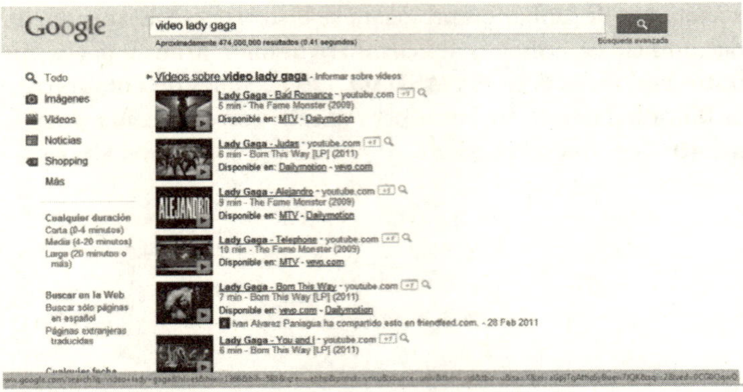

Fuente: Google.

A página completa Google muestra siete resultados. En esta ocasión, como suele hacer dando un trato de privilegio YouTube, nos muestra no sólo los primeros, sino que además los acompaña con una imagen para destacarlos más aún. ¿Casualidad? Bueno, cualquier web puede salir primero en una determinada búsqueda, pero jamás lo hará siete veces seguidas, y además con una imagen que destaca el resultado. De ese modo tienen garantizado retener todo el tráfico. Si alguien consigue algo así, que me avise, por favor, y le compraré el secreto. Los siete resultados antes mencionados van a YouTube.com, ya se haga clic en la dirección URL o en la imagen del vídeo. La única concesión del buscador es, en algunos casos y con la boca pequeña, sin imagen y poco perceptible, ofrecer otras alternativas de consumo al indicar «Disponible también en...».

Así se gestionan cientos de millones de clics cada día. Cuando el usuario llega a la web de vídeos propiedad de Google, el ciento por ciento de la publicidad allí contenida pertenece a la compañía. En otras palabras, se envían a ellos mismos el 95 % del tráfico para que los beneficios publicitarios acaben en la empresa.

Además, cada día establece más diferencia con quien quiera competir con su producto YouTube.com, ya que al ser el que «te empuja» a un sitio u otro tiene la ventaja de dejar siempre a la competencia con un tráfico de usuarios residual.

Si conoces a alguien que quiera crear un proyecto de vídeo en internet, las opciones que tiene de competir y de obtener algo de tráfico de lo que deja YouTube son irrelevantes. La gran mayoría de empresas lo puede resolver «pasando por el aro». Ya que no pueden vencer a su enemigo, se unen a él. Crean una página en YouTube para explotar sus contenidos y así tienen opciones reales de aparecer en las búsquedas.

Cabe decir a favor de Google y de sus políticas que rara vez eliminan a la competencia del índice del buscador. Cuando lo hacen suele deberse a que la competencia ha intentado mejorar resultados de una forma que atenta contra sus políticas. La verdad es que no necesitan hacer algo tan burdo. Para entenderlo bien, es preciso ver el gráfico que denominamos el «triángulo de oro» de internet. Se trata de un mapa de calor que mide dónde va la vista y los clics de los usuarios tras realizar una búsqueda. Como podemos observar fácilmente, es en las zonas calientes donde Google muestra publicidad —y con cada clic que se hace en los anuncios gana dinero—. Los primeros resultados de búsqueda orgánica o no pagada es un espacio cada vez más restringido que generalmente tiende a ocupar con sus propios productos y servicios —Images, News, Maps, YouTube, etc.—. En resumen, si de verdad quisiéramos minar la competencia —y no insinúo que esto sea así, al contrario de algunas empresas que lo han alegado en su denuncia a Google ante la Comisión Europea—, sólo tendrían que retrasar a los rivales en las búsquedas sin necesidad de eliminarlos, algo que sería poco estético y demasiado evidente.

¿Cuántas veces has abierto la página número dos de resultados de Google tras una búsqueda? ¿Y la número tres? Muy pocas, ¿verdad? Sólo en casos muy específicos. El que está en la página número dos o número tres de los resultados prácticamente no existe. Por lo tanto, si te relegan a la página cinco estás, literalmente, muerto.

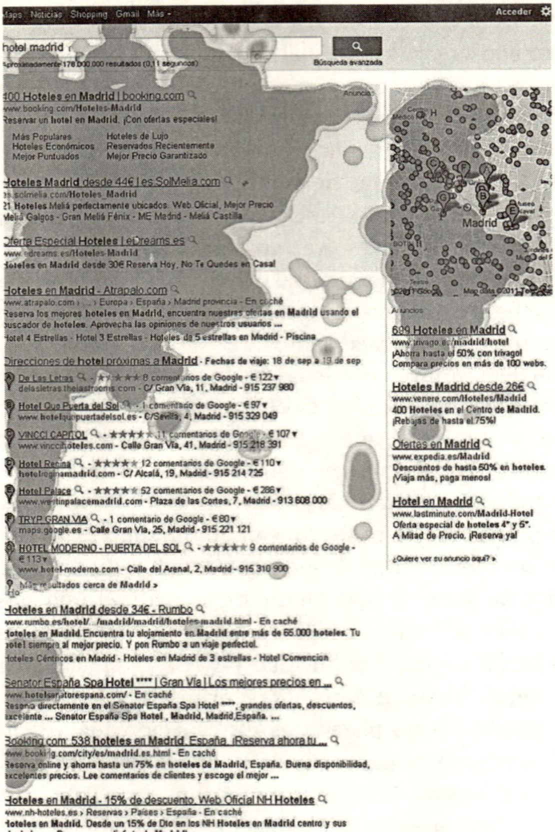

Fuente: Google.

Entonces ¿Google utiliza el buscador en su propio beneficio posicionando y apoyando sus proyectos? En mi opinión es evidente, y me parece hasta humano. Otra cosa es que, dado su tamaño y sus intereses, sea ético, justo o legal.

Pondré otro ejemplo. Las directrices de Google dejan claro que el contenido duplicado puede ser problemático, y que no debe copiarse contenido de otras páginas web. Eso parece razonable. Pero ¿y cuando lo hace el propio Google? Entonces no se llama «copia», sino «agregación» de contenido. Imaginemos por un momento que queremos cenar en un céntrico restaurante y tenemos dudas. Una simple búsqueda en Google nos ayuda resolverlas por medio de un portal especializado en el que podemos ver las valoraciones de los usuarios, un mapa, la dirección y el teléfono del establecimiento. Ese portal se verá premiado con la visita del usuario que demanda la información y lo guardará en «Mis favoritos». Si ha quedado satisfecho, volverá al mismo sitio cuando necesite encontrar otros restaurantes similares. La gran mayoría de estos portales reciben sus ingresos por publicidad o por una comisión de las reservas gestionadas.

¿Qué ocurre entonces si Google extrae esa información tan valiosa y la muestra a modo de descripción indicando la valoración del restaurante, su teléfono, el tipo de cocina, la dirección completa y el mapa de la zona? Que el acceso a la página web que ha realizado el trabajo deja de tener sentido. Google ha extraído y utilizado los datos contenidos en dichas webs y el usuario no necesita visitarlas, ya que dispone de lo que desea ahorrándose un clic. Ha utilizado el valor que aportan esas webs —en este caso, sus bases de datos de la empresa y las opiniones sobre el establecimiento que tiene registradas— y, aunque ha servido eficientemente a la persona que solicitaba la información, lo ha hecho con un contenido que no es suyo, evitando así que una empresa pueda hacer negocio con su patrimonio: el valor de su contenido.

En el siguiente gráfico se puede apreciar cómo Google indica que para este establecimiento, basado en 70 opiniones del sitio web Atrapalo.com, la valoración es un 7 sobre 10. Más abajo vemos la dirección, el teléfono, el mapa... El buscador no sólo se ha convertido en directorio de referencias, sino también en el destino final del contenido —¡que no es suyo!— utilizando el valor de las empresas, que siempre salen perjudicadas.

Cada vez que expongo estos casos hay alguien que me dice que no le importa que haya empresas que han sido utilizadas, que eso es eficiencia y que le encanta. Que Google lo hace fabulosamente y que nos ha ahorrado unos segundos de nuestro precioso tiempo. Es cierto que nos ha ahorrado tiempo. Otra cosa es que sea ético que, para dar un servicio a millones de usuarios, que posiciona eficientemente tu marca, sea justo apoyarse en terceros a

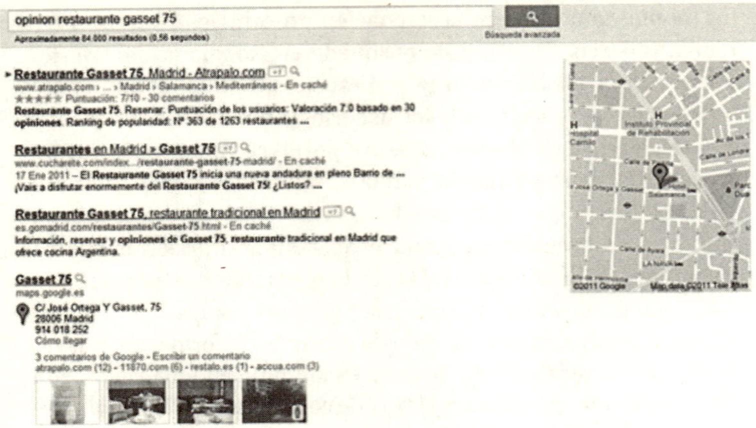

Fuente: Google.

los que excluyes de la fiesta. Por eso el dominio del mercado de Google es inmenso. Dispone de las búsquedas, las gestiona a su antojo y decide dónde y cuándo publicitamos nuestros productos.

En septiembre de 2011, Jeremy Stoppelman, el consejero delegado de Yelp, empresa que podríamos definir como las páginas amarillas 2.0 en Estados Unidos, denunciaba en *Business Insider* que Google era un completo monopolio, que estaba acabando con su negocio y expoliándoles su contenido. Mediante su comparecencia solicitaba al gobierno estadounidense que tomara medidas ante la posición dominante de mercado de la empresa. Para Stoppelman, Google roba contenido, beneficia a sus propios productos y a las empresas participadas, y actúa como un «matón en internet». Incluso argumentó que, ante sus quejas por la extracción de contenidos de sus bases de datos, se le indicó que si no le gustaba dejaría de salir en el índice de búsquedas, con lo que su empresa dejaría de recibir el tráfico del 65 % de los usuarios en Estados Unidos.

Nada nuevo en el horizonte. Es lo mismo que describía anteriormente, pero tenemos que valorarlo en el contexto adecuado: Google intentó comprar Yelp durante años y llegó a ofrecer 550 millones de dólares, que fueron rechazados por la empresa. Más adelante adquirieron la guía de viajes Zagat por 125 millones.

En su queja pública Yelp ofreció una explicación detallada con numerosas capturas de pantalla de cómo se muestra y extrae su contenido para evitar que el tráfico acabe en su portal. Me he permitido reproducir aquí una de esas imágenes, en las que se aprecia claramente cómo los enlaces seleccionados para búsquedas locales pertenecen siempre a «Google Places».

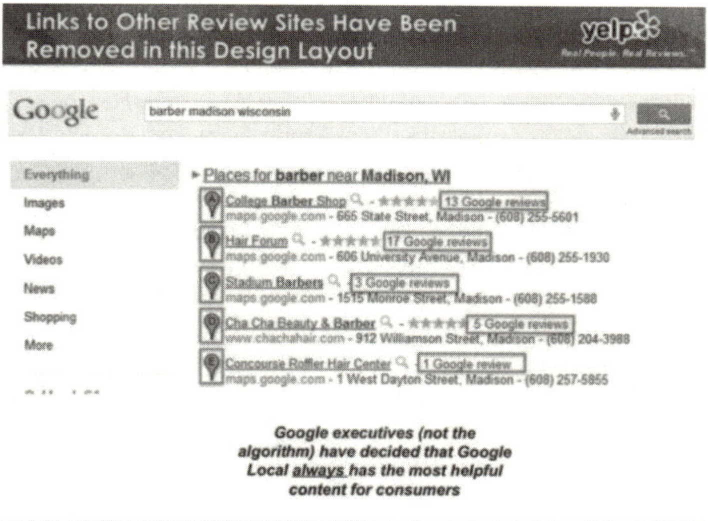

Fuente: Yelp.com.

Durante 2011 se supo que había al menos nueve reclamaciones por monopolio que han sido estudiadas por la Comisión de la Unión Europea. ¿Te parecen pocas?

Me gustaría hacer una reflexión. Si además de tener el monopolio de las búsquedas eres el principal cliente y dominador del mercado publicitario en internet, pocas compañías se atreverán a denunciarte ya que, y eso es algo que muchas comentan en privado y no se atreven a decirlo públicamente, existe un enorme miedo a aparecer retrasado en las búsquedas, lo que mermaría enormemente los ingresos publicitarios. Millones de sitios web dependen de Google no sólo para que les aporte visitantes, sino también para que les gestione las ventas de publicidad. ¿Qué alternativas caben a una cosa y a otra? En Europa realmente pocas. En Estados Unidos alguna más, aunque del todo insuficientes.

Según la Comisión de la Unión Europea, estas denuncias, que quedan circunscritas a los cumplimientos del Tratado de Lisboa por posición dominante, provienen de pequeñas empresas, aunque con el tiempo otras de mayor envergadura se han ido sumando a ellas. La mayoría de las quejas están relacionadas con la posición dominante que está consiguiendo la empresa. Esto no quiere decir que se incumpla ninguna ley, pero sí que es preciso investigar para comprobar si supone una limitación para el desarrollo de la competencia, y que todo se realiza conforme estipulan las leyes vigentes en los países comunitarios.

Algunas de las empresas denunciantes son Ciao —que fue adquirido en 2008 por Microsoft, y desde entonces se siente perjudicado—, Ejustice.fr, Euro-cities, Foundem, Microsoft y un conglomerado que aglutina a más de 450 periódicos y revistas europeos —BDZV y VDZ—, además de organismos reguladores de varios países.

Tras revelarse que era uno de los impulsores de la denuncia, un portavoz de Foundem, comparador de productos de precios de electrónica en Reino Unido, declaró que «Google siempre ha utilizado determinados filtros manuales para eliminar a algunos sitios de las búsquedas, o para posicionarlos en los resultados donde son simplemente inaccesibles». Se trata de una insinuación sobre un Google desconocido con algoritmos destinados a minimizar la importancia de los rivales directos en determinados sectores, y con intervención humana para manejar ciertos resultados en función de su propio interés. Resulta muy complicado probar que Google manipula los resultados de su buscador para perjudicar a terceros, ya que el algoritmo es, al menos teóricamente, secreto. Lo que sí es obvio, como vimos en el caso de YouTube, es que al menos lo «adapta» para que los suyos aparezcan de forma predominante, y eso perjudica necesariamente al reparto de tráfico del resto.

Google anunció en marzo de 2011 que estaba dispuesto a llegar a un acuerdo con la Comisión de la Unión Europea en la investigación sobre su potencial abuso de posición dominante, según anunció en Madrid Joaquín Almunia, comisario de Competencia y vicepresidente de la Comisión, durante un desayuno organizado por *Europa Press*. De hecho, el en aquel entonces consejero delegado de Google se reunió personalmente con Joaquín Almunia para animarle a concluir la investigación «lo antes posible», garantizándole, además, que la empresa colaboraría en el proceso.

Con el tiempo ha salido a la luz que al menos tres reguladores nacionales de países miembros de la Unión Europea se han adherido a las denuncias contra Google. No es de extrañar que los órganos reguladores de otros países europeos acaben haciéndolo. El que ya lo ha hecho ha sido Microsoft, que se ha sumado a la denuncia por monopolio. La compañía de Bill Gates es consciente como nadie de lo que puede esperar de la justicia europea que, aunque resulta lentísima, podría llegar a ser muy dura y establecer medidas y sanciones económicas importantes: hasta el 10 % de la facturación global de la empresa, que en 2010 ascendió a 29.000 millones de dólares.

La posición oficial de Google es que «siempre se pueden mejorar las cosas, y estamos dispuestos a responder a las objeciones de la Comisión». Nadie puede decir que no sea así. Lejos de la actitud prepotente y chulesca que manifestó Microsoft en los inicios de su proceso sancionador en Europa, desde Google no ponen obstáculos y garantizan su apoyo a las pesquisas de las autoridades. Esto ha sido reconocido públicamente por el propio comisario Almunia en varias ocasiones ante el Parlamento europeo. Es evidente que se trata del mismo perro con distinto collar. Google ejerce un dominio similar que Microsoft, pero es menos arrogante, ha aprendido de errores de otros y es mucho más inteligente.

Dada la preocupación creciente en Europa, desde la Comisión se enviaron durante 2011 cartas a muchas empresas de internet europeas con el objetivo de conocer su opinión de forma confidencial. Les preguntaban si veían limitada su posición de mercado por las prácticas de Google. Sin ánimo de revelar el contenido exacto de las cartas, algunas de las cuales obran en mi poder y que incluyen tanto partes públicas como confidenciales, diré que van encaminadas a determinar si existe un monopolio de facto en las búsquedas y la publicidad en internet, así como a dilucidar si las empresas tienen plena autoridad para realizar cambios en sus sitios y a tomar decisiones empresariales libres, o si no lo hacen por miedo a las posibles represalias de Google. En determinados campos me ha sorprendido el nivel de detalle de información que solicita la Comisión. Se piden datos confidenciales, *emails*, contratos, en determinados casos detalles históricos de más de ocho años, que pueden llegar a ser altamente confidenciales en la relación de Google con las empresas. Mi percepción personal es que esta investigación va muy en serio.

La Comisión desea saber si hay alternativas reales a la compañía estadounidense, y si hay un trato de favor a ciertos clientes en función de su inversión publicitaria en Adwords. En otras palabras, quieren saber si los representantes de Google ofrecen mejoras en el *ranking* del buscador a cambio de aumentar el gasto en publicidad de la compañía. Este último punto me ha llamado la atención porque hasta la fecha nadie me había siquiera insinuado que algo así pudiera suceder. Francamente, me sorprendería mucho si así fuera.

No podemos conocer aún el contenido de las respuestas. Lo que sí sabemos es que la Comisión no se esperaba el alto porcentaje de colaboración. Hasta hoy, declaran haber recibido 500 respuestas a los distintos cuestionarios enviados.

Tras las pesquisas de la Comisión, de los análisis de los datos recabados y de las aportaciones de la empresa obtendremos una primera respuesta. Aun así, desde la Unión Europea se asegura que se garantizará con firmeza la eliminación de todo tipo de barreras a la competencia, si es que existiesen. Cabe mencionar en descargo de Google que si realmente se demuestra que es un monopolio, sería un monopolio que nos habríamos autoimpuesto a lo largo de todos estos años. La empresa hace tan buenos, tan útiles y tan innovadores productos, que muchos de nosotros nos hemos cerrado en banda a otras alternativas. Yo mismo, que soy crítico con las políticas de la empresa, no me canso de decir que Gmail, Chrome, Google Maps, Google.com y tantos otros son, para mi desgracia, insustituibles en mi vida. Sí, es perfectamente compatible admirar profundamente a la empresa que ha desarrollado estos productos y espantarse con algunas de sus prácticas empresariales. Especialmente las que limitan la competencia y aplastan derechos de propiedad intelectual e industrial de terceros, así como cuando se muestran intrigantes con la privacidad de las personas. Algunos prefieren hablar de monopolio amable antes que de monopolio autoimpuesto. En efecto, ¡también lo es! Sus productos son atractivos, potentes y, en ocasiones —aunque en los últimos años han perdido algo de esa chispa—, tan innovadores que resulta difícil no ser feliz bajo sus designios.

Las plantas carnívoras como la Venus atrapamoscas, cuyo nombre científico es *Dionaea muscipula*, forman una superficie tremendamente atractiva para insectos y otros animales. Cuando un animal activa sus pelos disparadores se cierra en menos de un segundo para atrapar a la víctima entre sus espinas entrelazadas dispuestas en el borde de sus hojas. Google actúa de la misma forma. Devora datos. Como veremos al hablar de la privacidad, es la mayor concentración de información jamás creada sobre tendencias y comportamientos de personas, y no sólo de internet, sino del mundo. Para seguir alimentando a la bestia que lleva dentro necesita, ante todo, ser tremendamente atractivo.

Esto me recuerda a cuando vemos en televisión cómo se detiene a un grupo de terroristas en un piso franco y, acto seguido, aparece la entrevista con el vecino o el panadero del barrio que dicen que parecían «muy buenos chicos». Hombre, claro. Son terroristas, ¡pero no imbéciles! Si en vez de buenos chicos parecieran crueles y despiadados asesinos, posiblemente les hubieran detenido a las primeras de cambio.

Uno se da cuenta de que está ante un monopolio cuando resulta prácticamente imposible que alguien le desbanque. ¿Quién es capaz de desbancar a Google como buscador a escala mundial? ¿Puede hoy en día cualquier otra compañía superarle en el campo de la publicidad?

Al principio de este libro hice un comentario sobre la compra por parte de Google de DoubleClick, principal exponente de la publicidad gráfica, con lo que asumía su papel de dominador absoluto de la publicidad de texto. Si recuerdas, me jactaba con un poco de mala leche y de guasa del papel desempeñado por las autoridades antimonopolio de Estados Unidos, que al final lo aprobaron mirando hacia otro lado ante la incredulidad de analistas en todo el mundo. Ese día se creó el monopolio de la publicidad online, que luego aumentó con la compra de la mayor compañía de publicidad móvil, AdMob.

Scott Cleland publicó un extenso análisis, no exento de cierto sarcasmo, sobre la operación de DoubleClick antes de conocer que la Comisión Federal de Comercio de Estados Unidos (FTC) daría luz verde a la operación. En este documento, publicado en Googleopoly.net, calculaba que autorizar la compra de DoubleClick sería, equiparando la misma concentración de mercado en el sector financiero, como permitir al mayor banco de Estados Unidos comprar los 14 restantes en el *ranking* y, a renglón seguido, permitirles comprar las bolsas de Nueva York y Londres para más tarde hacerse también con los dos principales proveedores de información financiera del mundo —como eran Bloomberg y FactSet—, alrededor del 60 % de todos los *hedge funds* y *private equities*, dos de los tres principales proveedores norteamericanos de información crediticia —Equifax y Experian— y en torno al 60 % de los datos completos de consumidores de la Reserva Federal y del Censo de Estados Unidos. Delirante, ¿verdad?

Es así como Google domina de una manera insultante el mercado publicitario global. Dispone de Adwords y de Adsense, las herramientas de publicidad en internet más perfectas y con más penetración de mercado. Posee DoubleClick, que tiene una importante penetración en la publicidad de *display* o gráfica. El quesito del *Trivial* que le faltaba era AdMob, la mayor compañía de publicidad para telefonía móvil. El triángulo entre los tres productos hace que su cuota de mercado sea insultante. Por poner un ejemplo, según un estudio de la International Advertaising Bureau, en 2010 se invirtieron en España unos 789 millones de euros en publicidad en internet. De ellos se calcula que el 52,8 % de la publicidad es *search*, es decir, publicidad de búsqueda. En ese campo Google tiene una cuota de mercado del 97 %, por lo que puede ingresar unos 390 millones de euros de forma directa. Aunque resulta difícil estimarlo, Google se lleva además una parte importante de los restantes 399 millones del mercado de la publicidad gráfica y una parte, más importante aún, de la publicidad en teléfonos móviles. En pocas palabras, tal vez —y digo «tal vez» porque es imposible saber la facturación de la compañía en España, lo que luego describiré más en detalle— Google está ingresando entre un 60 % y un 65 % del tamaño del mercado publicitario español. Espectacular, ¿verdad? ¿Tengo entonces razón al insinuar que la Administración estadounidense tal vez tiene un interés limitado en evitar que Google siga creciendo de manera desmedida y copando nuevos sectores? Tirando de hemeroteca, me parece que al gobierno estadounidense le debe resultar muy interesante una empresa que está conquistando el mundo y que supone la mayor fuente de información de la que se tiene constancia en la historia. Se me ocurren mil utilidades y alegrías que una empresa así puede dar a sus gobernantes. Con el tiempo ha ido quedando claro que, en ocasiones, esas alegrías han ido llegando.

La FTC ha abierto varias investigaciones de las que la empresa de Mountain View ha salido bastante bien parada. Actualmente tiene abierto un caso por posición dominante en internet y mercado publicitario con Android. Se intentará determinar si utiliza los resultados del buscador para canalizar sus productos por encima de los de sus rivales.

Gary Reback, un conocido abogado especializado en asuntos de monopolio que participó en el juicio contra Google Books, decía que «Google está en disposición de elegir a los ganadores de casi todos los mercados y segmentos de internet, y además puede hacerlo sin que nadie se entere». La suya es una reflexión acertada, e incluso añadiría que no sólo puede elegir ganador, sino que en muchas ocasiones el ganador es él mismo, ya que la empresa ha crecido tanto que tiene productos para competir en los segmentos más importantes. Y aunque no los tuviera podría ganar indirectamente: si no tienen un interés directo pueden tener la motivación de que no ganen empresas que son sus rivales más directos en otros campos, lo que limita su desarrollo.

En la misma línea se manifiesta Chris Kelty, antropólogo e historiador de UCLA. Su vocación por el código libre es verdaderamente interesante, y le ha llevado a crear un apasionante programa genético en el que los aficionados investigan en sus ordenadores desde casa, ajenos a los intereses de los grandes laboratorios farmacéuticos. Chris insiste desde 2009 en que no todo lo que brilla es oro. Según él, la empresa de Brin y Page utiliza el *software* libre para apuntalar una posición dominante de mercado, no para enriquecer su contenido. «Usan el código abierto, pero luego no ponen todas las modificaciones que realizan a disposición de todo el mundo y se las guardan para sí mismos. Google será el nuevo monopolio, y nadie más volverá a preocuparse por Microsoft.»

Si crees que soy un mal pensado te diré que cada vez hay más gente que piensa lo mismo. En un interesante artículo publicado en octubre de 2009 por Lynn Jia Yang y Nina Easter en la revista *Fortune* bajo el título «Obama and Google (a love Story)» se explica cómo en su llegaba al poder en medio de una intensa crisis financiera el presidente de Estados Unidos, que era muy crítico con Wall Street, estableció mucha distancia con las grandes corporaciones del país. ¿Con todas? Bueno, no. Con todas no. Ahí estaba Google para tender una mano al presidente.

En su visita de 2007 a Googleplex, un Obama exultante declaraba que «compartía la creencia de que había que cambiar el mundo como Google hacía, de abajo arriba y no de arriba abajo». Esa simpatía parecía ser compartida, porque los empleados de Google aparentan ser firmes partidarios de Obama. De hecho, según publicaba OpenSecrets.org, los de Mountain View fueron uno de sus más firmes apoyos para su campaña electoral. Empleados y directivos donaron para su campaña presidencial hasta 803.000 dólares, cifra sólo superada por la donación de Goldman Sachs y Microsoft.

Durante la campaña electoral de 2007, Eric Schmidt asesoró personalmente al equipo de Obama en asuntos económicos. Cuando los demócratas ganaron las elecciones se filtró que Schmidt y algunos otros altos cargos de la empresa donaron 25.000 dólares cada uno para la fiesta de elección presidencial.

Desde que la Administración de Obama llegó al poder, Google se ha convertido en una de las firmas más influyentes en Washington, hasta el punto de que en estos últimos dos años numerosos *xgooglers* han sido contratados por la Administración estadounidense para ocupar puestos relevantes. Quizá el caso más conocido sea el de Andrew McLaughlin, ex director de Políticas Públicas de Google, que fue nombrado director de la Oficina Tecnológica de Estados Unidos. Qué brillante paradoja. Su cargo consiste en controlar y legislar los designios no sólo de su ex compañía, sino también de las que hasta hace pocos meses eran su feroz competencia.

En enero de 2010, Google firmó una inquietante alianza con la Agencia Nacional de Seguridad estadounidense (NSA). Este acuerdo dejaba claro que el gobierno de Estados Unidos colaboraría estrechamente con la compañía para prevenir ciberataques.

¿Por qué resulta inquietante esta alianza? En primer lugar, porque supone un acuerdo entre la más importante agencia de información y la mayor fuente de información del mundo. Pocas cosas de las que sucedan en internet quedan ahora fuera del alcance del gobierno estadounidense. El desarrollo de esta alianza amenaza con cruzar la línea roja que la empresa se compromete a no traspasar, coqueteando con asuntos delicados sobre cómo equilibrar la privacidad individual, la inviolabilidad de las comunicaciones personales y la seguridad nacional.

Los resultados no tardarían en llegar. En agosto de 2011, en virtud del Patriot Act estadounidense, Google admitió al medio alemán *Wirtschafts Woche* una entrega sin autorización ni aviso a los usuarios europeos amparándose en el cumplimiento de las peticiones de información de la inteligencia estadounidense. Esto choca de lleno con la legislación europea y nos sirve de muestra para ver que Google siempre prioriza lo que considera su deber —es decir, las leyes estadounidenses—, mientras que el resto de las legislaciones quedan en un segundo plano.

Los pasos dados en los últimos años por la Administración estadounidense dejan entrever que no existe un especial interés en controlar el desmedido crecimiento de la empresa, aunque esté, como en Europa, investigada por monopolio. Suelen salir bastante bien parados de las investigaciones de las comisiones a ese lado del océano. Por qué será.

Por lo que acabas de leer, no tengo mucha confianza en el gobierno estadounidense en este asunto, y menos aún en la FTC. Creo que en Europa seremos bastante menos benévolos y, en definitiva, más justos. Google desempeña un papel útil para la Administración estadounidense. Es el «embajador» del *American way of life*, y no van a tener excesivas ganas de intervenir hasta que la situación sea insostenible.

Monopolio o no, siempre nos queda la posibilidad de tomárnoslo con cierto sentido del humor. Podemos jugar desde nuestra casa a una adaptación de un juego clásico, el *Monopoly*, que en internet ha sido rebautizado como el *Googolopoly*, que dispone de un tablero descargable e imprimible en el que ya no se compran casas ni hoteles. Eso está pasado de moda. ¡Estamos en el siglo XXI! Se compran y venden empresas y servicios de internet, como Amazon, eBay, o YouTube, y se puede crear un imperio sin preocuparnos por la rápida actuación de las autoridades anticompetencia.

Un traje a medida para los chicos de Google

Francia ha sido uno de los países más críticos con la empresa, en parte por el desarrollo imperialista de algunos de sus servicios, y en parte por un sentimiento muy arraigado en el país, que se preocupa especialmente de la defensa de su patrimonio cultural, que considera amenazado.

Ya hemos visto cómo el proyecto Google Books provocó un enorme revuelo político en Francia alentado por Jean-Noel Jeanneney, director de la Biblioteca Nacional. Sin embargo, los motivos de preocupación van mucho más allá. En 2010, el país galo fue el primero que sugirió en un informe de su gobierno establecer una «Tasa Google». Pese a lo que su nombre indica, no gravaría solamente las actividades de esta compañía, sino además las de otras grandes empresas de internet estadounidenses, como Facebook, Yahoo!, Microsoft o AOL. El informe propone que estas compañías tengan que pagar un canon en compensación por la vulneración de los derechos de autor que provocan estas plataformas. La idea es que ese dinero pueda dedicarse a fomentar alternativas legales para comprar libros, música o películas a través de internet. Es decir, la denominada «Tasa Google» incrementaría el control del gobierno francés sobre los contenidos y las actividades de los grandes gigantes del mercado tecnológico, que tendrían que pagar un peaje para subvencionar la industria audiovisual francesa. Con la intención de apoyar al segmento musical, que ha sufrido mucho con el avance de la tecnología, el llamado informe Telnik sugiere la creación de una tarjeta para jóvenes que sería subvencionada en un 50 % para que pudieran adquirir música legal online.

En enero de 2011, las dos cámaras parlamentarias francesas aprobaron que la tasa quedase fijada en un 1 %. La respuesta de Google, en línea con lo que habían argumentado en otras ocasiones, se limitaba a afirmar que ese tipo de tasas desaceleran la innovación digital. ¡Si me tocas el bolsillo te acuso de perjudicar el mercado y la innovación!

Francia es un país proteccionista con su cultura. Debemos contemplar este tipo de planteamientos en ese contexto. Creo firmemente que las industrias no deben ser protegidas de forma artificial por los gobiernos, y que han de sobrevivir por sí mismas. Es cierto que la industria cultural está amenazada por la evolución tecnológica en todo el mundo. Otro tanto le sucede a la industria musical, pues se descargan miles de millones de canciones sin que los garantes de sus derechos ingresen un céntimo. Pero no es menos cierto que se trata de una industria anquilosada en un soporte muerto —el CD— que no ha evolucionado y sigue anclada en el pasado, incapaz de ofrecer una alternativa racional de consumo acorde a sus tiempos. En mi opinión, muchos de los problemas que tienen con internet las industrias de los contenidos en general radican en una falta de adaptación a lo que debería ser una oferta necesaria. Sostenerla de forma artificial, penalizando por ello a compañías que no tienen relación directa con el problema —aunque sí podrían tener relaciones indirectas—, me parece un sinsentido que acabará por fomentar la figura de algunos mediocres que hacen de su oficio un beneficio, y que crean productos audiovisuales con el único objetivo de recoger su ración de fondos públicos. Parte de ese escenario se contempla hoy en día en sistemas proteccionistas, como los que defienden el cine español o francés, industria que se sostiene de forma habitual con cuotas de pantalla o tasas obligatorias a las televisiones privadas. Soy de la opinión de que no deben mantenerse industrias artificiales, y que es necesario moldearlas para que se ajusten a la demanda. Habrá que recorrer ese camino tarde o temprano, y cuanto más lo alarguemos peor será su situación. Premiar a esas industrias con fondos públicos por medio de tasas sólo hará que reaccionen más tarde y que se retrase la solución al problema.

En otros países también se ha hablado de crear una tasa, como si se tratara de un traje a medida para los chicos de Google y compañía. Sin ir más lejos, en España, unas polémicas declaraciones del presidente de Telefónica, César Alierta, señalaban el camino. Fue la primera vez que el presidente de una de las principales operadoras del mundo abría la caja de Pandora al afirmar que si Google y los demás buscadores quieren hacer negocio tendrán que cederles una parte a los operadores, que son quienes ponen a su disposición las redes y sus millones de clientes. Los operadores de telefonía y acceso a internet llevan años pensando cómo hincarle el diente al negocio publicitario de Google, cuyos millones de usuarios deben, necesariamente, utilizar sus infraestructuras.

Para las telecos es evidente que Google ya no es la compañía altruista de sus comienzos. Cobra por algunos de sus servicios y productos, digitaliza los contenidos de otros y los ofrece como si fuesen suyos. Usa toda la información que fluye por sus redes en su propio beneficio y eso le permite almacenar gratuitamente en sus sistemas infraestructuras que no comparte con terceros. Los operadores estiman que el tendido de las nuevas redes de banda ancha fija y móvil en Europa, necesario para soportar el creciente tráfico de internet, y del que son responsables en buena medida los servicios de empresas como Google, Microsoft o Yahoo!, les va a costar más de 300.000 millones de euros en los próximos años. Consideran que no es justo que asuman el total del coste mientras las empresas antes mencionadas se benefician indirectamente de estas inversiones.

A estas declaraciones se sumaron rápidamente otras operadoras, e incluso el ministro de Industria español, Miguel Sebastián, que inmediatamente advirtió que es «una opción a discutir y barajar, y muy posible». Con el apoyo de facto del gobierno a la iniciativa de Telefónica, durante febrero de 2010 se presentó en Europa la propuesta de una «Tasa Google» promovida por la Administración española, que ostentaba en ese momento la presidencia rotativa de la Unión Europea. A diferencia del caso francés, la idea era establecer un impuesto para empresas de tecnología por el uso de las redes. El dinero recaudado podía emplearse para garantizar el mantenimiento de las redes en toda Europa, así como su mejora, lo que compensaría a las grandes compañías de telecomunicaciones, quienes realizan enormes inversiones en infraestructuras que luego son utilizadas de forma gratuita por estas empresas.

El gobierno de España lo argumentaba en la Comisión Europea del siguiente modo: «Google y otras empresas tienen millones de clientes en todo el mundo, y por ello deben pagar un porcentaje de lo que ganan, ya que ocupan un ancho de banda que no puede utilizarse para otra cosa». La lógica en la que se basa esta medida, apoyada por muchos socios europeos, es que las operadoras de telecomunicaciones pagan al crear y mantener las redes, el usuario paga sus servicios de ADSL, 3G o cable, pero las grandes empresas de contenidos, mayoritariamente estadounidenses, no pagan por su uso y las disfrutan aprovechándose de su desarrollo. Lo que se pretende es que paguen parte de esa factura.

España instó a los socios a pensar en ello y a establecer una posición común de la estrategia digital para Europa en los próximos quince años. A fecha de hoy, aún no se ha cerrado ningún acuerdo.

En los últimos años no sólo Telefónica, sino también otras grandes compañías de telecomunicaciones como Vodafone, en Reino Unido, u Orange, en Francia, han unido sus voces ante los proveedores de servicios gratuitos que saturan las redes, lo que obliga a mayores inversiones. Estas compañías también aducen que deberían pagar por ello.

En septiembre de 2011, Julio Linares, consejero delegado de Telefónica, declaró —y esto pasó bastante desapercibido— que en su opinión vamos hacia un nuevo concepto de internet con diferentes tipos de conexión en función de la calidad de las redes. En otras palabras, que la red de redes podría tener una doble cara con dos tipos de servicio distintos.

Sostengo una teoría muy personal sobre todo ello. Ante estos anuncios, que repercutirían en el coste de las conexiones, adivino una muy tímida oposición por parte de Google, lo que me hace leer entre líneas. En febrero de 2011, durante unos encuentros con periodistas en el Mobile World Congress, el presidente de Telefónica comentaba coloquialmente que «los mercados piensan que de esto [en referencia a la "Tasa Google"] no vamos a ver un duro. Yo pienso que los mercados están equivocados. Es más, estamos en conversaciones cada vez más intensas con empresas como Apple o Google, y llegaremos a un acuerdo».

Efectivamente, poco después presencié con preocupación el anuncio de la creación de un servicio VIP por parte de Telefónica a través la denominada Content Delivery Network (CDN). En teoría, permitirá ofrecer una mayor calidad que la red normal y servicios de valor añadido, sobre todo a los proveedores de contenidos, que pagarán por la nueva y mejorada versión. Telefónica reconoció negociar con Google y tener ya apalabrados a otros clientes, como Agencia Tributaria, Red.es, Tuenti y el Cabildo Insular de la Palma. Digo que esta medida me preocupó porque pondría en entredicho la neutralidad en la red y la igualdad de competencia.

En el plano político, algunas voces defienden la gratuidad del uso de las redes por parte de las grandes empresas de contenidos auspiciándose en preceptos de neutralidad. Así, por ejemplo, el Partido Pirata sueco, liderado por Christian Engstron, afirmó varias veces en público que esta tasa es injusta, ya que penaliza a las empresas de internet en función de su éxito. Las asociaciones de usuarios de internet se han mostrado, en general, escépticas. Temen que una tasa así repercuta sobre las ya de por sí enormes arcas de las empresas de telecomunicaciones, y que las promesas de mejora de la red y de mayor calidad de la conexión mediante hipotéticas y gigantescas inversiones no lleguen a hacerse realidad.

Es cierto que la inversión en redes debe experimentar un enorme esfuerzo en los próximos años. El tráfico de internet se multiplicará por seis de aquí a 2014, y sólo el internet móvil crecerá un 30 %. Siguiendo los criterios de neutralidad en la red, que debe estar garantizado por los gobiernos, creo que este tipo de tasas a empresas por utilizar las infraestructuras no son del todo legítimas. Las redes están ahí. Las empresas pueden utilizarlas y deben competir entre ellas. El beneficiario de todo ello es el usuario de los servicios, que ve cómo la innovación es un elemento diferenciador en estas empresas y se aprovecha de ello. Que las mayores empresas tengan una tasa repercutirá, en mayor o menor medida, en su innovación. Creo que una tasa así penaliza el éxito y es injusta, que permite subvencionar el negocio a las compañías de telecomunicaciones, quienes verían subvencionadas sus inversiones —un chollo— y que, probablemente, seguirían ofertando al usuario final los mismos servicios al mismo precio.

Además, añadiría que la resistencia de perfil bajo ante estos movimientos por parte de Google, Microsoft o Apple deja entrever que les seduce la posibilidad de tener una red de dos velocidades: la red Premium, para las empresas que pagan una tasa y que, por tanto, tienen acuerdos especiales con las operadoras que les proveen de servicios de mayor velocidad y calidad; y la red de «segunda división», en la que se englobarían todas las demás. Si eso fuera así, estas últimas no podrían optar, en ningún caso, a competir con las que ya dominan el mercado, lo que crearía una situación que incrementaría su posición dominante.

Sacado de quicio, todo esto del «castigo» por el uso —y abuso— masivo nos llevaría a establecer ridículas tasas en todos los sectores, con lo que se crearía una industria productiva totalmente subvencionada. Siguiendo esta lógica, podríamos pedir al gran fabricante de refrescos The Coca-Cola Company que subvencionara la producción de vidrio, ya que sus refrescos usan necesariamente los vasos en los que son consumidos. ¿Pagan los fabricantes de neumáticos las redes de carreteras por las que transitan los vehículos? ¿Tendría eso lógica? En definitiva, todo ello constituye un escenario dantesco que atenta contra lo que, al menos en teoría, los gobiernos se comprometen a garantizar —y lo que debemos que exigir que así sea—: la libertad e igualdad en internet.

Están locos estos germanos

No sólo hay normas o impuestos a medida de los chicos de Mountain View desde Francia y España, o en el ámbito europeo. La preocupación por las actividades de Google se extiende a muchos países. En 2010, el gobierno alemán decidió prohibir la utilización de la herramienta de seguimiento de la empresa Google —Google Analytics— por considerar que atenta contra la privacidad del usuario cuando navega por internet. Este servicio está considerado como un elemento fundamental en el proceso de análisis del tráfico que se produce en un sitio web determinado, ya que permite estudiar y constatar que los perfiles de los usuarios de nuestro sitio se ajustan a nuestros objetivos.

Google Analytics es una herramienta extraordinaria, increíblemente útil y poderosa, sencilla de usar y versátil. La utilizamos en muchas de las empresas en las que invierto o participo. Para mi desgracia, dependemos de ella. Su utilidad principal está en que aumenta el conocimiento y la productividad de quien la usa, aunque reconozco que en varias ocasiones he reflexionado con otros profesionales del sector si «debería» o no usarla. Cada vez conozco más casos de empresas, algunas de ellas muy conocidas, que buscan y acuden a otras alternativas analíticas, incluso de inferior calidad para medir los datos de tráfico y las oportunidades ocultas de sus páginas web. El motivo es obvio: la herramienta es buena —es más que eso: es excelente—, pero Google sabe demasiado. Es «demasiado» buena para ser real, y posiblemente el precio que pagamos por ella sin saberlo es demasiado alto. Pero ¿no era gratis? Ése es el engaño de Google. Pensamos que es gratis y, sin embargo, la pagamos. ¡Y vaya si lo estamos haciendo! Pagamos compartiendo y poniendo a nuestro servicio la información más privada de nuestras empresas. Posiblemente ése sea un precio demasiado alto, aunque a día de hoy algunos aún no lo comprendan. Que la luciérnaga se vea atraída por la luz brillante no hace que ésta sea el paraíso. De hecho, moriría de tanto aproximarse a ella. Habitualmente millones de personas atraídas por este tipo de servicios se están quemando casi sin saberlo.

El principal problema para buscar alternativas —ya hemos visto que la falta de alternativas reales es un síntoma de monopolio— es que, si se trata de uno o varios portales web, no pasa nada. Resulta económicamente factible. Pero si se quiere aplicar a muchos portales, hay pocas alternativas de esa calidad y que no sean demasiado caras. En pocas palabras, a ese nivel no hay demasiadas alternativas reales en el mercado. Otra cosa es que las que haya nos puedan servir de manera puntual. Además, la integración de este producto con otras herramientas de Google, como Adsense o Adwords, es muy efectiva, y con otro proveedor no sería posible. Eso limitaría muchos negocios y servicios que son imprescindibles para millones de empresas.

El caso es que el gobierno alemán fue un paso más allá. Le

preocupaba la recopilación de datos de los usuarios que hace el servicio Google Analytics. Esta práctica, según ellos, podría vulnerar la privacidad de sus ciudadanos. Las explicaciones que ha recibido el gobierno alemán por parte de la empresa Google no han sido satisfactorias. El gigante asegura que cumple con todas las normativas europeas de privacidad, y que incluso la herramienta Google Analytics es utilizada por sitios web de autoridades europeas que se ocupan de la protección de datos.

Pienso que el gobierno alemán se propasó con su medida. Posiblemente tendría más sentido alertar a los ciudadanos de este tipo de señuelos enseñándoles a valorar que, pese a lo que pueden pensar en un principio, no son gratuitos, como parece a primera vista. Nadie hace nada gratis. Créeme si te digo que eso se aplica muy especialmente a Google. Deberíamos reflexionar sobre ello.

Otros frentes

No sólo la legislación, los impuestos o los derechos de propiedad intelectual son motivos de conflicto. En muchos países, el imperio se encuentra con otro tipo de problemas.

En los primeros años de internet en España emergió con fuerza un negocio basado en los sistemas de tarificación adicional. El sistema, que era similar a conectarse a una línea telefónica de tarificación especial (en aquel entonces, números 906, ahora 806, 807, etc.), se implantó rápidamente como un lucrativo modelo de negocio. Consistía en ofrecer determinados tipos de contenido al usuario final a través de la conexión a dichos números por medio de un *software* denominado *dialer*. Ese tipo de líneas se encontraba en aquel momento en una situación de «alegalidad», ya que solamente estaban regladas para su uso en sistemas de voz, y no de datos, a través del ordenador.

Los abusos no tardaron en aparecer. Muchos proveedores de este tipo de productos abusaban de la bisoñez del usuario, dejándole predeterminado en su ordenador el kit de conexión. Sin que el usuario necesariamente lo supiera, se originaban muchas conexiones a Internet de forma indebida a través de estas líneas, lo que acababa en quebraderos de cabeza y enormes facturas de teléfono, en ocasiones de miles de euros al mes. A medida que estas noticias saltaban a los medios de comunicación, se originó una enorme polémica y se presionó a la administración para que regulase, o incluso prohibiese, este nuevo y lucrativo negocio.

Los anuncios de Adwords de Google acabaron siendo el reflejo de esta situación. Por medio de cualquier tipo de búsqueda, al hacer clic en un anuncio patrocinado, cualquier usuario podía acabar instalándose este *software*.

Jesús Encinar, un conocido empresario de internet, fundador del portal inmobiliario líder en España Idealista.com, seguía con preocupación esta situación por un posible perjuicio a su negocio. Recuerda cómo durante aquellos años buscar en Google términos aparentemente inocentes como «Alquiler de piso» podía terminar en un anunciante despiadado que compraba las palabras, aprovechando el sistema publicitario de Google, y que instalaba un *dialer* en el ordenador del usuario.

Una noche, en un restaurante, Jesús se percató de que en una mesa cercana cenaba un conocido directivo Google. Sin pensárselo dos veces, y pese a que no conocía personalmente a su interlocutor, Jesús lo abordó con la intención de poner en su conocimiento la situación de abuso generalizado que algún desalmado anunciante llevaba a cabo utilizando las herramientas de Google. Aquello tenía toda la lógica del mundo. Posiblemente todos estaríamos agradecidos si alguien pusiera en nuestro conocimiento una situación irregular o un abuso de nuestra buena fe y nuestras herramientas, que además, colateralmente, perjudicase incluso económicamente a nuestros propios clientes o usuarios, al margen de las connotaciones legales que esto pudiera tener para nuestra compañía. De aquella breve conversación Jesús quedó muy sorprendido. Recuerda cómo su interlocutor, sin apenas mostrar interés, se lo quitó de encima rápidamente.

Años más tarde me enteré de que, durante aquellos años, hasta el 50% de los ingresos de la filial europea de Google —no sólo en España, sino también en países como Alemania, Italia y otros— provenía de este tipo de publicidad, y de que esto era perfectamente conocido por la compañía, que lo permitía y toleraba, ya que suponía su principal fuente de ingresos. De hecho, sólo en los meses previos a la salida a bolsa de Google, y por miedo a las repercusiones incluso legales que esto podría traer consigo si hubiera trascendido, se decidió poner fin a ese tipo de prácticas tras años de lucrativo negocio y de graves perjuicios para sus propios usuarios.

De hecho, algunos empresarios estaban muy bien considerados en las oficinas de la empresa, y recibían un trato VIP por parte de sus directivos. Eran los mismos que compraban ingentes cantidades publicidad de manera recurrente con cifras cercanas al millón de euros mensual para anunciar este tipo de productos, todo ello con el beneplácito de la compañía. Estos empresarios acudían a ellos como el *partner* estratégico ilegal para lucrarse de las líneas de tarificación adicional. Google disfrutaba del momento, y no hacía preguntas.

Años después la ley cambió y prohibió totalmente este tipo de negocio. Algunos empresarios de internet incluso recibieron escarnio público al ser detenidos, en lo que se interpretó como un serio aviso al sector. Ellos fueron los que vieron perjudicada su imagen pública al aparecer en los telediarios esposados y trasladados a la comisaría por algunas de aquellas prácticas. Google jamás se vio afectado, y posiblemente fue quien más se lucró de aquella situación irregular.

En aquella época, al menos en Europa, el decálogo moral de la compañía, que insta a trabajar por y para el usuario sin perjudicarle en caso alguno, y a hacer negocios de manera ética, no parecía estar en vigor o cuanto menos no había mucho interés por ponerlo en práctica.

En Italia, algunos servicios de la empresa han sufrido episodios algo surrealistas tras los cuales la compañía ha salido escaldada. He hablado con anterioridad de los problemas de YouTube con los derechos de autor. En Italia, los problemas de este servicio han sido de naturaleza distinta, y han tenido consecuencias personales más graves que las meramente económicas. Corría el año 2008 cuando se presentó una demanda contra Google. Su servicio de vídeos albergó durante varios meses un archivo triste y vejatorio grabado en 2006 en el que tres imbéciles de Turín agredían a un joven con síndrome de Down. Posiblemente orgullosos por su hazaña, la grabaron en vídeo y se encontraba disponible en YouTube.com.

La queja no tardó en llegar y fue presentada por el grupo italiano Vivi Down, que defiende los derechos de las personas con síndrome de Down, así como por el padre del niño. En 2010, la justicia italiana condenó a tres directivos de Google a seis meses de cárcel por consentir que este vídeo se hiciera público, ya que se vulneraba el derecho a la intimidad del menor discapacitado. Google ha apelado esta sentencia, cuya condena involucra al vicepresidente sénior y máximo ejecutivo del Área Legal, David Drummond, al ex miembro del consejo de administración de Google Italia, George de los Reyes, y al asesor mundial de Privacidad, Peter Fleischer. Según la legislación italiana, la sentencia no les obliga a ingresar en prisión, pero establece un precedente complicado e imposible de asumir por prestadores de servicios a través de internet.

Un representante de la compañía indicó que «el veredicto plantea una duda crucial para la libertad sobre la que está construido internet», dado que ninguno de los empleados tuvo nada que ver con el vídeo vejatorio. Efectivamente, en esta ocasión parece que el juez italiano actuó de forma desproporcionada e incoherente.

Los problemas se sucedían. Durante 2008, Turquía bloqueó YouTube alegando que algunos vídeos insultaban al fundador del país, Mustafa Kemal Atatürk. Brasil también tiene un frente abierto con la empresa. En 2008, Google se sentó en el banquillo de los acusados. Las autoridades brasileñas habían denunciado al buscador por negarse a facilitar detalles sobre las redes de pederastas que ejercían su actividad en su red social Orkut. Una comisión especial del Senado que investigaba la pederastia en internet llamó a declarar en Brasilia a varios directivos de la empresa. El ministerio público detectó 3.261 álbumes de Orkut sospechosos de esconder imágenes ilegales. El fiscal, Paulo Sergio Suima, afirmaba que el portal eludía su responsabilidad por supuestos delitos en el servicio Orkut que, según Google, tiene en

Brasil unos 27 millones de usuarios en diversas comunidades. Asimismo, acusaba a Google de mantener «una posición poco negociable» en relación con la difusión de pornografía infantil.

El director presidente de Google Brasil, Alexandre Hohagen, defendió al portal al alegar que la empresa estudiaba llevar a Brasil una nueva herramienta «capaz de resolver definitivamente el problema de difusión de mensajes ilícitos por medio de comunidades de Orkut». La empresa argumentaba que su filial local sólo podía responder por las operaciones comerciales, y que no podía atender denuncias sobre delitos cometidos por usuarios brasileños. Sin embargo, según las autoridades «quien se instala en Brasil o publica páginas que son vistas a partir de ordenadores en Brasil tiene que obedecer la ley brasileña». Es evidente que los gobiernos de medio mundo están cansados de las argucias legales de la empresa para evitar sus responsabilidades en diversos mercados. El presidente de la comisión parlamentaria que investiga el caso, el senador Magno Malta, fue taxativo al asegurar: «Si Google gana dinero en Brasil, tiene que cooperar en la lucha contra la pederastia». Según la Fiscalía, en caso de una negativa la empresa se expone a un proceso civil y criminal.

También en Tailandia el buscador ha tenido problemas, concretamente con su servicio de YouTube. Durante 2007, YouTube permaneció bloqueado ya que, según el Ministerio de Información tailandés, se había creado un programa que impedía a los proveedores tailandeses de internet acceder a vídeos sensibles para la sociedad o que violaban la ley del país, según el diario *Bangkok Post*. Insultar o poner en tela de juicio la imagen benefactora del rey o de la familia real es en Tailandia un delito grave que se castiga con penas de hasta quince años de prisión. El vídeo, que vieron cerca de 16.000 internautas, mostraba fotos del monarca pintadas o desfiguradas con una suave música militar de fondo. Según anunció el ministro de Tecnología de la Información y Comunicaciones, Sitthichai Pookaiyaudom, el bloqueo se levantó cuando Google, propietario de YouTube, instaló filtros para impedir que los tailandeses accediesen a vídeos que insultaban a su monarca, de setenta y nueve años de edad.

El mayor turista del mundo

Dudo que a estas alturas, querido lector, aún pienses que Google es una organización altruista... aunque de todo hay en la viña del Señor. Parece evidente que Google, como empresa, con sus actitudes comerciales y empresariales, tiene sus luces, que brillan con fuerza, y también sus sombras, que, como estás viendo, son de un intenso color negro.

Gobiernos de todo el mundo, desde las duras dictaduras de países como China o Corea del Norte, a las democracias europeas o Estados Unidos, organizaciones públicas o privadas, todos tienen problemas con la compañía. Y esto sucede mientras la gente, ahí fuera, es feliz haciendo uso de sus productos. Podríamos pensar que sólo se trata de una cuestión de tamaño —«se han hecho demasiado grandes»—, y es posible que así sea. Pero el que dicen que es el propio ADN de la empresa, que presume de hacer el bien por medio de su *Don't be evil*, no puede ponerse en segundo plano por una mera cuestión de dimensiones.

Uno de los servicios que ha vulnerado de forma más grave las libertades individuales es Google Street View. Cabe decir, en primer lugar, que se trata de un producto apasionante, útil e innovador. Pero eso no impide que sea invasivo, como veremos a continuación.

El servicio permite navegar desde cualquier ordenador por las calles de las principales ciudades del mundo por medio de fotografías con una visión de 360 grados, de manera que la perspectiva que ofrece es muy detallada. Se trata de cientos de millones de fotografías tomadas a pie de calle por cámaras incorporadas a unos vehículos especiales, metro a metro, calle a calle, en los principales núcleos de población de todo el mundo. Por poner un ejemplo, Google Street View empezó a fotografiar Brasil, uno de los países más extensos del mundo, en septiembre de 2010. El objetivo marcado era tener fotografiado el país y almacenar en su base de datos las imágenes del 90 % de las calles brasileñas a finales de 2012.

Quisiera hacer un inciso sobre este servicio, aunque eso suponga tirar piedras contra mi propio tejado y no diga mucho de mi visión de negocio. Ocasionalmente actúo como inversor privado o *business angel*, especialmente en el sector de la tecnología. Eso implica que me reúno cada año con cientos de emprendedores que buscan financiación y ayuda con la intención de valorar si sus proyectos son interesantes. Si ése es el caso, intento asegurarme una participación mediante una inversión financiera. No soy Cáritas, ni pretendo serlo. Algunos apoyan a grandes empresas en mercados bursátiles al invertir en sus acciones. Del mismo modo, me gusta apoyar a emprendedores en las fases iniciales de sus proyectos. En ambos casos se trata de inversiones financieras realizadas, eso sí, desde diferentes puntos de vista. Lo que se busca con ellas es generar un rendimiento económico que, para qué vamos a engañarnos, como *business angel* sucede de forma poco frecuente. Aun así, cuando ocurre es muy espectacular.

Si echo la vista años atrás y olvido por un instante que ese servicio existe, y si pienso en un emprendedor sagaz que me hubiera propuesto la participación en un proyecto como Street View, que implica miles de coches en la calle preparados con sofisticados equipos recorriendo las principales ciudades del mundo —cientos de fotos por minuto— para luego almacenar «la ciudad completa», hubiera pensado que el emprendedor era un loco idealista y que el proyecto resultaba inviable.

Para ser sincero, posiblemente apiadándome de él, intentaría quitarle semejante tontería de la cabeza. Incluso tal vez me hubiera echado unas risas tras la reunión y habría incluido su ocurrencia en el cajón en el que conservo las ideas y los proyectos más locos que me han llegado a ofrecer —este tema daría para otro libro—. Vamos, que si hubiera podido, antes de irse le habría recetado ansiolíticos para atenuar sus alucinaciones.

Mea culpa. Nunca pensé que algo de tal envergadura fuera viable. Google está fotografiando ciudades y países enteros. Resulta muy difícil entender la dimensión del proyecto sin un mapa del mundo que explique su expansión paso a paso, kilómetro a kilómetro.

¡De modo que era viable! Incluso hoy lo asumimos como algo natural sin pararnos a pensar en la inmensa estructura que hay

Cobertura de Street View

Fuente: Google.

detrás de lo que supone la mayor sesión fotográfica del mundo. La potencia y las posibilidades de este genial producto aún son desconocidas para una parte importante del gran público. En pocas palabras, representan la compra y digitalización de toda la información visual disponible de países enteros por parte de una compañía privada. Lo más sorprendente desde el punto de vista empresarial es que la enorme inversión que ha supuesto ponerlo en marcha no tiene detrás un modelo de negocio viable previamente definido. Es decir, no se trata sólo de poner a cientos de personas y coches a fotografiar el mundo, sino que, según reconocen ellos mismos, se hace sin tener definido cómo se va a ganar dinero con ello para rentabilizar la inversión. Y es que desde la empresa se han jactado en más de una ocasión de sacar productos al mercado sin haber previsto con antelación cómo monetizarlos. En este caso, lo que ya han conseguido es afianzar un poco más su posición de monopolio en el ámbito de la información. Con esto ya son «los únicos» que pueden ofrecer demasiadas cosas.

El servicio se lanzó en fase de pruebas en San Francisco en 2007, y se extendió después a otras cinco ciudades de Estados Unidos. En julio de 2008 tuvo lugar su primera salida hacia Europa, coincidiendo y siguiendo la ruta del Tour de Francia. En septiembre de 2011, Google había fotografiado dieciséis países europeos, tres latinoamericanos, cuatro asiáticos, uno africano y... ¡la Antártida! Aquello ya suponía el mayor esfuerzo fotográfico de la historia.

Una enorme flota de vehículos, desde coches hasta motos de nieve, recorre países enteros. Peinan cada una de sus calles y hacen fotografías sin cesar equipados con un soporte externo que llega a medir entre 2,5 y 8 metros de alto, y que va coronado con nueve cámaras que se disparan en 360 grados. Todos los vehículos están equipados con conexiones WIFI y 3G para enviar los datos —de esto hablaré más adelante— y para recabar información que facilite otros servicios de geolocalización de la compañía. Para ello, una vez más, y sin que esto les reste un ápice de su mérito, no han inventado la rueda. Tan sólo han adaptado la tecnología disponible a sus necesidades, basándose, en este caso, en el *hardware* de código abierto de las cámaras Elphel. Y el proyecto no se queda ahí. Esta voracidad de información... Perdón, me he dejado llevar. Quería decir que esta «ilusión que tienen de ofrecernos gratuitamente la mayor cantidad de información posible» les lleva incluso a utilizar vehículos alternativos —bicicletas e incluso triciclos— en zonas de difícil acceso como pueden ser calles estrechas o peatonales, e incluso carritos adaptados para fotografiar museos en todo el mundo. De esta forma el servicio ofrece detalles de fachadas, caminos, monumentos, paisajes, parques naturales, edificios enteros y otros objetos del mobiliario urbano que, en determinadas ocasiones, pueden resultar útiles para el usuario.

Imaginemos que estamos buscando un piso. Podemos recorrer un barrio como si estuviéramos paseando por él desde la pantalla de nuestro ordenador. Y no sólo eso. Existe además cierta utilidad turística como, por ejemplo, dar un paseo virtual por el interior del Coliseo de Roma con vistas de 360 grados. Es sencillamente apasionante, pero también supone un ejemplo de cómo lo útil puede estar reñido con lo legal. Para ofrecer este magnífico servicio se están vulnerando en muchos países los derechos fundamentales de los ciudadanos y de las instituciones.

La primera queja de la que se tiene constancia provino de una neoyorquina llamada Mary Kalin-Casey. En una entrevista que concedió a la publicación *online Boing-Boing* resaltó la inquietud que sintió al comprobar que, mientras buscaba su domicilio recientemente fotografiado por Street View, había visto y reconocido a través de la ventana a su gato *Monty*. La mujer explicó que la experiencia le hizo temblar y reflexionar sobre la intrusión en su privacidad, algo que nadie, hasta ese momento, se había planteado públicamente. Desde luego, si en vez de tu gato se puede ver desde la ventana el valioso cuadro de tu abuela, u otros objetos de valor, el motivo de alarma y preocupación aumenta. Y así ocurrió. Tras las quejas iniciales la compañía decidió eliminar o *pixelar* (un píxel es la menor unidad homogénea en color que forma parte de una imagen digital, ya sea ésta una fotografía, un fotograma de vídeo o un gráfico. *Pixelar* se refiere a distorsionar los píxeles de la imagen, en este caso para hacer borrosa y no visible una zona) las matrículas de los coches, las caras de las personas e incluso algunas ventanas cuyo interior pudiera estar a la vista de todo el mundo. Sin embargo, el sistema automático encargado del tratamiento de las imágenes falla con frecuencia y sombrea elementos de la imagen que no debe y, al contrario, no detecta los rostros de las personas o las matrículas de los coches. ¿Eliminan entonces todos los elementos que pueden herir la sensibilidad del usuario o menoscabar la intimidad del fotografiado? ¿Tiene Google derecho a fotografiar tu domicilio y ofrecerlo al público según las condiciones que ellos mismos establecen? ¿Hacer una fotografía nos hace propietarios de su contenido? ¿Qué podemos encontrar en la calle si fotografiamos el mundo entero?

Las cámaras de Google Street View han capturado en sus paseos por medio mundo situaciones tales como asaltos en plena calle, gente en sus parcelas en ropa interior captada por encima de los muros de su domicilio, robos, peleas, accidentes, personas en prostíbulos o con prostitutas en plena calle, escenas en playas nudistas, mujeres entrando en clínicas abortivas, desnudos tras el cristal de una ventana o personas orinando en plena calle. Es lo que hay, es lo que se puede ver. En eso se escuda Google al argüir que son imágenes recogidas en plena calle. Lo que obvia la compañía es que son recogidas sin aviso ni autorización por parte de las personas que aparecen en ellas, y que son fotografías y situaciones que pueden tener consecuencias, incluso estar sujetas a malas interpretaciones. Por poner un ejemplo, la fotografía de una mujer orinando en plena calle publicada en Street View fue muy célebre y comentada en los círculos de internet. Resulta evidente que hoy en día hacer esto no tiene mucha lógica, y que si lo haces corres el riesgo de ser visto. Pero es muy diferente ese riesgo que el de inmortalizarte y reproducir la imagen, para deleite de vecinos y conocidos, en la página web más importante del mundo.

Os pondré otro ejemplo. Un coche que circula por una zona frecuentada por prostitutas puede estar de paso y ser fotografiado. Esté o no esté de paso, se genera una situación incómoda que podría tener consecuencias sociales, incluso familiares, graves. Por supuesto, puedes pensar, y no estar exento de toda lógica, que si no quieres que nadie te vea haciendo algo inapropiado, ¡lo que debes es no hacer nada inapropiado! De eso no cabe la menor duda. Pero incluso haciéndolo, en la mayoría de los países europeos tienes derecho a tu privacidad. No sería legal que un tercero tomara esas imágenes y las distribuyese a su antojo. De hecho, ni tan siquiera las autoridades pueden hacerlo tan alegremente.

Si hacemos memoria, todos nos habremos visto en plena calle en una situación en la que no quisiéramos ser retratados para la posteridad. Pues bien, mala suerte. A algunos les ha tocado porque daba la casualidad que por ahí pasaba el coche de Google.

Hace tiempo, cuando acabé de construir mi casa en una urbanización a las afueras de Madrid, decidí instalar en su interior cámaras de seguridad equipadas con grabación y visión nocturna en varios puntos estratégicos. Pese a que se trata de una urbanización de acceso restringido, me pareció que era una medida acertada y que, a pesar de que esperaba no tener que utilizar nunca esas grabaciones, tenía sentido controlar los accesos a mi domicilio. El caso es que hace un par de años me visitó un amigo electricista que aparcó su coche en la puerta de mi domicilio. Venía a realizar varios arreglos e instalaciones. Al terminar, cuando se estaba marchando, me llamó alarmado. Salí y me mostró su coche rayado de arriba a abajo. Cuando digo «rayado» no me refiero a un pequeño roce. Ni siquiera me refiero a alguien que hubiera tenido la simpática idea de arañar el coche. Me refiero a que habían cogido una piedra del suelo y, literalmente, lo habían rayado de arriba a abajo y de delante a atrás. En definitiva, el vehículo estaba destrozado. No daba crédito y me llevé un disgusto terrible. Mi amigo debía pintar el coche entero por la ocurrencia de un *hooligan* callejero en la misma puerta de mi casa. Como antes mencionaba, la urbanización autoriza todos los accesos desde el control de seguridad. En otras palabras, el responsable era un vecino o alguien con acceso a un domicilio cercano, lo que lejos de tranquilizarme me inquietaba aún más. Sin embargo, además de vándalo era imbécil. Lo había hecho en medio de dos cámaras claramente visibles a cuatro metros de altura que grababan cualquier movimiento en la entrada, y eso no parecía precisamente una idea brillante. Todo lo cual representa una prueba evidente de que hasta para ser un canalla hay que ser medianamente listo.

Llamé a la empresa de seguridad y esa misma tarde alguien vino a revisar las grabaciones. Cuando llevaban una hora visionándolas en busca del momento crítico, salí casualmente a la calle y me quedé estupefacto al ver igualmente destrozado el flamante Audi rojo del responsable de la empresa que, dentro de mi domicilio y ajeno a todo, continuaba analizando las grabaciones. ¡No podía creerlo! En ese preciso instante habíamos dado con la grabación y descubrimos que a un vecino de quince años —pobre angelito— no se le ocurrió hacer nada más divertido ese día que coger una piedra del suelo y destrozar con ella los coches que había aparcados en el exterior de mi domicilio con enorme saña que quedaba reflejada en las grabaciones. Ante las evidencias, la madre, avergonzada, se comprometió a pagar los desperfectos de ambos vehículos. Sin embargo, en un momento dado, tras ver las imágenes, dudó un instante y me dijo: «Estás grabando desde tu casa, cierto, pero coges un metro de la calle con las cámaras. ¿Seguro que esto es legal? Yo creo que estas grabaciones son ilegales, y a lo mejor soy yo la que te tengo que denunciar a ti por grabar a un menor de edad en la vía pública». Francamente, tenemos unas leyes en ocasiones tan surrealistas que me sembró de dudas.

Recuerdo que le conté un cuento. No tuvo más remedio que pagar los desperfectos de los vehículos y cerrar el caso antes de que pudiera poner las grabaciones, legales o no, en manos de la policía. Pero lo cierto es que la madre del angelito hizo que me planteara si mi sistema de seguridad, además de efectivo, era legal. Realicé una consulta y descubrí con sorpresa que la madre del demoníaco chaval no estaba mal encaminada. Incluso desde mi propiedad, no podía grabar ni almacenar, sin anunciarlo con un cartel visible en la calle en el que constaran mis datos personales, y además debía tener las cámaras registradas en la Agencia Española de Protección de Datos, lo que hice de inmediato.

El episodio dejaba claro cómo y hasta qué punto se protege la privacidad en Europa, y en qué situación puede estar incurriendo Google al fotografiarlo todo sin autorización de las personas que aparecen en las imágenes, en ocasiones en situaciones tan inverosímiles, pero reales, como las mencionadas al principio de este capítulo. Hay que advertir que se está grabando, y debe haber un claro responsable con una dirección en la que poder solicitar la eliminación de esas imágenes. No creo que dotar a los coches de Street View con un altavoz y una grabación recurrente que emita por megafonía un mensaje parecido a «estamos grabándote para Google, por favor, sonríe o grita ¡patata!», otorgue al servicio los altos estándares de privacidad que rigen en muchos países de Europa. Pero nada de esto importa, porque ni siquiera lo han intentado.

Street View ha sido sometido a investigación y, en ocasiones, se les ha obligado a modificar o incluso a eliminar su servicio. Uno de los motivos ha sido la violación de intimidad a la que se ven sometidos algunos particulares. Buena prueba de ello fue cuando en Brasil los coches recorrieron barrios como Belo Horizonte, en Río de Janeiro, y captaron imágenes de cadáveres expuestos en plena calle. Las imágenes, publicadas en internet, fueron retiradas tras un aluvión de quejas por parte de los usuarios. La compañía pidió la colaboración del público para retirar las imágenes inapropiadas que pudieran aparecer en la red.

Como puedes observar, Google no estableció sus propios sistemas de control. Una vez más, pidieron a los internautas que lo hicieran, evitando así cualquier responsabilidad que se derivara de sus actos y buscando apoyos anónimos que, a fin de cuentas, resultan más baratos.

Alemania es uno de los países donde, al margen de la legislación, los ciudadanos son más celosos de su privacidad. En una encuesta aparecida en el diario *Bild Am Sonntag* en 2010, el 52 % de los encuestados aseguraba que exigiría la retirada de la fotografía de su domicilio de este servicio de Google. De hecho, los tribunales alemanes establecieron que cualquier ciudadano contaba con el derecho a exigir que su coche o su casa fueran retirados del sistema. Muchos alemanes ejercieron su derecho. Las autoridades recibieron exactamente 244.237 peticiones, lo que representa el 2,9 % de los aproximadamente 8,5 millones de hogares que hay en las veinte ciudades que han sido fotografiadas. De esta manera, los alemanes ganaron la batalla a la compañía, que tras continuos dolores de cabeza, cuestionada por su intromisión en la privacidad, decidió dejar de fotografiar las calles alemanas y se limitó a recoger información para la mejora de sus mapas.

Al margen de este obligado cese de actividades en Alemania, el servicio ha tenido muchas dificultades en países como Canadá —en el que los vehículos con cámaras estuvieron detenidos en 2009 hasta llegar a un acuerdo con el gobierno que conciliaba las exigencias de privacidad con las intenciones de Google—, en Australia —donde el servicio estuvo detenido por una investigación hasta mayo de 2011—, en Grecia —donde se prohibió en 2009 hasta que las autoridades locales recibieron garantías de privacidad—, o en la India —donde, en junio de 2011, se puso fin a la actividad tras recibir en Mountain View una carta de preocupación por parte del Gobierno indio—. En Suiza cientos de personas, empresas y numerosas administraciones públicas protestaron ante el encargado federal de protección de datos, Hanspeter Thür. Por ese motivo, Thür exigió la retirada inmediata de internet del servicio alegando que «no respeta las normas de protección de la vida privada negociadas con anterioridad a su estreno».

Sin embargo, la compañía aseguraba haber recibido «muy pocas» quejas de internautas que pidieran que sus rostros fueran difuminados. «Imagínense que se le pueda reconocer en un barrio caliente —conflictivo o de prostitución— o delante de un centro psiquiátrico. En ese caso habría claramente una violación de la vida privada», dijo el segundo responsable federal de la protección de datos, Jean-Philippe Walter. Una vez más, Google ponía en el mercado un producto que podía dañar algún derecho fundamental. Para que esto no se produjese el perjudicado debía ser el que reaccionara, lo identificara, se quejara, denunciara o pataleara. En la actualidad se puede solicitar la retirada de una imagen de Street View en condiciones concretas sin que esto sea tan sencillo como puede parecer a simple vista. Peor aún, la queja no garantiza la retirada final de la imagen.

En este libro he mencionado varias veces al ex consejero delegado del imperio, Eric Schmidt. No me duele en prendas afirmar una y otra vez que para mí es el auténtico genio en la sombra. También he destacado al referirme a él que las relaciones públicas y la comunicación le juegan, en ocasiones, malas pasadas. Todo lo cual hace que admire, aún más si cabe, al personaje, y no porque sea miembro del poderosísimo Club Bilderberg, sino porque habla claro. No sé si por soberbia o por nerviosismo, cuando se harta dice lo que de verdad piensa, haciendo temblar los muros meticulosamente construidos por el Departamento de Comunicación de la empresa, quien, salvo estas pocas excepciones, suele manejar con sumo acierto la imagen que envuelve a la compañía.

En un programa de la CNN el propio Schmidt, visiblemente harto ante las preguntas sobre la privacidad y Street View, definió la mejor solución posible al problema. De forma rotunda, con una maligna sonrisa en la boca, dijo: «Si no te gusta que Street View haga una foto de tu casa, ¡múdate!». Reconozco que leí el titular en numerosas ocasiones y reí a carcajadas imaginando el sudor frío del equipo de Relaciones Públicas de Google al día siguiente mientras intentaban apagar el incendio. Numerosos medios de comunicación abrieron de forma crítica sus ediciones en papel con sus declaraciones. Insisto, a mí me parecieron divertidas y muy gráficas de lo que posiblemente piensan de puertas para adentro. Es más, me parecen hasta diplomáticas. Me los imagino desde un despacho de Googlelandia pensando literalmente: «Si no les gusta que su casa salga en Street View, ¡que se jodan!».

El caso es que la esperada actividad reparadora empezó al día siguiente. Desde Google se contactó con los medios que habían reproducido las declaraciones para indicar que «se trataba de una broma», y que así debía entenderse. De hecho, Shane Richmond explicaba en *The Telegraph* desde su columna que había sido contactado al día siguiente por el equipo de Relaciones Públicas de Google para explicar que se trataba «de una broma, y que las personas preocupadas de su privacidad por el servicio Google Street View podían solicitar que su hogar fuera eliminado». A la vez le pedían que se lo aclararan a sus lectores. En los mensajes que Google lanzaba a los medios intentando apagar el fuego se incluía una nota del propio Schmidt que explicaba que esas declaraciones se habían realizado durante una entrevista demasiado larga que había girado alrededor de temas de privacidad, y que se había equivocado claramente. «Si usted está preocupado por Street View y quiere que su casa sea eliminada, por favor, póngase en contacto con Google.» Este Schmidt es un tipo genial y divertido, ¿no crees?

Si piensas que este servicio no podría tener más conflictos y problemas, te equivocas. Lo más gordo estaba aún por llegar. La empresa de nuestros simpáticos Page y Brin no sólo hacía fotografías por todo el mundo, sino que además cometieron lo que, según ellos, fue «un error» que supondría un enorme escándalo, un punto y aparte en su relación con casi todos los países. Google perdió de golpe la poca inocencia que le quedaba y anunció a principios de 2010 que había recopilado, «de modo accidental», datos personales —algunos analistas afirmaron que había correos electrónicos y contraseñas— a través de las redes WIFI a las que habían accedido sus coches mientras fotografiaban las calles de medio mundo. Sin embargo, según palabras de los responsables de Google, «los únicos datos de usuarios que se han recopilado han sido los de las redes WIFI en abierto, es decir, los que no tenían contraseña». ¡Sólo faltaría que al resto nos hubiera *hackeado* la línea y nuestra clave! «Además —proseguían desde Google—, hemos sido nosotros los que hemos reconocido nuestro propio error. Estamos colaborando con las administraciones y facilitándoles toda la información necesaria para esclarecerlo.» Es decir, Google había accedido a las líneas abiertas y almacenaba la información personal de cientos de miles, tal vez de millones, de usuarios. ¿Acaso era un error? ¿Quién programó y preparó los coches para cometer ese «error»? ¿Le han ahorcado ya al amanecer, como mandan los cánones?

Este escándalo puso en pie de guerra a casi toda Europa. Se consideró como la gota que había colmado el vaso. ¿Era posible haber recopilado información de terceros por cada calle, cada ciudad, cada pueblo de Europa «por error»? Las autoridades responsables de la protección de la privacidad tienen aún mucho que decir.

En 2011, Google fue sancionada en Francia por violar las leyes de privacidad francesas. La Commission Nationale de l'Informatique et des Libertés (CNIL), organismo regulador de la protección de datos en el país galo, les multó con 100.000 euros. Según la CNIL, los datos obtenidos ilegalmente incluían «contraseñas y detalles de operaciones bancarias online», así como «recetas médicas, comprometedores mensajes entre amantes adúlteros y numerosas conexiones a sitios web de citas y pornografía». La CNIL señaló que Google se había comprometido a borrar todos los datos privados, aunque el organismo descubrió «que Google no ha rehusado servirse de los datos de identificación de los puntos de acceso WIFI de las personas sin su conocimiento».

Además, a petición de la Autoridad de Protección de Datos de Irlanda, Google afirmó haber suprimido en mayo de 2010 los datos privados que se recogieron en ese país.

Tras el aviso por parte de Google del «error» cometido con la recopilación de datos, las autoridades italianas impusieron que se bloqueara cualquier tipo de utilización de los datos recogidos vía WIFI almacenados por los coches. El regulador de la privacidad italiano comprobará si ha podido hacer un mal uso de ellos.

España tiene una de las legislaciones de protección de datos más rigurosas del mundo. Evidentemente, aquí también saltaron las alarmas. Durante años he criticado en varios artículos de prensa escrita la, en ocasiones, excesiva protección de la privacidad de nuestro país. Muchos negocios que funcionan sin problemas, como las redes sociales internacionales, no se podrían haber creado en España por vulnerar la Ley Orgánica de Protección de Datos. De hecho, esta ley, conocida como LOPD, es tan dura en sus sanciones y tan restrictiva que muchas empresas están vulnerándola cada día sin saberlo. Multitud de proyectos empresariales no se llevan a cabo por temor a las exageradas implicaciones en la privacidad. Esto es especialmente sangrante en el caso de empresas de internet, donde actores locales —como, por ejemplo, Tuenti— tienen que cumplir una legislación con creces mucho más exigente que la de sus competidores internacionales, como Facebook en su desembarco europeo. Estas empresas extranjeras, que ahora tratan de adaptarse a la nueva situación, han estado saltándose a la torera la legislación española durante estos años, con lo que han creado una posición de indefensión y de competencia desleal.

En aquellas fechas publiqué un artículo para el *Diario de Navarra* bajo el título «Protección de datos, café para todos». En él razonaba la necesidad de una ley de protección de datos menos restrictiva, y que era preciso obligar a las empresas de otros países a jugar con las mismas reglas del juego que tienen que asumir las empresas españolas. En el artículo citaba expresamente el caso de Street View y la captación de datos personales en las redes WIFI de nuestro país como epítome de la vulneración de la privacidad. Es tal la preocupación que genera el caso que a las 9.30 de la mañana del día de la publicación aún no había llegado a la oficina y ya me habían llamado los responsables de Google para «explicarme su punto de vista».

Al margen del escándalo del robo de información, el servicio, en sí mismo, me seguía generando dudas. Por eso pedí un informe a mi buen amigo José Antonio Salaverri, abogado y socio fundador del Grupo Integritas, acostumbrado a trabajar en temas de propiedad intelectual y privacidad. Te presento un extracto de sus conclusiones.

«En muchas ocasiones, lo que Google hace con sus productos Earth, Maps o Street View puede suponer una vulneración al derecho a la intimidad que en los supuestos más benévolos puede originar daños y perjuicios. Debes recordar que incluso para que a un presunto delincuente se le puedan intervenir las comunicaciones o entrar en su domicilio, debe autorizarlo un juez, que será el responsable de tal acción. De no ser así, la actuación es ilegal. Google puede ocasionalmente entrar en nuestras casas o fotografiar escenas de nuestras vidas y mostrarlas al mundo sin pudor alguno, e incluso poner trabas para eliminar las imágenes si alguien se considera perjudicado y ha solicitado su eliminación. Hagamos una prueba. ¿Crees que Google puede estar vulnerando la intimidad de otro utilizando artificios técnicos de transmisión, grabación o reproducción de la imagen? Si tu respuesta es sí, debes saber que este texto es parte de la descripción del delito contra la intimidad establecido en el artículo 197.1 del Código Penal español, y que los causantes "serán castigados con penas de prisión de uno a cuatro años y multas de doce a veinticuatro meses".[39] No caigamos en la trampa de justificar una acción ilegal tan sólo porque esté socialmente aceptada... Ahora piensa en los miles, quizá millones de personas a las que les ha podido pasar...»

En nuestro país, el director de la Agencia Española de Protección de Datos, Artemi Rallo, fue el primero que ordenó una investigación para determinar si el servicio, que estaba activo en España desde 2008, había violado la normativa española de protección de datos. La agencia exigió a Google que bloqueara los datos de tráfico obtenidos ilegalmente en redes WIFI. Además, solicitó un informe detallado sobre qué tipo de datos había capturado y cuál era su finalidad. De ese modo se enfrentaron a varios expedientes en los que se les acusaba de haber podido cometer hasta cinco infracciones graves a la legislación. Si se confirmaran en su sanción máxima, supondrían hasta 2,4 millones de euros de multa. Estas cifras supondrían, de facto, la quiebra de casi cualquier em-

39. Si estás interesado en el informe completo lo tienes disponible en www.desnudandoagoogle.com.

presa de nuestro país. Como sabes, para Google eso no es más que calderilla.

La Comisión Europea tomó cartas en el asunto. Envió una misiva a Google en la que le recomendaba que avisase con antelación a los vecinos que retrataban sus cámaras. También exigieron que guardase las fotos originales —en las que no difuminó las caras de los transeúntes— sólo seis meses, y no doce, como viene haciendo. Le pidió que evitase tomar imágenes «sensibles y que contengan detalles íntimos». La empresa aseguró que publica en su web, como norma, la información de qué zona va a ser fotografiada. ¡Esto es simplemente genial! No tienen por qué avisarte de que la semana que viene pasarán haciendo fotos por tu calle. Ése es TU problema y eres TÚ quien debe preocuparse de mantenerse al día de sus recorridos. Ya vimos en el caso de YouTube esta manía de evitar responsabilidades y achacarle a los demás la carga que de ellas se derivan. Ahora sucedía lo mismo. Si no quieres salir en Street View, consulta cada día el recorrido de los coches. ¡Es tu problema!

¡Menudo papelón tiene cada día el abogado y jefe de la Oficina de Privacidad de Google, Peter Fleischer! Espero que este hombre esté sensacionalmente pagado, ya que debe defender lo indefendible. En un comunicado a la agencia Bloomberg llegó a afirmar que «guardar las imágenes originales es legítimo y está justificado para garantizar la calidad y la fiabilidad de los mapas, y para rectificar los errores que se den en el proceso de difuminado».

Yo mismo quise comprobar hasta qué punto era sencillo eliminar una imagen de la base de datos de Google. Para ello me dispuse a solicitarles que se eliminara la foto de satélite de mi casa de Google Earth. ¿Por qué eliminar una nítida imagen aérea de tu domicilio? En primer lugar, puede haber motivos de privacidad. En mi caso no me apetece que cualquier persona pueda ver el tamaño de mi casa, mi parcela, si tengo o no piscina, la distribución de los espacios y las construcciones de que dispongo, o simplemente el tamaño de las mismas. En segundo lugar, por seguridad. Las fotos, que han ido mejorado de calidad en los últimos años, muestran de manera nítida los accesos de mi vi-

vienda, y pueden ser utilizadas por los «amigos de lo ajeno» para determinar, en caso de robo, desde qué finca colindante se entra más rápido o con mejor acceso. Pues bien, me enteré de que si hay un problema con una imagen o quieres reportarla, debes entrar en ella y usar una herramienta creada a tal efecto haciendo clic con el botón derecho del ratón del ordenador. Lo intenté, pero la opción —posiblemente por tratarse de una foto de satélite— estaba sombreada y no me permitía usarla. Así que seguí en mis trece e intenté que desapareciera aquella foto que desnudaba parte de mi intimidad, aunque debo reconocer que también sentía curiosidad por ver qué sucedía. Llamé por teléfono varias veces a las oficinas de Google. Me tragué las grabaciones en inglés y en español innumerables veces hasta que pude hablar con alguien. La persona que me atendió me remitió a una zona de soporte en internet. Me armé de paciencia, entré y buceé durante horas buscando la opción, y encontré lo mismo. Nada que hacer. Acabé en unos foros de soporte de los servicios Google Maps, Google Earth y Street View, donde supliqué ayuda a los responsables de la empresa que los atendían, ya que desde allí daban respuestas a los usuarios que mostraban sus dudas. Entonces abrí una consulta bajo el título «información para eliminar foto de satélite de mi domicilio». Semanas más tarde aún estoy esperando que los responsables, muy activos con otras preguntas, se dignen a responder. Conclusión: eliminar o sombrear una imagen puede no ser tan sencillo. Si te hartas, muy posiblemente debas pedirlo por vía judicial, con los consiguientes gastos que eso te ocasionaría.

6

Las empresas *cool* no pagan impuestos

Si eras un leal e incondicional *googlefan* es posible que lo que estás leyendo sobre determinadas actividades de Google te deje un sabor agridulce. Es el mismo que siento después de haber comprobado, durante muchos años, cómo actúan después de tenerles en mi más alta estima. Lo que verdaderamente me defrauda es comprobar que no son más que otra voraz multinacional. No son lo especiales que llegamos a creer en un momento. Y eso, cuando me rendí a la evidencia, me decepcionó bastante.

Por mi trabajo he participado en muchas comidas y cenas con empresarios y profesionales del sector de internet quienes, sólo tras estar seguros de que sus opiniones no iban a trascender, han decidido posicionarse y opinar abiertamente sobre Google. El poder económico e incluso político de la compañía es tal que existe, no diré temor, pero sí un cierto respeto a opinar y decir en público algunas de las cosas que se recogen en este libro. De hecho, es posible que hubiera sido más sensato silenciar algunas de las opiniones que estás leyendo, ser más discreto y guardarlas en esas charlas informales. Puedes pensar que exagero, pero te aseguro que es así. Te daré dos pequeños ejemplos. El primero lo tienes en tus manos. Muchos profesionales, analistas y empresarios del sector recibieron siempre la misma respuesta por mi parte: «Me parece interesante tu opinión. Tengo en mente escribir un libro sobre Google y me gustaría contar con tu punto de vista y tu testimonio». Las respuestas siempre eran entusiastas: «¡Por supuesto!», «¡Es necesario un libro así!» o «Cuenta con ello!», decía la mayoría.

Durante los meses de redacción de esta obra mandé a algunos de ellos un cuestionario por correo electrónico. Unos respondieron con extraordinaria tibieza, alejados de las opiniones que vertían en privado. Otros, sin embargo, fueron más claros y sinceros, y se lo agradezco. Por el bien de todos, me decían que se arrepentían, e incluso me pedían que narrara sus opiniones «sin identificarles, para no perjudicar a su empresa o a futuros proyectos». No sé si tenían motivos reales para preocuparse o para esconder una postura crítica hacia Google. Por mi bien, ¡espero que no! Pero presiento que meses después de la publicación de este libro tendré una opinión mucho más formada al respecto.

El segundo ejemplo nos lleva al año 2009. Había sido invitado a un desayuno de trabajo con un grupo de periodistas. En un momento dado uno de ellos, con el que mantengo una buena relación, me pidió que le diera alguna idea sobre un tema de tecnología para un próximo reportaje. Le sugerí que investigara lo que hace Google en España: qué valor crea para nuestro país, y en el resto de los países de Europa en los que se ha establecido. Le pedí que mirara más allá de lo obvio, de sus fantásticos productos y servicios, y que se informara y buceara en el asunto. Recuerdo que le expliqué brevemente su estructura fiscal, sus inversiones y cómo operan en determinados países fuera de Estados Unidos. Quedó fascinado y prometió estudiarlo para un reportaje en profundidad.

Aquel reportaje jamás se publicó. No hizo falta que le preguntara. Él mismo me explicó, días más tarde, que su jefe le había dicho que no autorizaría ese reportaje bajo ningún concepto, que su grupo editorial tenía suficientes intereses en internet como para que eso pudiera suponer un problema. ¡Con la comida no se juega!

La autocensura sin motivo aparente es algo muy español. Al

menos hasta hoy en día, Google tiene la virtud de permitir la crítica, y tal vez sea porque entiende que es parte del juego. En realidad, le resbala como la lluvia sobre una enorme gabardina. Con una sonrisa en boca se limitan a decir *no comment*, y asunto resuelto. La crítica no les hace ni cosquillas. Gozan del amor incondicional de millones de personas que no quieren ver más allá de lo superficial. No conozco ningún caso en el que Google haya tomado represalias con su buscador, o en sus sistemas de publicidad, contra personas u organizaciones por sus opiniones sobre la compañía. Es justo resaltarlo. También es igualmente justo decir que no deben verse en esta tesitura con frecuencia. Cuando la mayoría de la gente está frente al *Tyranosaurus rex*, corre para proteger su vida en lugar de quedarse allí y tirarle la primera piedra. Somos pocos los suicidas, y tal vez eso explique que los humanos hayamos sobrevivido a los dinosaurios. Hemos desarrollado un enorme instinto de supervivencia.

Google opera fuera de Estados Unidos con una estructura fiscal propia de un chiringuito financiero: facturan más del 90 % de sus ingresos hacia paraísos fiscales. Pero no importa. Es la empresa de la ética, de los simpáticos y brillantes chicos innovadores, los mismos que han hecho una bandera de su lema «no hagas el mal» de puertas para afuera. En un momento determinado vieron que eso de no hacer el mal era poco práctico, al menos en términos financieros y económicos. De hecho, vieron que resultaba demasiado caro.

Mientras, inmersos en una cruel crisis económica mundial, los líderes políticos del mundo se comprometen a inyectar ética al capitalismo y a acabar, entre otras cosas, con los paraísos fiscales. No hay que ser hipócritas. Los paraísos fiscales existen y han existido siempre. Que nuestros líderes políticos nos cuenten la historia que quieran, pero van a seguir existiendo. Hagamos un ejercicio propio de alquimistas. Escoge al azar el nombre de cualquier banco del país, el que quieras. Seguro que esa entidad tiene decenas de empresas en paraísos fiscales, y eso no parece preocuparle a nadie. Las autoridades toleran estas prácticas; otra cosa sería que ese banco —pongamos como ejemplo a los grandes: Santander y BBVA— se sirviera de estrategias de ingeniería financiera para expatriar TODOS sus ingresos a lugares tan exóticos como la Isla de Man, las Bermudas o las islas Caimán. No sería tolerable, sería un escándalo. Bien, pues eso es lo que hace Google en la gran mayoría de mercados donde opera y, por supuesto, eso no es lo que hacen en Estados Unidos. Allí no se atreverían.

¿Lo que hace Google es ilegal? Posiblemente no. Utilizan todos los agujeros legales posibles para no pagar lo que deberían en países en los que operan. ¿Es moralmente reprobable? De eso no cabe ninguna duda. Utilizar triquiñuelas legales para no cumplir con el fisco de los países donde generas enormes cantidades de negocio, con lo que perjudicas a los ciudadanos que tanto dices defender y haces que un porcentaje del dinero generado no revierta en el país, sino en la cuenta bancaria de un paraíso fiscal, me parece moralmente reprobable.

¿Cómo sucede esto? ¿No estará el autor, que parece tener alguna manía persecutoria a Google, exagerando esta situación? ¡Pues va a ser que no! Analicemos lo que hacen, que supera con creces los límites de lo escandaloso.

Desde la sede de Mountain View lo que sucede fuera de Estados Unidos se considera, en cierto modo, como «segunda división». Ya hemos visto que el respeto a la legislación de cada país por parte de la compañía es relativo. En algunos países se lo toman en serio, precisamente en los mismos países en los que han tenido numerosos conflictos.

Google tiene su matriz en Estados Unidos y una filial en Europa. Desde ahí opera y centraliza el resto de sedes europeas y varios países de Asia y de África. La filial está en Irlanda, país que tiene ciertas ventajas para la compañía. La primera es estar en Europa y poder operar en euros. La segunda, el idioma y el nivel formativo del país. Por supuesto, no son razones de peso suficiente para establecer allí una base de operaciones a escala mundial. Hay otras razones, como la escasísima tributación exigida a las empresas multinacionales que se establecen en Irlanda, que sólo pagan anualmente un impuesto de sociedades del 12,5 %, muy diferente a la carga tributaria que existe en el resto de los países de Europa, que oscila entre el 20 y el 30 % de los beneficios.

Desde los años cincuenta, Irlanda ha basado en esto su modelo de crecimiento: atraer a grandes empresas, sobre todo estadounidenses, que se establecen en Europa con bajos impuestos. Este país no es un paraíso fiscal en sí mismo, sino una zona dentro de Europa con una baja fiscalidad y, como veremos, con una legislación muy permisiva con el chiringuito financiero que ha montado Google.

Durante décadas Irlanda vivió de los subsidios agrícolas y de los Fondos de Cohesión Europeos, que llegaban a representar hasta el 4 % del PIB del país. De ese modo podía mantener crecimientos sostenidos del 4 % incluso con su baja fiscalidad. Así, durante el período 2000-2007 era atractivo trabajar en el país. Las empresas allí instaladas se podían permitir pagar altos salarios a sus directivos. Seducidas por las ventajas fiscales, se establecían grandes corporaciones como Johnson & Johnson, Diageo, Citibank o, los más agresivos, Google. Cuando en noviembre de 2010 se colapsó el sistema financiero irlandés en medio de la crisis económica global y el país reconoció que necesitaba ser rescatado por sus socios europeos, varios presidentes europeos, especialmente Merkel y Sarkozy, intentaron obligar a Dublín a cambiar estas bases financieras, que además habían contribuido a llevarles a una situación delicada. En otras palabras, hacían daño al resto de los países europeos en un marco de competencia desleal. Esto debió ser aparentemente imposible, y en diciembre de 2010 se aprobó, sin esas modificaciones, una ayuda en efectivo y avales por parte de los 27 países de la Unión de más de 45.000 millones de euros a modo de salvavidas para las finanzas públicas irlandesas.

Pues bien, Google estableció en Dublín su principal sede de operaciones al margen de las filiales nacionales. Se estima que tiene algo más de dos mil empleados en Irlanda. Lo que hace es derivar casi toda la facturación de grandes mercados como Reino Unido, Francia, Alemania, Italia o España a su filial irlandesa. Pero el objetivo no es ése. Google no se conforma con tributar al 12,5 % en Irlanda. ¡Eso seguiría siendo caro! Da una vuelta de tuerca más. El objetivo es no pagar. Punto. De este modo, el dinero que ingresa la filial irlandesa se envía casi automáticamente a otra empresa de Google en Países Bajos, que no tiene empleados y hace las veces de *boutique* financiera, aprovechando una ley irlandesa que exime algunos pagos de derechos en otros países de la Unión Europea. En Irlanda, lejos del 12,5 % de tipo impositivo, Google apenas tributa por el 1 % de sus ingresos en toda la Unión Europea. Desde Países Bajos el dinero se va inmediatamente a cuentas que la propia compañía controla en las islas Bermudas, un paraíso fiscal exento de tributación.

Estas técnicas tributarias, descubiertas tras una investigación de la agencia Bloomberg, se conocen como *Double Irish* y *Dutch Sandwich*. Así consiguen que la compañía no pague apenas impuestos. De hecho, ellos mismos reconocen que la tasa impositiva global, fuera de Estados Unidos, es del 2,4 %, la más baja de todas las grandes compañías tecnológicas estadounidenses. Por medio de estas maniobras, que rozan la ilegalidad, la empresa evita pagar un 98 % de los impuestos que debería tributar en países europeos y asiáticos.

En otras palabras, y en números redondos: en 2010 se estimaba que habían dejado de pagar 3.100 millones de dólares en impuestos en países europeos desde 2007 a 2009. Esto incluso queda contabilizado pomposamente en las cuentas de Google como «diferencia en la tasa de extranjero». Pues sí, amigos. Así opera la compañía, que deriva la práctica totalidad de sus ingresos en Europa a su empresa Google Ireland Holdings, con sede en las islas Bermudas, donde, además de disfrutar de buen clima, no se pagan impuestos. Y no se trata de una cifra testimonial. Estamos hablando de una escandalosa cantidad de dinero.

Los fundadores de Google y sus altos directivos —muchos de los cuales utilizarían un jet privado hasta para ir al dentista—, a los que se les llena la boca dando lecciones de moral al mundo y presumiendo de ganar dinero de forma ética, actúan así. Pisotean a placer la normativa fiscal de países extranjeros y, en consecuencia, a los contribuyentes, a sus amados usuarios, es decir, a ti y a mí, los cebos.

Así de irrisoria es la situación en algunos países. Por poner un par de ejemplos: en 2009, Google pagó en el Reino Unido 672.000 euros de impuestos. No parece mucho, ¿verdad? Efectivamente, no lo es, sobre todo teniendo en cuenta que los ingresos estimados de la compañía en ese país —que tiene un impuesto de sociedades del 28 %— fueron durante ese período de 1.400 millones de euros. Por lo tanto, la cantidad que deberían haber tributado rondaría los 392 millones de euros.

No es de extrañar que el portavoz de asuntos fiscales del Partido Liberal Demócrata, Vincent Cable, manifieste indignado que «tienen empleados británicos, utilizan nuestros servicios, redes e infraestructuras, ingresan miles de millones directamente de la actividad de nuestras empresas, y se van a pagar impuestos a otra parte». Además, lanzaba un aviso a los ciudadanos: «Cuantos más impuestos evaden empresas como Google, más carga fiscal debe soportar el resto del público». Lo que Vincent Cable posiblemente no sabía entonces es que ese dinero no acaba tributando en Irlanda en su totalidad, sino que vuela en primera clase hacia las Bermudas. En el viejo continente sólo se deja una cantidad simbólica —y ridícula— de fondos.

La respuesta de Google a semejantes acusaciones carece, como es habitual, de cualquier atisbo de arrepentimiento. Desde la compañía manifestaron: «Creamos empleo y hacemos una sustancial contribución al fisco local y nacional. Cumplimos generando empleo en toda Europa». Vamos, lo de siempre. ¡Les da igual!

Esto último trae a mi mente una frase de Eric Schmidt, que ya mencioné en el capítulo sobre trabajar en Google. Decía el bueno de Eric refiriéndose a los ingenieros y talentos captados: «Han venido a Google no para hacer dinero, sino para cambiar el mundo». ¡Claro! ¡Para hacer dinero sin pagar impuestos y guardarlo en paraísos fiscales ya estáis vosotros! ¡Al menos comparte algo de tus ganancias!

El caso español es igualmente sangrante, y a todos nos toca de lleno. Creo recordar que fue en 2009 cuando me pidieron que acudiera a dar una charla sobre el sector de los contenidos digitales en la sede del Partido Socialista Obrero Español (PSOE) en la calle Ferraz de Madrid. La charla, a puerta cerrada, estaba organizada para que los diputados, senadores y miembros del partido tuvieran una imagen más real del sector digital en España.

Acepté con cierta curiosidad, y recuerdo que bajo el formato de mesa redonda acudían, entre otros, responsables de Google en España.

Me sedujo la posibilidad de exponer cómo las empresas españolas compiten en desigualdad de condiciones con las grandes empresas estadounidenses, que llegan a nuestro país generalmente con enormes inversiones detrás y se saltan ciertas leyes sin problema. Incluso algunas otras, campando a sus anchas, colaboran sólo lo mínimamente necesario con las autoridades —a veces, ni eso—, y en ocasiones, como las anteriormente citadas, evitan con artimañas que el dinero que aquí generan revierta en el interés general. Me apetecía mostrar ese punto de vista con la esperanza de que «algo les quedaría» a los diputados, senadores y altos cargos del PSOE, que lo retransmitía de forma interna a otras sedes del partido repartidas por todo el país. Además, hacerlo delante de la responsable de Google tenía cierto encanto. El hecho es que lo hice, y recuerdo que se organizó un cierto alboroto. Lamentablemente, no tuve la satisfacción de ver la cara del representante de Google mientras explicaba sus prácticas, es decir, las que su empresa matriz lleva a cabo en nuestro país. Nada más terminar de hablar en primer lugar, con una actitud de soberbia, cogió sus cosas y se fue sin esperar ni escuchar a los demás. Al acabar la exposición se formó un corrillo a mi alrededor en el que algunos de los presentes me pedían más datos, intrigados y sorprendidos por la situación que les había expuesto. Ante la gravedad de lo relatado, incluso dudaban de que las cosas fueran tal y como les estaba explicando, y coincidían conmigo en que suponía un enorme agravio comparativo para las empresas españolas.

Tan sólo uno de ellos, un alto cargo del Ministerio de Industria, me rebatió, y tal vez con cierta razón, de la siguiente forma: «Tienes razón, pero aunque el sistema no sea perfecto, y evidentemente haya que hacerlo más justo y forzar a estos gigantes a cumplir nuestra legislación, ¿no crees que es mejor que tengan presencia en España, aunque sea así?». Desde luego, ése es otro punto de vista, aunque creo que no debemos pagar su presencia de forma escandalosa ni soportar más injusticias.

No se sabe con exactitud cuál es la facturación de Google en España. De hecho, si nos ceñimos a las cuentas de 2009 de su filial, Google Spain SLU, según el registro mercantil su cifra de negocio fue de 18 millones de euros, uno más que el año anterior, declarando un beneficio anual de algo más de 49.876 euros. En conclusión, Google Spain SLU pagó en España en concepto de impuesto de sociedades de 2009 la «desorbitante» cantidad de 26.419 euros. Por supuesto, resulta ridículo. Parece evidente que tener una filial en un mercado extranjero para generar algo más de 25.000 euros anuales de beneficio después de impuestos, pese a que factura 18 millones de euros, no tiene ningún sentido. Pero tú, que estás leyendo, sabes también que la gran mayoría de los ingresos de Google en España es desviada a Irlanda. Nadie sabe exactamente de qué cantidad se trata, dado que Google se niega a facilitar ningún tipo de dato. ¡Hay información que no es de interés general, especialmente la de la propia empresa! Lo más habitual en estos casos es hacer uso de las estimaciones de mercado de la International Advertising Bureau (IAB). Las grandes agencias y anunciantes del sector aportan datos de inversión publicitaria a esta asociación. De esta manera, con la colaboración del auditor PriceWaterHouseCoopers, se elabora cada año un informe del mercado publicitario digital en España. Según el estudio de inversión publicitaria de 2010[40] de la IAB, la inversión en publicidad digital en España fue de 798,8 millones de euros. De esa cantidad 417,15 millones, es decir un 52,8 %, corresponde a publicidad de texto en buscadores —*search*—, y el resto a *banners* gráficos. Teniendo en cuenta que Google tiene una cuota de mercado del 97 %, podemos estimar que al menos tuvieron unos ingresos de 404,49 millones de euros en 2009 —año en el que, recordemos, tributó en España por valor de 49.876 euros de beneficio—. Y la cosa no se queda ahí. Google tiene también ingresos de su filial para teléfonos móviles y de DoubleClick, con la que mantienen una cuota de mercado de la publicidad gráfica, con lo que la cantidad sería aun mayor. Es más, sostengo la teoría de que las estimaciones de la IAB se quedan muy cortas, ya

40. http://www.iabspain.net/descargas/descarga.php?id=155.

que se basan en grandes anunciantes y agencias de medios, mientras que el patrimonio de Google se basa precisamente en lo contrario. Te pondré un ejemplo. Las grandes líneas aéreas se anuncian internet, es cierto, y éstas ofrecen datos de cuál ha sido su inversión, pero a la vez hay miles de pequeñas agencias de viajes con presupuestos más modestos que, en conjunto, suponen una enorme inversión imposible de contabilizar, y que no se reporta. De esta manera, y si estoy en lo cierto, no creo que sea una barbaridad pensar que la facturación de Google en España teniendo en cuenta estos criterios rondaría la extraordinaria cifra de... ¡500-550 millones de euros!

Hay *googlefans* que comentan que si bien las argucias fiscales de la empresa son poco éticas, al menos son legales; son pocos pero muy ruidosos. Los que defienden estas tesis argumentan que Google no tiene servidores físicos en España, por lo que no tiene por qué tributar aquí. Es una falacia intelectualmente muy débil que no tiene otro ánimo que justificar lo injustificable.

Google lleva a cabo este tipo de «fiscalidad creativa» con última parada en las Bermudas tanto en países del norte de Europa, donde tiene servidores, como en otros, donde no los tiene. España es uno de estos últimos. Google tiene en nuestro país soporte, ventas y equipo comercial. Segmenta sus ventas publicitarias para que vayan dirigidas a usuarios españoles e incluso seleccionan la ciudad de destino de la publicidad. Son las empresas españolas quienes contratan estas campañas, y las pagan desde el país. Pero Google emite las facturas desde Irlanda, con lo que escapa en una primera fase al fisco español, y posteriormente al europeo.

No sólo estamos ante una empresa que evita pasar por caja y que «secuestra» sus beneficios en un paraíso fiscal. Estamos ante algo mucho más serio. Nos encontramos ante una situación en la que un porcentaje importantísimo de los ingresos publicitarios de internet en España, que podría ser de más del 60-65 % si consideramos los datos expuestos anteriormente, está saliendo del país y no revierte en los ciudadanos, en las empresas ni en las arcas públicas. Por favor, no pensemos que es un problema de fraude fiscal. Esto es un expolio en toda regla.

En mi opinión, la Agencia Tributaria, que tan diligente está siendo en estos períodos de crisis ante la caída de recaudación para revisar los impuestos de sociedades de las pymes españolas, a las que durante 2011 ha llegado a reclamar cantidades simbólicas de 200 y 300 euros de declaraciones del año 2007, debería ser más eficaz y mostrar más interés en solventar este tipo de situaciones. De hecho, me consta que se han reunido con responsables de la compañía en este sentido. Ellos, claro está, no parecen muy dispuestos a colaborar.

Esto no es más que el reflejo del poco respeto que ciertas multinacionales del sector tecnológico, especialmente las estadounidenses, sienten hacia nuestras leyes al instalarse en Europa. Si bien es cierto que crean empleo —sin ir más lejos, Google gastó unos nueve millones de euros durante 2009 en sueldos y seguridad social en nuestro país—, no es menos cierto que eso sale «demasiado caro» por todo lo que se escapa fuera, sin control y sin tributar, lo que hace que ésta sea una situación sangrante.

En España, Google no ha realizado inversiones significativas. Apenas ha creado valor, pese a que éste es el país con mayor cuota de mercado del mundo. En otros países ha instalado centros de datos u oficinas de desarrollo. En España se ha conformado con un equipo humano que realiza acciones comerciales. En otras palabras: aunque no son los únicos departamentos y hay algunos ingenieros, personal de comunicación y de representación institucional, Google España es, en esencia, una oficina de ventas cuyo objetivo es captar las inversiones que, una vez canalizadas, nos abandonan sigilosamente... Es decir, la «tapadera» es Google España, que paga algo de impuestos —una cantidad ridículamente simbólica—, y que cuidadosamente cuadra sus balances para repartir un poco de beneficio. Si encima declararan pérdidas, la situación sería ya kafkiana. La manera de operar es similar a la de muchas casas de apuestas deportivas o casinos *online* que durante años han crecido al amparo de un inaceptable vacío legal. Normalmente operaban en España con sede fiscal en Malta o Gibraltar, con lo que evadían capitales a la hacienda pública. En esos casos concretos el gobierno se apresuró a regular el juego online con el argumento de que, como están operando en nuestro país, al menos tributen por ello. Lo mínimo exigible a una compañía como Google por su tamaño, su volumen y su importancia es que asuma la legalidad vigente para operar en un país. En estos acuerdos debería estar tipificada la prohibición de constituirse como un chiringuito que se aprovecha de su situación de monopolio de mercado para captar enormes ingresos, no pagar impuestos y encima, como hemos visto a lo largo de este libro, darnos lecciones de moral, ética o bondad universal.

Con lo poco que ingresan las arcas públicas en estos momentos de crisis, y con lo que logran evadir las enormes compañías multinacionales, como vemos en este caso, nuestro futuro pinta muy negro. Tarde o temprano alguien tendrá que ponerle el cascabel al gato. Y somos nosotros, los ciudadanos, quienes debemos exigirlo.

Lo malo se contagia rápidamente. Facebook, el aprendiz de Google, prepara una estructura fiscal similar. Tan sólo se diferencian en que, tras pasar por Irlanda el dinero de media Europa, acabará en las islas Caimán en lugar de en las Bermudas, tal vez por no coincidir con los directivos de Google en el mismo destino de vacaciones.

Éste no es un problema privativo de Europa. Países como Turquía, India, China y alguno más están —o han estado— investigando a Google por fraude fiscal.

De hecho, los propios Estados Unidos se ven indirectamente afectados, ya que si el dinero de Google que está en las Bermudas fuera repatriado a Estados Unidos estaría sujeto a gravamen. La empresa ha declarado que no tiene intención de repatriarlo —«al menos por el momento»—, de modo que no tributa por los ingresos de sus filiales. Si algún día repatriaran esa enorme cantidad de dinero, veríamos una situación peculiar: la empresa tributaría más en Estados Unidos que en los países donde se originaron esas ganancias. ¿Alguien puede creérselo?

Ante las preguntas de Bloomberg, dirigidas en este sentido, la portavoz de Mountain View, Jane Penner, se negó a dar cualquier tipo de dato sobre el asunto afirmando que «trabajan de forma similar a la de otras compañías». Vamos, algo así como:

«¡No somos los únicos que nos lo estamos llevando por la cara!». La Unión Europea debería poner coto a semejantes excesos.

¿Consideráis justo, además del daño patrimonial que esta situación nos provoca, que nuestras empresas compitan con alguien que nos coloniza, que logra enormes cuotas de mercado, que tiene una posición de monopolio de facto, que arrasa con la competencia y no muestra demasiado respeto ante los derechos de propiedad intelectual, que traspasa la línea roja de la protección de datos y que, además, no paga impuestos?

Resulta duro enterarse de cosas así. Yo tengo claras tanto mi posición como mi respuesta a esa pregunta. Creo que puedes adivinarla. Cada uno —y eso también te incluye a ti— debe definir la suya.

7

Sólo los que tienen algo que ocultar quieren privacidad

Si al iniciar la lectura de este libro tu concepto inicial de Google era verlo únicamente como un buscador, apuesto a que, llegados a este punto, lo percibes como algo diferente. Si haces memoria —perdón por la «autocita»—, en la introducción mencioné que Google es mucho más que un buscador. Es, en realidad, una de las empresas más grandes, más ambiciosas y con más poder del mundo. Es un gigante ocasionalmente descontrolado que no sólo domina a sus anchas la red de redes, sino que tiene intereses en muchas otras industrias. Bien, pues sigo pensando lo mismo. Pero reconozco que en ese momento no te conté toda la verdad, ya que a lo mejor no la hubieras creído. Ahora estás en disposición de conocerla.

Google es algo mucho más importante que todo lo mencionado con anterioridad. Es la mayor base de datos personales jamás creada en la historia. Incluye quiénes somos, nuestros secretos, aficiones, gustos, tendencias o relaciones personales. Toda nuestra información está lista para ser utilizada con dos fines diferentes, aunque complementarios. Primero, afianzar el dominio de la empresa como mayor fuente de información del mundo que se retroalimenta para conocer aún más cosas sobre ti. Segundo, y de forma evidente, explotar esa información para obtener pingües beneficios.

La empresa es lo que es hoy en día no porque disponga de un magnífico buscador —que lo tiene—, sino por el conocimiento que dispone de todos y cada uno de nosotros, y del uso que hace de estos datos para sus servicios. No es una empresa de búsquedas, ni de publicidad. En realidad Google es mucho más que eso. Una cosa es la actividad que desempeñas, y otra cosa bien distinta es quién eres.

McDonald's no es una empresa que sólo vende hamburguesas. Es la mayor compañía inmobiliaria del mundo. Para ello lo que hace es, precisamente, vender hamburguesas. Google es la mayor fuente de información del mundo, y para lograrlo nos ofrece atractivos productos que utilizamos frecuentemente, con los que recopila los datos necesarios para seguir nutriendo a la bestia. Éste es el patrimonio de la compañía, la mayor fuente de información del mundo. Y es lo que la hace tan atractiva para los anunciantes, aunque también para los *hackers*, *crackers*, ladrones y gobiernos. Este escenario hace que no sólo nos tengamos que preocupar por las intenciones de la compañía de Page y Brin, sino también de la seguridad de nuestra información, que podría ser cedida a terceros o, peor aún, ser robada en accesos no autorizados.

Hace años era el músculo el que te daba la capacidad de comercializar en internet, es decir, el disponer de muchos millones de usuarios. Actualmente el número de usuarios no es la clave, sino la información que podemos tener de ellos. Google es en eso el auténtico rey Midas del mercado. Bajo esa premisa, tan sólo una compañía inquieta al gigante: Facebook. Y no sólo por su rápido crecimiento —que recuerda a los inicios de Google—. Lo que verdaderamente les inquieta es que está generando una enorme base de datos de información personal de millones de usuarios dentro de un sistema cerrado y, por lo tanto, no susceptible de ser indexado por Google. La gran amenaza es que esa información es susceptible de ser utilizada para ofrecer publicidad basada en personas e intereses de manera muy efectiva. Por vez primera, esta información no está siendo registrada en la base de datos de Google. Y cabe la posibilidad de que esos datos sean aún más efectivos para el mercado publicitario.

Google nos sigue y almacena información sobre nosotros con ayuda de las *cookies*. Entendemos por *cookies* a pequeños fragmentos de información que se almacenan en el disco duro de nuestros ordenadores a través del navegador web a petición del servidor de la página. Estos archivos guardan datos de navegación o sobre las preferencias. La información queda almacenada en nuestro perfil y puede ser recuperada por el servidor en futuras visitas. Las *cookies* de Google, con las que nos sigue y monitoriza, tienen fecha de caducidad: el año 2038. En otras palabras, Google podrá recopilar y almacenar nuestros datos personales hasta esa fecha, lo que le permitirá disponer de un completo historial de nuestra actividad online. ¿Por qué el año 2038? La respuesta es curiosa. El año 2038 es el fin del mundo para muchos sistemas informáticos. Se trata de un fenómeno parecido al conocido «efecto 2000», pero a lo bestia. Afecta al *software* que usa la representación del tiempo basada en el sistema POSIX, que para medirlo contabiliza los segundos transcurridos desde el 1 de enero de 1970. La gran mayoría de los servidores de internet basados en el sistema operativo de código libre UNIX usan este sistema. La consecuencia de ello es que al llegar a una fecha concreta, el 19 de enero de 2038, en el que está el último segundo registrable, los ordenadores creerán que están en 1970 o 1901, según su configuración. De esta manera, la *cookie* de Google está pensada para poder seguirnos y acumular información hasta «el fin del mundo» de internet.

Ante numerosas críticas vertidas por parte de los defensores de la privacidad, Google aceptó reducir este rango de medición primero a dieciocho meses. Tras la avalancha de críticas que seguían considerando ese intervalo demasiado amplio, lo redujo finalmente a doce meses. Esto parecía tranquilizar a algunas organizaciones de defensa de la privacidad, pero en realidad es un brindis al sol. La *cookie* de Google caduca a los doce meses de su última lectura, y es leída cada vez que accedemos a cualquier servicio de la empresa. En otras palabras, si realizamos una búsqueda, si leemos un *email* de Google, si utilizamos Google Maps, o si vemos un vídeo de YouTube.com, renovamos la famosa *cookie* durante otros doce meses. Todo lo cual nos deja un escenario real en el que el archivo que nos controla y espía no caducará ni se eliminará nunca.

La Comisión Europea perfila en estos momentos una directiva que regulará el uso de las *cookies*. Obligará a los proveedores de servicios a cumplir una normativa más clara y, más importante aún, a informar de manera abierta a los usuarios de qué tipo de información se recopila, y muy especialmente qué uso se le dará.

¿Crees saber lo que Google sabe de ti? Multiplícalo por cien y estarás en lo cierto. La gran mayoría de usuarios no alcanza a comprender la cantidad de información que hemos llegado a exponer en la red, no sólo en las búsquedas, sino en muchos otros servicios. A este respecto citaré un documento confidencial de la compañía de 2008, filtrado a *The Wall Street Journal* dos años más tarde, en pleno debate sobre la privacidad de los datos. Bajo el indicativo «interno y confidencial», en el documento se presentaba un informe elaborado por un *product manager* sénior llamado Aitan Weigberg en el que se analizaba hasta qué punto Google debería utilizar la información que conocía del usuario para aumentar la facturación de sus productos publicitarios. Hasta ese momento la empresa se había abstenido de usar a fondo los datos de los usuarios cruzándolos entre los diferentes servicios. Fue la aparición de la competencia de Facebook la que les hizo replantearse algunos de estos principios e intentar ser mucho más agresivos. Se vislumbra en el horizonte a alguien con capacidad de segmentar los intereses personales con la exactitud que sólo Google disponía hasta la fecha. Tras conocerse la filtración, la empresa lo calificó como «documento de reflexión». Le restó importancia al indicar que «ni siquiera se llegó a presentar a altos directivos». Pero el tiempo hizo ver que no era así, ya que algunas de las sugerencias de este informe fueron aplicadas en 2009. El documento que salió a la luz mostraba a Google tal cual es, sin tapujos: «La mayor y mejor fuente de información de cientos de millones de personas del mundo». Elabora ideas de cómo explotar esa información de la manera más lucrativa posible y las califica *safe* —seguras— y *no safe* —no seguras—, en clara referencia a los problemas que podría ocasionar a la empresa cada una de las medidas propuestas.

Las ideas más agresivas habían contado históricamente con el rechazo de Larry Page y Sergey Brin. Sin embargo, ambos empezaron de forma gradual a aceptar la explotación comercial de los datos que controlan con la intención «oficial» de «mejorar la experiencia del usuario». De hecho, el gran obstáculo para las *cookies* que el buscador recoge fue durante muchos años el mismísimo Larry Page, que se mostraba contrario a estas prácticas para salvaguardar la privacidad de los internautas. De hecho, se evitaba que incluso los grandes clientes pudieran utilizar *cookies* al anunciarse en Google. Durante 2006 varios ingenieros intentaron convencer a Page de la urgente necesidad de hacerlo, ya que se estaba perdiendo una importante cuota de mercado en publicidad gráfica frente a empresas como Yahoo! o AOL. Page siempre se negó, para desesperación de los ingenieros, que veían cómo se perdía tiempo frente a la competencia. Al comprar DoubleClick, que podría ser considerado como el imperio de las *cookies*, muchos altos ejecutivos vieron con preocupación cómo se empezaba a traicionar el espíritu de la privacidad que había enarbolado la empresa. Para otros se trataba de un simple cambio de criterio.

En 2008, un alto ejecutivo filtró una reunión subida de tono entre Larry Page y Sergey Brin que sirvió para ampliar con creces el límite de hacia dónde debía evolucionar la explotación de los datos personales con fines publicitarios. Los que allí estaban lo definieron como una «situación difícil, ya que fue como ver pelear a tus padres a gritos». Tras eso cambió la postura oficial de la cúpula de Google. Así, se entraba en el juego de cruzar datos personales entre servicios como Google Checkout, el buscador o Gmail, entre otros, y de utilizar los datos recopilados para perseguir al usuario con efectiva publicidad a medida.

Para que nos podamos hacer una idea de la cantidad de sitios web que recopilan directa o indirectamente información para el «Gran Hermano» que habita en Mountain View, basta mencionar que, según una investigación de *The Wall Street Journal*, de las 50 páginas web más importantes de Estados Unidos 45 tienen el código de Google que recopila información personal del usuario.[41]

Y es que Google se adapta. Ya no es suficiente grabar los patrones de búsquedas de los individuos o seguirles a través de sus servicios. Los anunciantes desean un mayor volumen, pero también buscan afinar más inteligentemente los objetivos. Quieren conocer nuestras aficiones, nuestros intereses, la edad, el sexo, la ubicación, nuestros ingresos, amistades o enfermedades. El poder lo ostentará el que logre tener acceso a esa información. Y Google es reacio a perderlo.

Así tenemos que interpretar la idea de lanzar el botón «+1» en sitios web que se incluye en el propio índice de búsquedas. Este botón, similar al «Me gusta» de Facebook, enriquece la base de datos de quiénes somos y qué queremos, información que Google, a causa de su persistente fracaso en las redes sociales, no lograba controlar. El objetivo es que les ofrezcamos, en total confianza, un tipo de información precisa que, hasta la fecha, no obtenían de nosotros.

Como puedes comprobar, en los últimos años se han ido volviendo más agresivos en el uso de la información, y eso les ha ocasionado algún que otro contratiempo. Por ese motivo Google prefiere que sean otras compañías más pequeñas las que lleven a prueba los límites de la privacidad. En función de su experiencia, y de lo que les ocurra, decidirán si el mercado —y los gobiernos— están preparados para dar un paso adelante.

Estas informaciones evidenciaban cómo Google se ve obligado a acercarse a los límites razonables que el mismísimo Eric Schmidt consideraba *creepy line*, que podríamos traducir como la «línea escalofriante». Para el ex consejero delegado, ofrecer imágenes vía satélite en tiempo real podría ser escalofriante para la privacidad. Al ofrecerlas en tiempo no real, Google se acerca a esa línea roja, pero no la cruza. ¿Quién define, decide y marca esas líneas imaginarias? Mientras la legislación no marque cla-

41. http://online.wsj.com/public/page/what-they-know-digital-privacy.html.

ramente cuáles son los límites que no se deben traspasar... lo hace el propio Google. En una entrevista concedida a la cadena Fox, en Estados Unidos, el directivo incidía en que Google, pese a reconocer que se acercaba, intentaba no cruzar esa línea. Y lo tienen muy fácil. Siempre lo han hecho a lo largo de su historia. Cuando la línea esté cerca y aún haya que dar un paso más, sólo tendrán que mover la línea en la dirección necesaria para poder hacerlo tranquilos. Ésas son las ventajas de ser tu principal guardián. Saben que, al menos con la Administración Obama, si no arman mucho escándalo, no tienen de qué preocuparse.

Si lo que digo te parece exagerado, déjame que cite a los mismísimos Sergey Brin y Larry Page en su tesis *The Anatomy of a Large-Scale Hypertextual Web Search Engin* (1998)[42] que, a la postre, fue la que definió el proyecto inicial conocido como BackRub, y luego como Google:

> El modelo de negocio de los buscadores está basado en la publicidad, y eso no se corresponde con el deseo de calidad de la búsqueda por parte de los usuarios.
>
> Pongamos como muestra la historia de los medios de comunicación. Los buscadores financiados por la publicidad estarán, por naturaleza, sesgados en detrimento de las necesidades de los usuarios [...], por ello es crucial la existencia de un motor de búsqueda como éste, competitivo y transparente, situado en el mundo universitario.

Como puedes observar, no es que cumplieran su compromiso a pies juntillas... Debieron cambiar de planes por el camino, o al menos no acertaron demasiado en el intento de mantener su motor de búsqueda en el ámbito universitario, lo que lo haría, según ellos mismos, mucho más puro que si fuera comercial. No en vano crearon con su proyecto una de las mayores empresas comerciales del mundo. Tampoco podemos decir que acertaran los tiros renegando de la publicidad, la «gran pervertidora». No podemos obviar el pequeño detalle de que acabaron

42. http://infolab.stanford.edu/~BackRub/google.html.

creando la mayor y más compleja empresa de publicidad del mundo.

Parafraseando al gran Groucho Marx: «Éstos son mis principios. Si no le gustan, tengo otros». En Mountain View esa máxima se aplica a la perfección. Si es necesario para nuestros intereses, movamos unos metros la línea que marca el límite de la ética a la que nos encomendamos. Resulta muy cómodo y ventajoso poder redefinir los límites en cada momento. Pocas empresas tienen el poder y la capacidad de hacer lo mismo y que además se les tolere socialmente. Muy pocos se oponen a ellos con ferocidad. Generalmente se trata de pequeñas organizaciones en defensa de la neutralidad y la privacidad empeñadas en velar por el interés de los usuarios. Muchas veces son ellos mismos quienes, por desconocimiento, indiferencia o dejadez, no defienden ni vigilan sus propios intereses.

Tal vez por subestimar esos pequeños resquicios de resistencia, los representantes de la empresa han minimizado durante años la importancia de la privacidad en internet. De hecho, han insistido varias veces en que quienes defienden su privacidad tienen «algo que esconder». Pese a sus intentos infantiles de ridiculizar algo que debería ser muy importante para nosotros con argumentos como que la privacidad es enemiga de la innovación, o que supone un freno para servicios útiles y novedosos a los que podríamos acceder, debemos ser conscientes, cada vez más, de que constituye una parte imprescindible de nuestra vida online. Tenemos que aprender a gestionarla y a exponerla de la manera que consideremos más adecuada, concederle su justo valor y entender las implicaciones que nuestras decisiones conllevan.

Y es que, pretendas esconder algo o no, la privacidad es un derecho fundamental. No hay motivo por el que renunciar a él, por mucho que minimizarlo y restarle valor sea la estrategia del gran devorador de información.

Uno de los grandes escándalos para la privacidad se produjo con el lanzamiento del servicio Google Buzz. La empresa decidió, sin autorización de los usuarios, acceder a sus libretas de direcciones de Gmail, lo que expuso públicamente los datos personales de sus conocidos, amigos y contactos profesionales. Tras un alud de denuncias, Google fue obligado a modificar el servicio y a pagar una multa de 6,5 millones de euros. La multa no es lo trascendente del caso, ni tan siquiera su importe —a Google le sancionan por cantidades millonarias con frecuencia—. Tampoco lo es que tenga que modificar servicios —eso lo hace habitualmente amparándose en las versiones beta o de prueba—. Lo verdaderamente asombroso es que dieran un paso tan agresivo como utilizar de manera pública y notoria la libreta de direcciones de los usuarios haciéndola accesible a terceros. Hay cientos de cosas que podrían hacer día a día con nuestra información que pasarían la línea de lo permisible, y de las que sería muy difícil enterarnos. Si han hecho algo tan burdo, obvio y evidente, ¿qué se estará cociendo con nuestra información lejos de nuestro control?

El acuerdo con la Comisión Federal de Comercio de Estados Unidos (FTC) por los incidentes de Google Buzz incluyó no sólo la multa, sino además la garantía de supervisión externa de las políticas de privacidad de la empresa durante un período de veinte años. Mueve a risa comprobar que el acuerdo excluyó un «reconocimiento implícito de malas prácticas» por parte de la empresa. Entonces, ¿por qué la sancionan, si los pobres no han hecho nada?

Al final se trata de una medida estética que no implica más que nombrar un auditor que revise los compromisos de privacidad, ambiguos y vacíos de contenido. Con eso la Administración estadounidense pretende salvar la cara sin apenas hacer sangre, pese a la gravedad del asunto. Aun así, el presidente de la FTC, Jon Leibowitz, dejó claro en un comunicado oficial que «las empresas deben cumplir los compromisos de privacidad que asumen con los usuarios de sus servicios. La obligación a esta auditoría garantiza que Google lo hará en el futuro». En otras palabras, se reconoce implícitamente que, al menos hasta la fecha, no lo estaban haciendo.

A Google no le preocupan demasiado sus meteduras de pata. Son conscientes de la frágil memoria del internauta, al que, por línea general, se le puede ofrecer algo interesante para que olvide y vuelva a su statu quo anterior al conflicto. En julio de 2011, el director global de Privacidad de la empresa, Peter Fleischer, reconocía en una entrevista concedida a Rosa Jiménez Cano en el diario *El País,* que «hemos cometido errores, pero si corriges y pides perdón te ganas de nuevo la confianza». Suena fácil. La frágil memoria colectiva de la que se jactan es muy peligrosa. Tenemos que aprender, ser más cuidadosos y no acudir como insectos a la luz brillante que nos ofrecen, al menos no sin una reflexión previa cimentada en una valoración objetiva y en nuestra propia experiencia.

A la pregunta de la periodista sobre si Google respeta en España las reglas del juego marcadas por la Agencia Española de Protección de Datos (AEPD), Fleischer dejaba entrever lo que habita bajo la piel de cordero tras la que se esconden. «Lo intentamos, pero en Europa hay 27 países diferentes, con leyes diferentes y distintas formas de manejarse...»

¿No te parece sarcástico? Resulta estremecedor que el máximo responsable de una empresa multinacional con enormes ingresos, que goza del dominio de nuestro mercado y que controla internet a sus anchas, hable de «intentar» cumplir la ley. Es una verdadera tomadura de pelo. No podemos permitir que Google «intente» cumplir la legislación española. ¡Están obligados a ello! No sólo en España, sino también en la mayoría de los países de la eurozona, nos tratan como si fuéramos colonias estadounidenses donde el cumplimiento de la ley no resulta una obligación trascendente. Creen disponer de una manga ancha especial tolerada por los gobiernos en la interpretación de las normas que rigen para la mayoría de las mpresas con actividad en nuestro territorio. Señores de Google, no son especiales. Son uno más. De hecho, son el principal actor de internet. Así que compórtense como tal, cumplan y den ejemplo. Punto.

Resulta sencillamente demencial el demagógico planteamiento de «muchos países, cada uno con sus normas». Para ganar dinero en todos y cada uno de ellos se adecuan sin problemas a esas mismas normas, particularidades y legislaciones. Son como una gran empresa petrolífera que viene a Europa a extraer el crudo y no tiene problemas en adecuarse a cómo hacerlo en cada país. Sin embargo, luego se quejan y se preocupan porque las aduanas funcionan de manera diferente, lo que evita que cumplan con sus obligaciones. Afrontémoslo. Vienen, actúan, ofrecen servicio y se llevan pingües beneficios. Pero no cumplen más que a medias, emplean burdas excusas para hacer lo que les plazca y resulta evidente que no tienen una clara intención de cumplir hasta que les plantemos cara. Nuestras autoridades y legisladores deben impedir que campen a sus anchas en nuestros mercados. Deben regular su actividad y hacer que respeten la ley de la misma manera que se les exige a las empresas nacionales.

Como nota sarcástica, me gustaría añadir que es muy cierto que en Europa no solemos actuar «todos a una», y que las legislaciones de cada país son diferentes. Pero una de las pocas cosas en la que hemos logrado ponernos de acuerdo las autoridades de todo el mundo es la preocupación por los abusos de Google. Por eso las agencias de protección de datos de multitud de países, entre los que se cuentan Canadá, Irlanda, Reino Unido, Italia, Alemania, Nueva Zelanda, Francia, Países Bajos, España e Israel, escribieron a Eric Schmidt una carta conjunta mostrándole «inquietud y malestar a raíz de los problemas de privacidad de Google Buzz». En otra carta remitida a la empresa, más de 1.500 expertos en privacidad y autoridades de multitud de países se mostraban «preocupados por las nuevas aplicaciones de Google y su decepcionante respeto a las normas más elementales de privacidad». Somos diferentes a escala internacional y, como decían los representantes de la empresa, es difícil ponerse de acuerdo. Pero para una vez que lo estamos... igual es porque hay motivos para ello.

En enero de 2011, los abogados del Estado determinaron que «Google se lucra con el rastreo de datos personales», y reclamaron el derecho de los usuarios a que «les dejen en paz». Según los abogados del Estado, «la compañía almacena en sus ficheros toda la información que capta, posee enlaces directos a los servidores y se lucra del tratamiento de los datos gracias a su posición dominante». Todo ello surgió a raíz del caso de un médico imputado en 1991 por un delito del que poco después fue exonerado. Al teclear su nombre en Google aparecía la imputación, pero no así su posterior absolución. Según los abogados de Google, si la

Audiencia Nacional acepta la propuesta de la AEPD de retirar esa información se estaría «censurando internet». Y éste no es más que uno de los casi cien casos abiertos en España ante la AEPD contra la empresa.

La censura es uno de sus argumentos recurrentes. Así lo vimos con anterioridad en casos como el de YouTube. Ellos se agarran a él como a un clavo ardiendo y argumentan de forma habitual contra la censura para evitar la retirada de contenidos. En ocasiones las peticiones de los usuarios o de las administraciones logran su objetivo —es lógico que así sea— para adaptarse y cumplir con las legislaciones locales y poder operar en diversos mercados. Por ejemplo, en Turquía difamar al fundador del país —Mustafa Kemal Atatürk— está tipificado como delito. Lo mismo ocurre con ridiculizar «lo turco». Por esa razón Google restringe el acceso a los vídeos que el gobierno de ese país considera ilegales en el sitio google.com.tr.

En Alemania, Francia y Polonia es ilegal publicar material pro nazi o contenido que niegue el Holocausto. Para cumplir con esa ley Google no despliega resultados relacionados en las búsquedas de las páginas que el motor tiene en cada país, google.de, google.fr o google.pl, respectivamente. Aunque, claro, en otras ocasiones los retiran sin que nadie se lo pida y sin que la retirada esté amparada por imperativos legales. Eso da a la empresa un preocupante carácter de censor, ya que gracias a su sensacional cuota de mercado la censura de Google equivale prácticamente a la censura de internet. Desde Mountain View nos explican que, conscientes de ese poder, intentan hacerlo de una forma razonada, valorando los casos uno a uno. Pero ¿es lógico que sean ellos quienes asuman ese papel? Estamos ante una biblioteca —monopolio de la información a escala mundial— en la que ciertos libros están prohibidos, ocultos o son difíciles de adquirir. Desde mi punto de vista, ese poder debería ser supervisado por organismos superiores. Al margen de que esté siendo bien o mal empleado, una sola empresa privada no debe tener la capacidad de decidir a qué tipo de información se puede acceder y de qué modo. Creo, de veras, que han hecho un uso razonable de su «poder», pero eso no ha evitado algunos casos polémicos. Así, no tuvieron ningún problema en censurar la publicidad del grupo ecologista Oceana 36 para evitar problemas con uno de sus grandes anunciantes, la Royal Caribbean Cruises Lines. Oceana 36 había hecho publicidad en contra de esta empresa de cruceros. Pero como eran uno de los grandes inversores de Google Adwords, no parece que Oceana 36 fuera muy bien recibida en la sede central de la empresa, que impidió que siguieran anunciándose con palabras como *cruise vacation* o *cruise ship*. En ese caso, la libertad de expresión en la red no parecía tan trascendente como evitar problemas a un buen cliente.

En otra ocasión los problemas llegaron a través de uno de los simpáticos *doodles*. Durante varias horas se publicó un logotipo dedicado al escritor Roald Dahl para recordar el aniversario de su nacimiento. Numerosos miembros de la comunidad judía criticaron esta conmemoración, puesto que Dahl es considerado por algunos como antisemita. La compañía —no olvidemos que Sergey Brin y Larry Page son de origen judío— la retiró ipso facto.

También fueron acusados de eliminar de su índice el sitio Xenu.net, crítico con la Iglesia de la Cienciología. En esa página los autores enlazaban contenido que «desenmascaraba los secretos de la Iglesia de la Cienciología». El imperio argumentó que, al haber una petición oficial de retirada por parte de la citada Iglesia por uso no autorizado de su marca, debía eliminarse del índice, lo que en principio chocaba de lleno con la más elemental libertad de expresión. Bajo esa premisa, ninguna marca del mundo sería criticable en público por conflicto con su *copyright*.

Durante 2007, YouTube canceló la cuenta de Wael Abbas, un activista egipcio contrario a la tortura, que había colgado un vídeo sobre la actuación violenta de la policía egipcia. Al tratar de acceder al vídeo el mensaje no era muy explícito: «Esta cuenta está suspendida». Abbas declaró que «cerraron la cuenta y me enviaron un correo electrónico diciendo que sería suspendida porque había múltiples quejas sobre su contenido, especialmente el contenido de tortura policial». Varias asociaciones pro derechos humanos se quejaron amargamente de la cancelación de la cuenta de Abbas, ya que con ella se silenciaba una importante fuente de información sobre lo que estaba ocurriendo en Egipto.

Hay muchos más ejemplos similares. Salvo algunas excepciones, como las anteriores, Google suele actuar con prudencia y de manera coherente. Pero ¿deberían tener el poder de decidir y censurar contenidos a mil millones de personas? Eso nos coloca en la tesitura de que cualquier cambio de normativa interna, o del equipo de dirección de la empresa, sea crítica para el acceso a la información mundial y deba ser controlada. La información fluye sin cesar, y los derechos deben ser respetados.

Algunos —y pese a la guasa del tema, no eran gaditanos— quisieron probar si en Google eran capaces de tomar su propia medicina. En 2005, la revista *CNET* quiso ver hasta qué punto la libre circulación de la información pesaba más que la privacidad, como se aseguraba constantemente desde Mountain View. Para ello tuvieron la feliz idea de publicar en su revista un enlace a la dirección del domicilio personal de Eric Schmidt, su salario, su vecindario, algunas de sus aficiones y sus donaciones políticas, todo ello obtenido a través de búsquedas en Google. Si nos basamos en la lógica de la compañía, esto no debía tener mucha trascendencia. Era información y, por lo tanto, debía ser libre y accesible. Estaba en un servidor de internet, por lo que era abierta, y a buen seguro el entonces consejero delegado de Google no tendría nada que ocultar. En definitiva, según su propio razonamiento, la publicación de sus datos personales no debía molestarle, ya que en alguna ocasión defendió que ¡sólo defienden su privacidad los que tienen algo que ocultar!

Nada más lejos de la realidad. ¡Hay cosas con las que no se juega! La respuesta no se hizo esperar, y consistió en incluir en una lista negra a todos los reporteros de *CNET*. Anunciaron que tomarían medidas por lo sucedido, entre ellas la suspensión de un año en cualquier colaboración con el medio, no les facilitarían ninguna información ni concederían entrevistas. Éste es un claro ejemplo de la doble moral reinante. Nuestros chicos pueden ser muy románticos, ¡pero no son imbéciles!

A día de hoy una de las cosas con las que más cuidado deberíamos tener, y que supone la mayor agresión contra la privacidad, está en nuestro propio bolsillo. Los teléfonos móviles inteligentes, como los modelos equipados con Android —ojo, lo mismo sucede con los iPhone de Apple, entre otros—, representan un riesgo que atenta directamente contra nuestra privacidad más elemental. Por supuesto, son aparatos atractivos que nos permiten multitud de opciones, que aumentan nuestra productividad y el uso de millones de aplicaciones, muchas de ellas gratuitas. Pero eso no quiere decir que sean seguros. Jamás cometeré la estupidez de no recomendar el uso de este tipo de terminales. Eso sería ir contra el futuro. Lo que quiero decir es que estos teléfonos serán a buen seguro regulados de forma estricta en el futuro. Mientras tanto, cada uno de nosotros debería valorar lo que se puede permitir a nuestro teléfono. Para hacerlo correctamente el mayor hándicap es la falta de información. Elije tu móvil, el que quieras: iPhone, Android, Blackberry, o los escasamente versátiles teléfonos del siglo pasado equipados con Windows Mobile. Una vez que lo hayas hecho, toma precauciones. Todas y cada una de tus elecciones suponen riesgos que no deben ser menospreciados.

Eric Schmidt, que de esto de dominar la información y los mercados sabe un rato, declaraba ante una periodista de *The Wall Street Journal* —por cierto, poco sagaz— que le preguntaba qué sentido tenía que Android fuera gratuito mientras que Apple ganaba cantidades ingentes de dinero con su iPhone: «Si eres dueño de la plataforma, siempre podrás monetizarla. Consigue que mil millones de personas hagan algo y llegarán ideas sobre cómo sacarle partido». Resulta evidente que tiene razón. Se trata del Poder y del Control, con mayúsculas. El dinero vendrá luego, cuando todos tengamos instalado el cacharrito en casa. Ése es el caballo de Troya al que hemos invitado a entrar en nuestras vidas. Lo mismo pasó con las búsquedas. Muerdes la manzana, te acostumbras a ella, dependes de ella, y después ya lo rentabilizaremos.

Uno de los casos más claros de falta de privacidad con Android llega de la mano de un estudio publicado en 2010 por científicos de Intel Labs y la Universidad de Duke. Decidieron probar intensivamente 30 aplicaciones con Android y se descubrió que muchas de ellas enviaban a los anunciantes información del titular sin que éste lo advirtiera ni lo hubiera autorizado. Algunas incluso lo seguían haciendo en intervalos de 30 segundos... ¡cuando ya las habías cerrado! Otras llegaron a compartir información sensible, como los identificadores del IMEI de la tarjeta del móvil, el número de teléfono o el número de la tarjeta SIM.

En resumen, el estudio concluía con una queja en la que se instaba a Google a controlar en Android las aplicaciones de terceros. La compañía respondió con la ambigüedad habitual. Pidieron a los usuarios que «instalen solamente aplicaciones en las que confían». Sin palabras. Entiendo que deben considerar que las 550.000 personas que dan de alta cada día en el mundo un terminal Android son experimentados ingenieros con capacidad de monitorizar y descubrir qué ocurre de manera oculta en nuestro teléfono móvil que nos pueda poner en riesgo.

Otro problema derivado del uso de Android está en la seguridad. Sin ir más lejos, en mayo de 2011 el propio Google reconoció un grave fallo de seguridad que podría haber permitido a ciertos *hackers* acceder al teléfono de cualquier individuo, ver y gestionar su libreta de direcciones o incluso saber dónde se encuentra en cada momento por medio de su calendario. Se han tomado medidas para resolverlo, pero este fallo afectó al 99,7% de los teléfonos con Android en el mundo. La gran mayoría jamás lo supo.

Tenemos que utilizar los *smartphones* con cabeza y ser conscientes de que determinadas combinaciones son críticas.

a) Mediante el uso de GPS, Android genera *cookies* de geoposicionamiento.
b) Estas *cookies* podrían ser leídas y utilizadas desde una aplicación web.
c) Todos los datos están en tu Android.

a + b + c = una máquina perfecta de marketing en tiempo real, y un enorme riesgo a tu privacidad.

Tanto si tu móvil es Android, como si es un iPhone, puedes descargar aplicaciones gratuitas y de pago que te ayudarán a proteger tu intimidad. Hasta que este campo se regule como debería —y a juzgar por la actitud de los «tiburones» no será pronto— es muy recomendable hacerlo.

Amit Singhal es uno de los ingenieros más reputados en el campo del desarrollo del algoritmo del buscador. En una reciente comparecencia desde Londres explicó que los usuarios aún no son conscientes de la información que han compartido con la empresa. Google puede utilizarla en un futuro para «hacerte la vida más fácil». Tras ese planteamiento eminentemente filantrópico, debemos leer entre líneas. Lo que quiere decir realmente es que la utilizarán para «ganar más dinero». Eso está clarísimo.

En la charla también explicaba algunas situaciones desconcertantes que se nos podrían presentar al abrir el ordenador. Por ejemplo, Google podría avisarnos de nuestro próximo aniversario y sugerirnos, atendiendo a su conocimiento de nuestra pareja, el regalo más interesante. También podría ofrecernos el enlace para reservarlo en la tienda más cercana, e incluso mediante interacción y cruce de datos con redes sociales, avisarnos si debemos darnos prisa porque hay poco stock, o avisarnos con antelación si hay una larga lista de espera para la adquisición de dicho objeto.

Google te conoce. Mentalízate. Si eres un usuario habitual de la red, posiblemente ya saben la comida que te gusta, qué aficiones tienes, qué programas de televisión ves, qué actividades desempeñas habitualmente o qué compras regularmente.

La base de datos que guardan es tan exhaustiva que la propia compañía, o algún empleado sin escrúpulos con acceso a los datos críticos, puede buscar y localizar a cualquier persona en el mundo a partir de los criterios que desee.

Doug Edwards, uno de los primeros empleados de la empresa, reconocía que Google tenía, tras los atentados del 11 de septiembre, el objetivo de ganar un papel determinante en un momento crucial de la historia. De esa manera intentaron obtener información de las *cookies* y de las búsquedas anteriores a los atentados para buscar posibles vínculos de sus usuarios con los hechos e identificar sus direcciones IP, para después colaborar con la policía. Es posible que aquel momento lo justificase, dado el estado de *shock* en el que se encontraba medio mundo, aunque esto no debería ser decisión de la empresa —atenta contra derechos fundamentales de la libertad de comunicación—, sino resultado de una petición judicial. Sea como fuere, es una prueba más de que Google, o cualquiera de sus empleados, tiene la capacidad de rastrearnos, localizarnos e identificarnos. Y también supone la evidencia de que lo han hecho en el pasado en determinadas circunstancias fuera del control judicial.

Podrían hacer ya cosas realmente extraordinarias, por ejemplo si no te ofrecen a día de hoy respuestas a problemas que no has expresado tú mismo, es sobre todo por miedo al rechazo que esto podría provocar. Si nos muestran información que no hemos demandado, si hacen demasiado evidente todo lo que saben de nosotros, nos pondrían sobre aviso. Y no estamos preparados para algo así. Al menos por el momento.

Amit Singhal lo denominó SWS *—Searching Without Searching—*. Manifestó que era su sueño de futuro: el buscador que resuelve las dudas y los problemas que aún no sabes que tienes, y que ni tan siquiera has enunciado. Llevado al extremo, si todo evoluciona en esa línea, será sencillamente aterrador.

Si utilizas un producto como Google CheckOut expones a la compañía tu número de tarjeta de crédito y tu cuenta bancaria. Si usamos Maps, Earth o Street View les indicamos dónde vivimos, dónde trabajamos o qué sitios planeamos visitar. Si hacemos uso de Calendar estamos compartiendo por completo nuestras citas, contactos, horarios, rutinas de comportamiento... Una completa pauta de vida que incluso puede especificar a quién vemos y cuándo. Si éstos, a su vez, son usuarios de Google, pueden hacer que se enriquezca la información de manera dramática.

Uno de los activistas más reconocidos en la lucha por la privacidad en internet y el abuso que de ella hacen empresas como Google es Scott Cleland. En su libro *Search and Destroy* (Telescope Books, 2011) nos hace reflexionar de manera sugerente sobre la forma con la que utilizamos los productos de la empresa cada día. Según él, «podrás incluso cambiar de nombre, pero aun así no confundirás a Google». Si utilizaste Goog-411[43] desde Mountain View pueden asociar el sonido de tu voz con tu verdadera identidad antes de que el servicio fuera cerrado. Google incluso puede detectar la apariencia de tu cara por reconocimiento facial si has sido etiquetado en alguna fotografía de Picassa.

Si quieren saber en cada momento dónde estás, lo pueden averiguar con servicios como Google Latitude o tu terminal Android, incluso aunque prefieras tu iPhone. Cada vez que haces una búsqueda predeterminada con Google.com, o ves un anuncio de AdMob en cualquier web o aplicación, sabrán dónde estás en ese momento.

No sólo se trata de internet. También pueden controlar el escritorio de tu ordenador como centro de operaciones mediante Google Desktop Search, con el que indexan y examinan todos tus ficheros e información personal. Si además te va la marcha y has seleccionado la opción «Mejorar Google Desktop», entonces recolectarán una cantidad indeterminada de esa información —según prometen, «de carácter no personal»— y la enviarán a sus servidores.

Si te enganchaste a Google Docs ofreces acceso de primera a tus documentos, cartas personales, hojas de cálculo y proyectos colaborativos. Incluso —y esto no lo sabe mucha gente— a los archivos que están en borrador y son bocetos, o a los que has eliminado por cualquier motivo.

Si te gusta iGoogle, al personalizar el servicio ofreces datos de tus gustos y necesidades habituales de información. Si usas Google Alertas saben qué información te interesa especialmente y a qué temas eres tan sensible que necesitas estar al día. Si usas Google Groups informas sobre tu círculo de conocidos y temas de interés, tanto actuales como pasados. Con Google Reader saben qué tipo de fuentes de información consumes habitualmente. El fantástico navegador Google Chrome es una fuente inagotable de datos sobre tu actividad en internet. Incluye no sólo qué

43. Goog-411 (o Google Voice Local Search). Servicio de telefonía con reconocimiento de voz lanzado en Estados Unidos y Canadá en 2007. El servicio dejó de estar operativo en noviembre de 2010.

sitios visitas, sino también en qué orden lo haces. También sabrán algo muy importante: cuánto tiempo permaneces en cada sitio, si luego haces clic en la publicidad o prefieres navegar de uno a otro. El aparentemente útil *toolbar* de Google, que nos ofrece información interesante acerca de los lugares que visitamos, se instala en los navegadores y envía todo tipo de información sobre nuestro consumo aunque no usemos Chrome y prefiramos Firefox o internet Explorer.

Si eres propietario de un sitio web y utilizas Analytics te desnudas y abres la puerta de tu casa al primer gestor de tráfico y publicidad del mundo, con lo que quedas a expensas de sus apetencias si desean utilizar torticeramente esa información. Cada vez que ves un vídeo de YouTube, ya sea desde el propio portal o por medio de uno de los visores insertado en millones de páginas de todo el mundo, Google registra qué ves, durante cuánto tiempo, desde qué ubicación y tu dirección IP. Te daré otro dato curioso: los sitios del gobierno de Estados Unidos tienen prohibido el uso de *cookies* persistentes. Por ese motivo no verás en sitios oficiales de la Administración estadounidense vídeos de YouTube.

Google+ define tus círculos sociales, quiénes son los miembros de tu familia, tus amigos, tus compañeros, cómo los jerarquizas e incluso qué grado de complicidad tienes con cada uno de ellos. Eso les permitirá en el futuro segmentar la publicidad por grupos, con lo que las posibilidades de marketing se amplían hasta lo indefinible.

Si al navegar por internet haces clic en los «+1» de Google revelas qué haces en cada momento, a qué hora visitaste cada sitio y con qué tipo de contenidos eres afín. Si tienes un perfil de Google o Gmail la compañía sabe tu nombre y tu dirección.

Uno de los productos más potentes para conocerte es Gmail. Se trata de un producto excelente al que reconozco estar totalmente enganchado. Pero también es una de las mayores cajas de Pandora que un usuario puede abrir. Insisto, mea culpa. Soy *Gmaildependiente* —algún día me desengancharé, lo prometo—. Cada *email* que escribes y recibes se convierte en una conversación a tres bandas entre tu interlocutor, Google y tú. Incluso lo que crees que es confidencial y decides eliminar tras leerlo, puede permanecer en los servidores de Google archivado durante meses, ya que ofrece información muy útil sobre ti. La empresa se reserva el derecho de almacenar el contenido durante un tiempo, tanto en sus sistemas conectados a internet como *offline*. Desde esta herramienta saben con quién tienes relaciones frecuentes, dónde están ubicadas esas personas, sus correos electrónicos, e incluso qué os une y tenéis en común. Si tienes una amante, podrás ocultárselo a tu pareja, pero no al imperio que, sin rubor, tras analizar tu correo de forma automática, te podrá ofrecer en su publicidad discretas escapadas de fin de semana. Si escribes a tu familia más directa y les explicas que quieres comprar una nueva lavadora, Google lo sabe y puede mostrarte mientras navegas publicidad de esa lavadora o de un modelo de la competencia.

Por supuesto, todos estos juguetes tienen un origen: el buscador. Google.com representa un internet aún vigente que se marchita lentamente. El internet en el que el usuario ha elaborado mediante las búsquedas su propio perfil durante años, con lo que ha generado, sin saberlo, la mayor base de datos personales del mundo.

Lejos de la versión oficial, todas y cada una de estas aplicaciones existen no para hacerte la vida más fácil, sino para atraerte, para obtener tu bien más preciado: tu información. Es lo que les permitirá generar ingresos a tu costa, y no en un momento puntual, sino para siempre.

Ahora crees que sólo eres un número. Si lo piensas un momento, eres un número con foto. Google sabe tu nombre, edad, sexo, dónde vives y veraneas. Incluso tiene la fotografía de tu casa. Google te rastrea con fines publicitarios y almacena tus correos y tu agenda. Reconócelo. Google lo es todo. Google lo sabe todo. Google sabe más de ti que tu propia pareja. Y eso, por poco que valores tu privacidad, y aunque prometan hacer buen uso de ello, debería inquietarte.

Tenemos su compromiso público de que «harán el bien», «tomarán las decisiones correctas», sólo compartirán «la información que consideren apropiada» —ellos decidirán en cada momento qué es apropiado—. Hemos creado un monstruo. Hemos agrupado el 90 % de las centrales nucleares del mundo en un mismo lugar. De ahí depende la electricidad del mundo conocido. Tenemos la promesa de que lo «gestionarán bien» y debemos vivir como sus vasallos con el miedo e inquietud de que cada día se levanten con ganas de hacer lo correcto, o que la seguridad de nuestra información esté a salvo de los miles de ataques que sufre su sistema a diario. El panorama no es alentador. Nos hemos comido las manzanas. No una, ni dos. Una tras otra. Y ahora parte de nosotros les pertenece.

Cuando empecé a escribir este libro quise en todo momento evitar la analogía típica y anodina del «Gran Hermano» de Orwell. Primero, porque es un tópico evidente. Segundo, porque desde que se escribió *1984* han pasado ya más de sesenta años. Google no es el «Gran Hermano» de Orwell. Éste no le llegaría ni a la suela de los zapatos. La imaginación de un autor visionario no era suficiente para tan sólo sospechar, allá en 1949, que lo que nos esperaba llegaría en silencio, y que lo abrazaríamos encantados. Jamás hubiéramos podido imaginar sus verdaderas dimensiones.

Tal vez por mi temprana afición a la pintura, desde muy joven mantuve la poco objetiva ilusión de que algún día podría encontrar el cuadro genial de un maestro antiguo en un olvidado anticuario. Sin duda me alentaban las decenas de historias de los años sesenta y setenta de goyas o tizianos hallados por casualidad. A medida que perdemos la bisoñez comprendemos que eso no sucederá jamás. Es más, finalmente entendemos que lo barato es, generalmente, muy caro.

Esa misma bisoñez es la que debemos perder en el campo de la tecnología. Las grandes corporaciones no se dividen en «buenas y malas». Son lo que son: máquinas de generar dinero y exprimir a los clientes para alegría de sus accionistas. Google no es diferente. Es uno más, ni peor ni mejor, aunque ellos nos quieran convencer de lo contrario.

Desengáñate. Sus productos no son gratuitos. Los pagas con tu información. Como usas muchos de sus productos, eso resulta eficaz. Y puede salirte muy caro.

Usa lo que consideres más adecuado en cada momento. Algunos de los servicios que ofrecen son casi imprescindibles. No puedo darte ningún consejo al respecto. Eso sería temerario. Tan sólo te ofrezco la opinión que expreso en este libro.

Sólo a ti en cada momento —y a las autoridades, algún día— corresponde decidir si el precio que pagamos a Google es justo. Pero ten clara una cosa: cada servicio que usas lo estás pagando. No hay nada gratis, ni nadie inocente.

Moraleja: no es oro todo lo que reluce, aunque a primera vista lo parezca.

Bibliografía

Obras en Inglés:

Cleland, Scott, *Search & Destroy, Why you can trust Google Inc.,* Telescope Books 2011

Vaidhyanathan, Siva, *The Googlization of Everything (and Why We Should Worry),* University of California Press, 2011

Edwards, Douglas, *I'm Feeling Lucky: The Confessions of Google Employee Number 59,* Houghton Mifflin Harcourt, 2011

Obras en español:

Ippolita, *El lado Oscuro de Google: Historia y futuro de la industria de los metadatos,* Virus Editorial, 2011

Reischl, Gerald, *El engaño de Google: una potencia mundial incontrolada en internet,* Medialive Content, 2009

Boixados Bisbal, Jordi, *Las dos caras de Google,* Viceversa Editorial, 2010

Jarvis, Jeff, *Y Google, ¿cómo lo haría?,* Ediciones Gestión 2000, 2010

Jeanneley, Jean-Noel, *Google desafía a Europa: El mito del conocimiento universal,* Universitat de Valencia, 2007

Vise, David A., Malseed, Mark, *Historia de Google: Secretos del mayor éxito empresarial mediático y tecnológico de nuestros tiempo,* La Esfera de los Libros, 2006

booket

Impreso en Liberdúplex, S. L.
Ctra. BV 2249, km 7,4 (Polígono Torrentfondo)
08791 Sant Llorenç d'Hortons (Barcelona)